누적 판매량 66만 부 돌파
상식 베스트셀러 1위 1,076회 달성

수많은 취준생이 선택한
에듀윌 상식 교재 막강 라인업

[월간] 취업에 강한 에듀윌 시사상식

多통하는 일반상식 통합대비서

공기업기출 일반상식

기출 금융경제 상식

언론사 기출 최신 일반상식

하루아침에 완성되지 않는 상식, 에듀윌 시사상식 정기구독이 답!

정기구독 신청 시 10% 할인

매월 자동 결제
정가 ~~12,000원~~ 10,800원

6개월 한 번에 결제
정가 ~~72,000원~~ 64,800원

12개월 한 번에 결제
정가 ~~144,000원~~ 129,600원

· 정기구독 시 매달 배송비가 무료입니다.
· 구독 중 정가가 올라도 추가 부담 없이 이용하실 수 있습니다.
· '매월 자동 결제'는 매달 20일 카카오페이로 자동 결제되며, 6개월/12개월/무기한 기간 설정이 가능합니다.

정기구독 신청 방법

인터넷
에듀윌 도서몰(book.eduwill.net) 접속 ▶
시사상식 정기구독 신청 ▶
매월 자동 결제 or 6개월/12개월 한 번에 결제

전화
02-397-0178
(평일 09:30~18:00 / 토·일·공휴일 휴무)

입금계좌
국민은행 873201-04-208883 (예금주 : 에듀윌)

정기구독 신청·혜택
바로가기

취업에 강한

에듀윌 시사상식

SEP. 2023

09

CONTENTS

2023. 09. 통권 제147호

발행일 | 2023년 8월 25일(매월 발행)
편저 | 에듀윌 상식연구소
내용문의 | 02) 2650-3931
구독문의 | 02) 397-0178
팩스 | 02) 855-0008

※ 「학습자료」 및 「정오표」도 에듀윌 도서몰
   (book.eduwill.net) 도서자료실에서 함께
   확인하실 수 있습니다.

※ 이 책의 무단 인용·전재·복제를 금합니다.

Daum 백과 콘텐츠 제공 중 🔍

PART 02

분야별 최신상식

PART 03

취업상식 실전TEST

PART 04

상식을 넘은 상식

Cover Story

이 달 의 가 장 중 요 한 이 슈

1.

악몽이 된 잼버리

총체적 부실로 파행...
정치권 서로 네탓 공방

8월 1일부터 12일까지
전라북도 부안군 새만금 일원에서 열릴 예정이었던
제25회 세계스카우트잼버리 대회가 총체적 부실을 드러내며
8월 8일 조기에 막을 내렸다.
대회 기간 폭염으로 온열질환자가 속출했고
비위생적인 환경과 식사 등이 파행을 자초했다.
가장 많은 스카우트 대원들이 참가한 영국 대표단이
입영 이틀 만에 캠프장 중도 철수를 결정한 데 이어
태풍 우려까지 겹쳐 8월 8일 전원이 철수했다.
잼버리는 K팝 콘서트로 막을 내렸고 정치권은
서로 파행 책임론 공방을 벌였다.

155개국 4만 청소년 참가...
'실패하면 안 됐을 행사'

▲ 제25회 세계스카우트잼버리 공식 로고

8월 1일부터 12일까지 전라북도 부안군 ▪새만금 일원에서 진행될 예정이었던 제25회 세계스카우트 ▪잼버리 대회가 총체적 부실을 드러내며 8월 8일 조기에 막을 내렸다. 4만 여 스카우트 대원들은 피난민처럼 전국에 뿔뿔이 흩어져 애초 준비됐던 프로그램과 무관한 관광이나 휴식으로 시간을 보냈다.

세계스카우트잼버리는 전 세계 청소년들이 야영대회로 친목을 다지고 협동심과 자립심을 키우는 뜻 깊은 행사다. **1991년 강원 고성 잼버리 이후 32년 만에 한국이 개최한 새만금 잼버리는 열악한 입지 환경과 미흡한 준비, 주최 측의 무능이 겹치며 역대 최악의 잼버리로 낙인**찍혔다.

잼버리 성공 개최로 수조원대 경제적 효과 창출, 국내 최대 간척지 새만금 홍보, 국격 상승을 바랐던 전북도와 정부의 기대는 신기루가 됐다. 1000억원이 넘는 국민 혈세를 쓰고도 한국의 부끄러운 민낯을 노출했으며, 돌아온 것은 세계 각국의 무수한 조롱과 비판이었다.

새만금 잼버리는 'Draw Your Dream!(너의 꿈을 펼쳐라)'을 주제로 세계 155개국에서 약 4만 명의 청소년이 참가했다. 새만금 잼버리가 열린 부안 인구(4만9918명)와 맞먹는 규모로서 도시 하나가 한시적으로 더 생긴 셈이었다.

새만금 잼버리는 이상민 행정안전부 장관, 박보균 문화체육관광부 장관, 김현숙 여성가족부 장관, 김윤덕(전북 전주시갑) 국회의원, 강태선 한국스카우트연맹 총재 등 공동위원장만 5명에 달하는 범정부 차원 행사였다. 윤석열 정부 재임 기간을 통틀어 국내에서 열리는 최대 규모 국제 행사로서 실패는 용납될 수 없었다.

▪ **새만금**
새만금은 전북 군산시, 김제시, 부안군에 걸쳐 있는 409km² 규모의 간척지다. 비옥하기로 이름난 전북 김제시의 김제·만경평야는 예부터 금만평야로 불렸는데 새만금은 금만을 만금으로 바꾸고 새롭다는 뜻의 새를 덧붙여 만든 말이다. 1991년부터 간척 공사가 시작돼 2010년 군산과 부안을 잇는 방조제가 완성됐다. 이는 길이 33.9km로 세계에서 가장 긴 방조제로 기네스북에 올랐다. 새만금 사업은 20년간 22조원이 투입된 단군 이래 최대 국책사업이다. 그러나 새만금 활용 방안은 아직 명확하지 않다. 갯벌을 매립해 탄생한 간척지는 농지로 지정됐지만 전북도는 쌀이 남아도는 상황에서 부가가치를 높이기 위해 관광·레저 목적으로 변경하는 안을 검토 중이다.

▪ **잼버리 (Jamborees)**
잼버리는 세계스카우트연맹에서 개최하는 세계적 단위의 야영대회로 청소년의 올림픽이라고도 불리며 4년 주기로 열린다. '잼버리(jamboree)의 어원은 '유쾌한 잔치', '즐거운 놀이',라는 뜻을 가진 북아메리카 인디언 말인 '시바아리(shivaree)'에서 유래됐다.
보통 각국 14~18세(우리나라의 경우 중·고등학교 학생 연령층)의 스카우트 대원을 중심으로 국가 대표단을 구성해 참가하며 이들은 야영생활을 통해 국제 우의를 드높이고 형제애를 북돋운다. 잼버리 정신은 피부색·종교·언어를 초월하여 각종 행사에 참여해 자아실현을 도모하며 국가 발전과 세계 평화에 기여하는 것이다.

폭염에 허허벌판...'생존게임'된 잼버리

▲ 웅덩이 위에 플라스틱 팔레트를 깔고 텐트를 치는 스카우트 대원 (자료 : 벨기에 잼버리 대표단 인스타그램)

새만금 잼버리는 8월 1일 첫날부터 폭염으로 야영장에서 온열질환자가 속출하며 암운이 드리워졌다. 주최 측과 전북소방본부에 따르면 개막 이틀째인 8월 2일까지 더위로 가벼운 이상 증세를 호소한 인원까지 포함해 야영장에서 누적 온열질환자는 400여 명에 이르렀다. 사흘째에는 환자 1000여 명이 무더기로 발생했다.

잼버리에 참여한 국내외 스카우트 대원들과 이들 부모들의 호소, 각종 언론 보도로 드러난 현지 상황은 처참한 수준이었다. **폭염을 피할 나무 한 그루 없는 허허발판에 집중호우 수해가 빈번한 새만금은 애초부터 잼버리 개최지로 부적합한 곳이었다.**

야영지는 장마가 지난 뒤에도 웅덩이에 물이 고여 있어 갯벌이나 늪지대와 마찬가지였다. 웅덩이에서는 온갖 해충과 벌레가 들끓었다. 주최 측에서는 텐트 아래 깔라며 플라스틱 팔레트를 지급했다. 딱딱하고 구멍 뚫린 팔레트 위로 습기가 올라왔다. 한낮 텐트 안의 체감온도는 섭씨 40도까지 올랐다. 휴식을 취하거나 잠을 자기도 힘들었다.

특히 **화상벌레라고 불리는 청딱지개미반날개에 물린 환자가 속출**했다. 화상벌레는 꼬리에 페데린이라는 독성물질이 있어 피부에 닿으면 불에 덴 것처럼 화끈거리고 물집이 생긴다. 여성가족부에 따르면 8월 6일 하루에만 1296명의 환자가 내원했는데 그중 벌레로 물린 환자가 383명으로 가장 많았다. 의료시설은 열악하고 인력·약품도 부족해 환자들이 방치됐다. 행사장 테이블 위에 누워 수액을 맞는 참가자도 있었다.

가혹한 자연 환경은 문제의 일부분일 뿐이었다. 비위생적인 환경과 식사, 부실한 대회 인프라는 주최 측이 자초한 재해였다. 야영장의 화장실과 샤워장은 멀고 부족하며 청소도 되지 않아 사람이 쓸 수 없는 상태였다. 제공되는 음식은 부족했고 채식주의자나 알레르기가 있는 사람들에 대한 배려는 거의 없었다. 참가자들이 조직위로부터 전달받은 구운 달걀에서 곰팡이가 나왔다며 SNS에 올린 사진은 새만금 잼버리의 이미지를 결정적으로 구겼다.

통신 강국을 자부하던 나라라며 무료 공공 와이파이가 터지지 않았다. 이에 편의점에서 얼음보다 유심(USIM)칩이 더 많이 팔렸다. 잼버리 행사장 매장을 독점 운영한 편의점 GS25에서는 대회 사흘째부터 가격표가 사라졌다. 외부 편의점에서 500원에 파는 저렴한 브랜드 생수 한 병이 1000원, 700원인 얼음은 1500원이었다. 'K(한국) 바가지'라는 비난이 쏟아졌다.

영국의 한 아버지는 새만금 잼버리 공식 SNS 계정에 "행사장 환경이 난민 캠프보다 나쁘다"라고 썼다. 한 재미교포는 라디오 방송에서 조직위의 준비 소홀로 대회가 파행된 것을 이유로 대규모 손해배상 소송이 벌어질 경우 동참하겠다고 했다.

➕ 일사병과 열사병의 차이

무더위가 기승을 부릴 때에는 일사병(日射病)과 열사병(熱射病) 같은 온열질환에 주의해야 한다. 두 질환은 이름이 비슷해 혼동하기 쉽지만 열사병은 일사병보다 훨씬 위험한 질환이다. 먼저 일사병은 태양 아래 장시간 노출돼 체온이 37~40도까지 오르는 온열질환이다. 어지럼증과 약간의 정신 혼란과 함께 구토, 두통, 피로 증상이 나타나지만 보통 30분 내 회복된다.
열사병은 태양 아래 장시간 노출되거나 밀폐되고 온도가 높은 공간에서 발생하는 온열질환으로 체온이 40도 이상 오르는 경우다. 열사병에 걸리면 발작과 의식 소실, 경련이 일어나며 급성신부전, 심인성 쇼크, 간 기능 부전으로 응급처치를 제때 못하면 사망에 이를 수도 있다.

전국으로 뿔뿔이 흩어진 대원들...
K팝으로 마무리

▲ 8월 9일 2023 새만금 세계스카우트잼버리장이 비어 있다. 대원들은 전날 잼버리장을 떠났다.

결국 가장 많은 스카우트 대원들이 참가한 영국 대표단이 입영 이틀만인 8월 4일 캠프장 중도 철수를 결정했다. 영국은 이번 잼버리에 단일 국가 중 가장 많은 4465명이 참가한 것으로 알려졌다.

전체 참가자의 10분의 1에 해당하는 영국 대표단의 퇴영 결정으로 잼버리는 파행이 불가피해졌다.

영국 대표단은 8월 5일부터 순차적으로 퇴영해 서울과 경기도 인근 호텔에 짐을 풀었다. 영국 스카우트 연맹은 성명을 통해 "우리의 파견 규모가 가장 크기 때문에 이것이 전반적인 현장의 압력을 완화하는 데 도움이 되길 바란다"고 밝혔다. 1인당 700만원 가까운 참가비를 내고 온 대원들이 폭염으로 건강을 위협받으며 화장실 등 기초적인 위생 시설도 완비되지 않은 곳에서 남은 기간을 보내는 것은 무의미한 일이라고 판단한 것이다. 미국 대표단 1500여 명도 8월 6일 중도 퇴영해 평택 미군기지 캠프 험프리스로 이동했다. 미국 대표단은 "대원들의 건강과 안전이 최우선"이라고 철수 배경을 밝혔다. 60여 명이 참가한 싱가포르 대표단도 이날 야영지를 떠났다.

'국제 망신'이란 비난이 폭주하자 정부가 뒤늦게 화장실 청소 인력 930여 명을 추가 투입하는 등 대책을 내놓았고 지자체와 기업, 종교계까지 나서 참가자들을 위한 프로그램·봉사 인력 및 물품 등을 전방위로 지원하면서 새만금 잼버리는 빠르게 안정을 되찾았다. 조기 퇴영한 영국, 미국, 싱가포르를 제외한 나머지 국가는 스카우트 정신을 지키겠다며 잔류를 결정했다.

하지만 설상가상(雪上加霜 : 눈 위에 또 서리가 덮인다는 뜻, 난처한 일이나 불행이 잇따라 일어남)으로 **제6호 태풍 '카눈'이 한반도에 상륙할 것으로 예상되면서 잼버리 참가자들은 8월 8일부터 전원 철수**를 시작했다. 떠들썩했던 새만금 야영지는 휑뎅그렁하게 팔레트만 남았다. 스카우트 대원들은 숙소를 찾아 서울과 경기, 전북, 충남, 충북 등 8개 시·도로 뿔뿔이 흩어졌다. 각 지자체는 예상치 못한 손님맞이와 잼버리 프로그램 급조로 혼란을 겪었다. 정부는 급한 대로 필요한 비용을 지자체마다 예비비로 먼저 쓰라고 했지만 명확한 비용 지출 기준이 없어 혼선이 빚어졌다.

문화체육관광부는 전북 부안 새만금 행사장에서 열릴 예정이었던 대회 마지막 12일 차 일정인 잼버리 'K팝 슈퍼라이브 콘서트'를 서울 상암 월드컵경기장에서 열기로 했다. 성일종 국민의힘 의원은 K팝 콘서트에 멤버 일부가 군 복무 중인 방탄소년단(BTS)이 출연할 수 있도록 국방부에 힘써달라고 말했다가 '**문화를 공권력에 예속된 것으로 보는 구시대적 발상**'이라는 비난을 받았다. 진중권 광운대 교수는 "BTS가 (북한) **■모란봉 악단**이냐"라고 일침을 놓았다.

문화체육부가 콘서트 일정을 두 차례 변경하면서 월드컵경기장의 K리그 경기 일정이 취소된 축구 팬들이 불만을 터뜨렸다. 축구장 잔디 훼손 논란도 있었다. 폐영식 공연과 출연진이 겹친 일부 방송사 음악 프로그램은 갑자기 취소됐다. 아이돌 그룹 뉴진스 등 예정에 없던 아티스트들이 K팝 콘서트에 포함됐다. 이를 두고 정부가 잼버리를 만회하고자 콘서트 구성을 급조하고 아티스트를 무리하게 차출한 것 아니냐는 지적이 나왔다.

■ 모란봉 악단 (牡丹峰樂團)
모란봉악단은 북한을 대표하는 전자 악단으로 여성들로만 구성돼 있다. 김정은 위원장이 2012년 직접 '모란봉'이란 악단 이름을 지어주고 창설했다. 북한 음악단 중 최고 인기를 누리고 있으며 북한이 군사력을 과시할 때 축하 공연을 하는 등 선전도구로 사용되고 있다.

여-야, 중앙-지자체 볼썽사나운 네탓 공방

정치권은 잼버리 파행과 관련해 서로 책임론 공방을 벌였다. 새만금 잼버리는 2012년 이명박 정부에서 유치 신청서를 제출해 박근혜 정부의 유치 활동을 거쳐 2017년 문재인 정부에서 유치에 성공한 후 윤석열 정부가 관리·운영 책임을 맡았다.

국민의힘은 부지 선정부터 잘못됐다며 문재인 정부와 전북도에 잼버리 파행 책임론을 물었다. 강민국 국민의힘 수석대변인은 "6년 동안 투입된 예산 1000억원이 적절히 사용됐는지도 의심되는 실정"이라며 "**문재인 정부와 전북도 전·현직 지사는 대체 무엇을 하였던가**"라고 화살을 돌렸다. "전북도가 잼버리를 빌미로 SOC(사회간접자본) 사업 예산을 따내는 데 혈안이 돼 대국민 사기극을 벌였다"는 주장도 나왔다. 전북도가 새만금 개발 속도를 높이기 위해 잼버리 대회를 이용했다는 비판이다.

반면, 더불어민주당은 대회 파행의 근본 원인을 윤석열 정부의 미숙한 운영에서 찾았다. 김성주 민주당 수석부의장은 "조직위원장 5명 중 실무 책임 부서인 여성가족부 장관과 문화관광체육부 장관, 행정안전부 장관이 참여한다. 정부가 결정하고 전북도가 집행하는 행사를 전북도 책임이라고 떠넘기는 것은 비겁한 일"이라고 말했다. 박성준 민주당 대변인은 "**대회를 좌초 위기에 몰아넣은 것은 윤석열 정부의 안일한 대응**"이라며 "전 정부 탓까지 꺼내들며 책임회피를 위한 변명만 늘어놓았다"고 비판했다.

2.

잇단 묻지마 흉기 난동

신림역·서현역 칼부림...
모방 범죄·살인 예고 급증

묻지마 칼부림 사건이 잇따라 발생해 시민들이 불안에 떨었다. 7월 21일 서울 관악구 신림역에서 33세 남성 조선이 무차별로 흉기를 휘둘러 1명이 사망하고 3명이 크게 다쳤다. 8월 3일에는 22세 남성 최원종이 경기 분당구 서현역 일대에서 차량·흉기 테러를 가해 1명이 사망하고 13명이 부상당했다. 이후 모방범죄와 온라인 살인 예고가 급증해 수백 명이 검거됐다. 정부 여당은 흉악범을 영구 격리할 수 있는 '가석방 없는 종신형' 신설을 추진하기로 했다.

대낮 신림역 흉기 난동...4명 사상

▲ 4명의 사상자를 낸 '신림동 흉기난동 사건' 피의자 조선이 7월 28일 서울 관악경찰서에서 검찰로 송치되고 있다.

지난 7월부터 거리에서 불특정 다수를 노린 '묻지마(알지 못하는 불특정 다수의 사람들을 향한 행위를 가리키는 표현) 흉기 난동' 사건이 연쇄적으로 발생해 시민들이 불안에 떨었다.

영국 BBC 방송은 8월 13일(현지시간) 한국에서 잇따른 흉기 난동 사건이 벌어지고 있다고 보도하면서 '묻지마'를 소리 나는 대로 'Mudjima'라고 표현했다. BBC는 한국의 폭력 범죄 비율은 10년 내 최저를 기록했지만 최근 묻지마 흉기 난동이 '사회가 더 위험하다'는 인식을 심어줬다고 지적했다.

7월 21일 오후 2시 7분께 서울 관악구 신림동 신림역 4번 출구 인근에서 **33세 남성 조선**은 10여 분간 지나가던 남성들에게 무차별로 흉기를 휘둘러 1명을 살해하고 다른 3명을 살해하려다 크게 다치게 했다. 신고를 받고 출동한 경찰은 흉기를 든 채 범행 장소 인근 건물 앞 계단에 앉아 있던 조 씨를 발견해 살인 혐의로 체포했다.

붙잡힐 당시 조 씨는 경찰에 욕설과 함께 "살기 싫다. 열심히 살아도 안 되더라고" 등 처지를 비관하는 말을 한 것으로 알려졌다. 조 씨는 검찰

조사에서 "불우한 가정환경 때문에 좋은 직업을 갖기 어려웠고 직장에서도 자주 쫓겨났다"는 취지의 진술을 했다. 검찰은 조 씨가 또래 남성들에 대한 열등감이 많아 젊은 남성들을 공격 대상으로 삼았다고 분석했다.

서울경찰청은 7월 26일 신상공개위원회를 열고 조 씨의 이름과 나이, 얼굴을 공개하기로 결정했다. 경찰은 ▲범행이 잔인하고 중대한 피해가 발생한 경우 ▲범죄를 저질렀다고 믿을 만한 충분한 증거가 있는 경우 ▲국민 알권리 보장과 재범 방지·범죄예방 등 공공의 이익을 위해 필요한 경우 특정강력범죄의 처벌에 관한 특례법에 따라 피의자의 신상을 공개할 수 있다.

조 씨는 범행 전날 휴대전화를 초기화하고 컴퓨터도 부순 것으로 알려졌다. 경찰은 이러한 정황으로 미뤄 조 씨가 사전에 범행을 계획해 실행에 옮겼다고 보고 사이코패스 진단검사(PCL-R)를 진행했다. 조 씨는 이 검사에서 기준치인 25점을 넘겨 사이코패스로 분류됐다.

➕ 묻지마 범죄 유관 용어

뚜렷하지 않거나 일반적이지 않은 동기를 갖고 불특정 다수를 향해 벌이는 폭력적 범죄를 언론에서 흔히 ▲묻지마 범죄라고 표현하는데 경찰은 2022년 1월부터 묻지마 범죄의 명칭을 ▲이상동기 범죄라고 정하고 통계를 기록하기 시작했다. 일본에서는 이상동기 범죄를 ▲도리마 범죄라고 한다. 도리마는 만나는 사람에게 해를 끼치고 순식간에 사라지는 마물(魔物)이란 뜻이다. 총기 소지가 허용되는 나라에서는 이상동기 범죄의 피해 규모가 대규모 테러 수준으로 확대되는 경우가 많다. 사회적으로 고립된 상태에서 소속 집단이나 배후 세력 없이 테러를 저지르는 범죄자는 ▲외로운 늑대(lone wolf)라고 한다.

2주일 만에 서현역서 차량·칼부림 테러

▲ 8월 3일 발생한 '분당 흉기 난동 사건' 피의자 최원종이 8월 10일 경기도 성남시 수정구 성남수정경찰서 유치장에서 검찰로 송치되고 있다.

신림역 흉기 난동 사건이 있은 지 2주일 만에 성남시 분당구 **서현역 일대에서 또 묻지마 흉기·차량 테러 사건이 벌어져 1명이 사망하고 13명이 다쳤다.** 경찰은 8월 3일 오후 6시 5분쯤 **22세 남성 최원종을** 현행범으로 체포했고 8월 7일 신상을 공개했다.

최 씨는 경차를 몰고 돌진해 행인들을 연달아 치었고 이후 사고 충격으로 차량이 멈추자 서현역과 이어진 대형백화점 AK플라자로 들어갔다. 그는 이곳 1, 2층에서 시민들에게 흉기를 휘둘렀다. 여성과 남성, 20대부터 70대까지 성별이나 연령대를 가리지 않고 닥치는 대로 범죄 표적으로 삼았다.

최 씨는 경찰에 "불상의 집단이 나를 청부살인하려 한다", "부당한 상황을 공론화시키고 싶었다"는 등 횡설수설한 것으로 전해졌다. 경찰은 최 씨에 대해 마약 간이검사를 실시했으나 결과는 음성이었다. 그는 조현성 성격장애(schizoid personality disorder) 진단을 받아 사이코패스 평가 대상에 적합하지 않다는 결론이 나왔다.

온라인 공간에서는 사건 당시 영상과 사진이 여과 없이 공유돼 불안감을 키웠다. 이수정 경기대 범죄심리학 교수는 "칼을 쓴 수법이나 공공장소를 선택한 것도 (신림동 사건 피의자인 조선을) 모방했다고 볼 수 있다"고 말했다. 이윤호 동국대 경찰행정학 교수는 "(신림동 사건 피의자인) 조선이 **▪트리거**가 됐다고 본다"며 "앞으로도 유사한 범죄가 발생할 수 있다"고 우려했다.

▪ 트리거 (trigger)
트리거는 사전적 의미로 총의 방아쇠를 의미하며, 어떤 사건이나 사건의 반응을 유발하는 계기나 도화선이라는 뜻이다. 마케팅에서는 '연쇄 반응을 유인하는 촉매제', '아이디어와 이야기를 전파하는 사람들'이란 뜻으로 쓰이기도 한다. 컴퓨터 용어로 쓰일 때는 특정 테이블이나 테이블의 레코드에 어떠한 사건이 발생했을 때 내부적으로 실행되도록 데이터베이스에 저장된 프로시저(procedure : 데이터베이스에 대한 일련의 작업을 정리한 절차를 관계형 데이터베이스 관리 시스템에 저장한 것)를 의미한다.

모방범죄·온라인 살인 예고 급증...삼엄해진 도심 치안 경비

▲ 흉기 난동과 살인 예고 온라인 게시물로 국민 불안감이 커지는 가운데 8월 6일 서울 강남역 인근에 경찰특공대원과 전술 장갑차가 배치돼 있다.

잇따른 칼부림 사건 이후 온라인에서는 흉악범죄를 예고하는 글이 급증하는 등 모방범죄 우려가 커졌다. 8월 14일 경찰청에 따르면 경찰은 서현역 사건 이튿날인 8월 4일부터 11일(오전 9시 기준)까지 검문검색 등을 통해 흉기 관련 범죄 피의자 145명을 검거해 이들 중 21명을 구속했다. 정신질환자로 판명된 12명은 응급입원 조치했다. 14명은 살인미수·예비 혐의로 검거됐으며 60명은 특수상해·협박·폭행 등 흉기를 사용한 폭력 혐의가 적용됐다.

경찰은 또한 신림동 사건이 일어난 7월 21일 이후 8월 14일(오전 9시 기준)까지 총 354건의 온라인상 무분별한 흉악범죄 예고 글에 대한 수사에 착수해 149명(141건)을 검거, 15명을 구속했다고 밝혔다. 검거된 피의자 중 19세 미만 미성년자는 71명으로 전체의 47.6%를 차지했다. 살인 예고 글 대부분이 장난이거나 홧김에 쓴 것으로 확인됐지만 시민들의 불안감은 사라지지 않았다.

윤희근 경찰청장은 '살인 예고 글'을 강하게 비판하며 자제를 촉구했다. 윤 청장은 8월 5일 서울 송파구 잠실역에서 특별치안활동 현장 점검 중 "(살인 예고 글이) 모방 또는 일종의 영웅심리가 아닌가"라고 지적했다. 이어 "본인의 **무책임한 일로 얼마나 많은 국민들이** (불안해하고) **경찰력이 얼마나 불필요하게 낭비되느냐**"며 **"큰 사회적인 손실"**이라고 비판했다.

경찰청은 전국 곳곳의 흉기 난동 사건 발생 우려와 관련해 특별치안활동의 일환으로 8월 5일부터 장갑차 10대를 주요 도심 지역에 배치하겠다고 밝혔다. 주말이면 더욱 많은 사람들로 붐비는 서울 강남역 한복판에도 전술 장갑차와 경찰 특공대가 배치됐다. 이에 대해 안정감이 든다는 사람들도 있었지만 오히려 위압감과 불안감을 조성

한다는 의견도 있었다.

'가석방 없는 종신형' 도입 추진

한편, 지난 5월 20대 또래를 살해한 정유정 사건을 비롯해 흉악 범죄가 끊임없이 터지면서 엄격한 형 집행으로 범죄 억지력을 높여야 한다는 주장이 힘을 받았다. **실질적 사형제 폐지국가인 한국에서 사형을 대체해 흉악범을 영구 격리할 수 있는 형벌이 필요**하다는 차원에서 정부 여당은 ▪**가석방 없는 종신형** 신설을 추진키로 했다. 법무부는 가석방을 허용하지 않는 무기형을 신설하는 내용의 형법 일부개정법률안을 9월 25일까지 입법예고를 거쳐 국회에 제출하기로 했다.

반면 가석방 없는 종신형의 범죄 예방 효과가 검증이 안 됐고, 사형제 못지않은 형벌로 위헌성 문제를 야기할 수 있다는 반론과 함께 교정 관리의 어려움을 부를 수 있어 제도화 과정에 신중한 검토가 필요하다는 의견도 있다. 전문가들은 사형제 폐지와 함께 제도의 과도기적 도입 또는 무기징역 가석방 형기 기준을 높이는 대안도 제시했다.

▪ **가석방 없는 종신형**

가석방 없는 종신형은 수형자가 사망할 때까지 무기한으로 교도소에 가두는 형벌이다. 현행 형법에 따르면 무기징역 수형자가 20년을 복역하면 가석방될 가능성이 생긴다. 유기형은 형의 3분의 1이 지난 뒤 가석방될 수 있다. 현행법상 무기징역보다 무거운 형벌은 사형이 유일하지만 한국은 1997년 12월 이후 현재까지 사형을 집행하지 않아 국제사회로부터 실질적 사형폐지국으로 분류되므로 사형이 효력을 잃었다. 이에 사형제의 법적 공백을 메워줄 형벌로 가석방 없는 종신형이 논의되고 있다. 다만 가석방 없는 종신형을 두고 세금으로 흉악범을 평생 수용하는 것이 적절한가에 대한 논란도 있다.

**분야별
최신상식**

정치 |
행정

2023년 08월 10일
더불어민주당 '김은경 혁신위'

김은경 민주당 혁신위원장
'노인 폄하' 발언 파장

■ **대한노인회 (大韓老人會)**
대한노인회란 노인 권익과 복지의 증진 및 노인의 사회봉사. 그리고 회원 상호 간의 친목도모를 목적으로 조직된 단체이다. 1969년 창립되었으며. 보건복지부 산하 사단법인으로 자리 잡고 있다.

"미래가 짧은 사람들"... 나흘 만에 사과

김은경(사진) 더불어민주당 혁신위원장이 지난 7월 30일 청년과의 좌담회를 하면서 "왜 미래가 짧은 사람들이 젊은 사람들과 1대 1로 표결해야 하냐? 남은 수명에 비례해 투표하는 것이 합리적"이라고 말해 큰 파장을 일으켰다. 국민의힘은 노인 폄하 발언이라며 김 위원장을 영입한 이재명 민주당 대표가 사과하고 혁신위원회는 해체하라고 요구했다.

민주당 양이원영 의원은 김 위원장의 발언을 옹호하며 SNS에 "지금 투표하는 이들은 미래에 살아있지도 않을 사람들이다. 오래 살아있을 청년과 아이들이 미래를 결정할 수 있어야 한다"고 주장했다. 김남희 혁신위원회 대변인은 "김은경 위원장의 발언은 청년 세대의 정치 참여를 촉구하는 발언"이라며 "국민의힘은 세대 간 갈라치기를 하지 말라"고 주장했다.

하지만 김 위원장에 부정적인 여론이 확산하고 민주당 내에서도 비판의 목소리가 나오자 김 위원장은 나흘 만에 직접 "마음 상하게 했다면 유감"이라며 "노여움을 풀었으면 좋겠다"고 사과했다. 민주당 원내 지도부도 ■**대한노인회**를 방문해 노년층 민심을 달래며 사태 수습에 나섰다.

김 위원장은 8월 3일 서울 영등포구 민주당사 앞에서 "청년 좌담회 발언에 대한 비판과 논란에 사과 말씀을 드린다. 어르신들 마음을 비참하게 한 점을 정중하게 사과한다"며 고개를 숙였다.

직후 김 위원장은 서울 용산구 대한노인회를 방문해 "마음 상하게 해 죄송하다"고 했지만, 김호일 대한노인회장은 "사진이라도 뺨을 때리겠다. 정신 차려라"며 김 위원장의 사진을 눈앞에서 후려쳤다.

민주 혁신위 결국 조기 종료

민주당 혁신위는 8월 10일 노인 폄하 발언 등 잇단 설화 속에 논란만 남기고 용두사미(龍頭蛇尾 : 용의 머리와 뱀의 꼬리, 시작은 거창해 보이지만 끝은 보잘것없음)로 활동을 조기 종료했다. 혁신위는 이날 이재명 대표 강성 지지층이 요구했던 '■전당대회 대의원 투표 배제'를 골자로 하는 혁신안을 발표했으나 '사당화'라는 당내 반발만 샀다. 혁신안에 대한 당내 공감보다는 비판만 쏟아졌다. 특히 비명계가 강력 반발해 혁신위가 당내

계파 갈등만 부추겼다는 지적도 나온다.

혁신위는 내년 총선을 앞두고 민주당이 뼈를 깎는 쇄신을 하기 위해 출범했으나 **전당대회 대의원 배제, 의원 체포동의안 기명투표 등 퇴행적 방안을 내놓아 당 안팎에서 뭇매**를 맞았다. 이에 따라 혁신위가 당 쇄신은커녕 '트러블 메이커' 역할만 한 채 빈손으로 떠났다는 지적이 나온다.

애초 민주당은 전당대회 돈봉투 의혹과 거액의 가상자산 투자·보유 논란으로 떨어진 당의 도덕성을 회복하기 위해 외부 인사 중심의 혁신위원회를 지난 6월 20일 공식 출범시켰다. 혁신위는 9월 정기 국회 전까지 활동할 예정이었지만 김 위원장은 노인 폄하 발언, 개인사 등 논란이 커지면서 동력을 잃었다는 평가 속에 활동을 급하게 마무리했다.

■ 전당대회 (全黨大會)

전당대회는 각 정당의 대표를 비롯한 주요 지도부의 선출, 대통령 후보자의 결정, 당의 강령과 당헌 채택·개정, 당의 해산·합당 등 주요 사항을 결정하기 위해 개최하는 정당의 최대 행사다. 정당 지도부는 물론 전국의 당원을 대표하는 대의원들이 모두 참여해 투표로 결정권을 행사한다.

POINT 세 줄 요약
❶ 김은경 민주당 혁신위원장이 "남은 수명에 비례해 투표하는 것이 합리적"이라고 말하며 '노인 폄하' 논란을 일으켰다.
❷ 김은경 위원장은 '노인 폄하 발언' 이후 나흘 만에 직접 "죄송하다"며 사과했다.
❸ 민주당 혁신위원회는 설화 속에 논란만 남기고 활동을 조기 종료했다.

헌재, 전원일치로
이상민 탄핵 소추 기각

▲ 이상민 행정안전부 장관

이태원 참사 부실 대응 논란과 관련해 국무위원으로서는 헌정사상 처음으로 탄핵 소추된 이상민 행정안전부 장관에 대한 탄핵이 기각됐다. 헌법재판소(헌재) 결정에 따라 이 장관은 즉각 업무에 복귀했다.

헌재는 7월 25일 서울 종로구 헌재 대심판정에서 이 장관의 탄핵 심판 사건 관련, 재판관 전원일치 의견으로 탄핵 심판 청구를 기각했다. 헌재는 ▲사전 재난 예방조치 의무 위반 ▲사후 재난 대응 조치 의무 위반 ▲참사 발생 후 발언 등 주요 쟁점에 대해 이 장관이 헌법상 의무를 위반했다고 보기 어렵다고 판단했다.

헌재는 "재해를 예방하기 위해 노력해야 할 국가 의무를 규정한 재난안전법과 재난안전통신망법을 위반했다고 보기 어렵다"며 "중앙재난안전대책본부(중대본)와 중앙사고수습본부(중수본) 설치·운영에 대한 재난안전법을 위반했다고도 보기 어렵다"고 판단했다.

이 장관은 지난해 10월 29일 발생한 '이태원 참사' 당일 현장에 늦게 도착했다는 지적에 "이미 골든타임이 지난 시각이었다"고 발언해 공분을 샀다. 헌재는 해당 발언이 부적절하다고 꼬집으면서도 "표현 상대방과 경위 등을 종합적으로 고려하면 국민의 신뢰가 현저히 실추됐거나 파면을 정당화할 정도로 관련 기능이 훼손됐다고 보기 어렵다"고 언급했다.

이어 "중대본과 중수본 설치·운영, 피해자 등 용어 사용, 유족 명단에 관한 발언은 기억에 반하거나 책임을 회피하기 위한 발언으로 보기 어렵다"며 "사후 발언에 관해 탄핵 사유가 인정되지 않는다"고 덧붙였다.

이태원 참사가 특정 원인이나 인물에 의해 발생한 사고가 아니라는 점도 분명히 했다. 다만 재난안전법상 주최자 없는 축제의 안전관리와 매뉴얼이 명확하지 않았고, 각 정부기관이 대규모 재난에 통합 대응 역량을 기르지 못한 잘못이 있다고 지적했다. 헌재는 "재난상황에서 행동요령 등에 관한 충분한 홍보나 교육, 안내가 부족했던 점이 총체적으로 작용한 결과이므로 규범적 측면에서 그 책임을 피청구인에게 돌리기는 어렵다"고 했다.

탄핵 심판은 헌재 재판관 9명 중 7명 이상이 출석해 6명 이상이 동의하는 것으로 파면 여부를 결정한다. 이날 헌재가 탄핵 심판 청구를 기각함에 따라 이 장관은 즉시 업무에 복귀했다. 국회는 앞서 2월 8일 오후 본회의에서 이태원 참사 대응 부실을 이유로 이 장관 탄핵 소추안을 무기명 표결에 부쳤다. 총투표수 293표 중 찬성 179표, 반대 109표, 무효 5표로 가결해 헌법재판소로 넘겼다. 국무위원에 대한 탄핵 소추는 75년 헌정사에서 처음이었다.

헌법 제65조는 탄핵 소추에 대해 규정하고 있다. 제65조 제1항에 따르면 대통령·국무총리·국무위원·행정각부의 장·헌법재판소 재판관·법관·중앙선거관리위원회 위원·감사원장·감사위원 기타 법률이 정한 공무원이 그 직무집행에 있어서 헌법이나 법률을 위배한 때에 국회는 탄핵의 소추를 의결할 수 있다.

국회의 탄핵 소추는 국회재적의원 3분의 1 이상의 발의가 있어야 하며, 그 의결은 국회재적의원 과반수의 찬성이 있어야 한다. 다만, 대통령에 대한 탄핵 소추는 국회재적의원 과반수의 발의와 국회재적의원 3분의 2 이상의 찬성이 있어야 한다.

탄핵 소추의 의결을 받은 자는 탄핵 심판이 있을 때까지 그 권한행사가 정지된다. 국회의 의결을 거쳐 헌법재판소의 탄핵결정은 공직으로부터 파면함에 그친다. 그러나 파면으로 민사상이나 형사상의 책임이 면제되지는 아니한다.

탄핵 심판에 관한 심리는 9인의 재판관 전원으로 구성되는 전원재판부가 담당한다. 탄핵 심판 청구가 이유 있는 경우에 헌법재판소는 탄핵 당사자를 해당 공직에서 파면하는 결정을 선고한다. 탄핵결정은 재판관 6인 이상의 찬성이 있어야 한다(헌법 113조).

탄핵결정이 내려져도 탄핵 당사자의 민사상, 형사상 책임은 면제되지 않는다. 탄핵결정에 의해 파면된 사람은 선고일로부터 5년간 공무원이 될 수 없다(헌법재판소법 제54조). 만일 탄핵결정 선고 전에 당사자가 파면되었다면 헌법재판소는 심판청구를 기각한다. 탄핵이 기각되면 탄핵 소추 기간 동안 정지되었던 권한은 자동으로 복권된다.

대통령실, 이번엔 풍수지리학자 논란

2022년 3월 대통령 관저 선정 과정에서 육군참모총장 공관을 둘러본 사람이 무속인 천공이 아닌 풍수지리학자인 백재권 사이버한국외국어대

▲ 백재권 사이버한국외국어대 겸임교수 (백재권 페이스북 캡처)

학교 겸임교수였다는 경찰 수사 내용이 알려지면서 대통령실을 향한 비판이 제기됐다. 논란이 일 당시 대통령실은 천공 개입설은 강력하게 부인하면서도 백 겸임교수의 존재는 함구했다.

대통령실은 올해 초 부승찬 전 국방부 대변인이 저서를 통해 천공의 육군참모총장 공관 방문설을 언급하자, 그의 주장을 보도한 언론사의 기자를 명예훼손 혐의로 고발했다. 그러나 당시 대통령실은 논란 확산 속에도 백 겸임교수의 존재에 관해서는 언급하지 않았다.

국민의힘 내에서도 비판이 나왔다. 이준석 전 대표는 국민의힘이 7월 22일 "백 겸임교수는 풍수지리학계 최고 권위자"라는 논평을 내자 페이스북에 글을 올려, "풍수학 최고 권위자에게 무속 프레임을 씌우지 말라는 말이 정말 대한민국 집권여당에서 공식 논평으로 나온 것이 맞느냐"고 말했다. 이 전 대표는 **"공적인 판단을 하는 데 풍수나 관상의 영향을 받는다는 것은 위험**하다. 앞으로 그런 우려가 없도록 하겠다고 하는 것이 맞다"고 말했다.

대통령실은 백 겸임교수의 방문 사실을 인정하면서도, 대통령 관저 위치가 ▪**풍수지리설**에 의해 정

해지지는 않았다고 했다. 대통령실 관계자는 언론 인터뷰에서 "백 겸임교수는 대통령 관저로 육군참모총장 공관을 추천했지만, 실제로는 외교부 장관 공관이 최종 낙점됐다"고 말했다.

한편, 백 겸임교수는 여러 매체 인터뷰에서 윤석열 대통령 부부 관련 언급을 한 것으로 나타났다. 그는 2022년 2월 언론 인터뷰에서 윤 대통령이 서울중앙지검장일 때 윤 대통령의 후배이자 자신과 친한 인사의 소개로 윤 대통령 부부를 만나게 됐다면서 "윤 후보가 가진 '악어상'은 굉장히 희귀한 관상이다. 파괴력과 생존력이 소위 '슈퍼 갑(甲)'"이라고 말했다.

다만 백 겸임교수는 야권 인사들과도 접점이 있다. 그는 2022년 인터뷰에서 "지난 (2017년) 대선 때 누가 영부인이 될지를 주제로 칼럼을 쓸 기회가 있어서 대선 후보들의 배우자 관상을 보기 위해 (문재인 전 대통령 부인) 김정숙 여사를 직접 본 적 있다"고 말한 바 있다. 또 2017년 대선 경선이 시작될 무렵 아는 언론사 대표를 통해 이재명 민주당 대표 부부와도 저녁 식사를 함께했다고 언급했다.

■ 풍수지리설 (風水地理說)
풍수지리설은 산천, 수로의 모양을 인간의 길흉화복에 연결시켜 설명하는 사상인 풍수를 체계화한 학설이다. 근대 지리학이 들어오기 전에는 지리설이라고 불렸다. 자연 현상의 변화가 인간 생활의 화복에 깊은 관계가 있다는 생각은 이미 중국의 전국 시대 말기에 시작됐다. 이것이 음양오행의 사상이나 참위설(讖緯說)과 혼합되어 전한 말부터 후한에 걸쳐서 인간의 운명이나 화복에 관한 각종의 예언설을 만들어냈고[음양지리(陰陽地理) 및 풍수도참(風水圖讖)], 초기 도교의 성립에 따라 다시 교리로 체계화되었다.

헌재 "준연동형 비례제 합헌"

▲ 2019년 소수당의 반대 속에 준연동형 비례제가 본회의에서 통과되는 모습

헌법재판소가 '준(準) ■**연동형 비례대표제**'를 규정한 법 조항이 헌법에 어긋나지 않는다고 판단했다. 헌재는 7월 20일 준연동형 비례대표제를 규정한 공직선거법 189조 2항 등에 대한 헌법소원 심판 사건에서 재판관 전원 일치 의견으로 기각했다.

준연동형 비례대표제는 정당이 지역구에서 얻은 의석수가 전국 정당 득표율에 미치지 못하면 그 차이만큼 일부 비례대표 의석을 배분해 총 의석을 보장하는 제도다. 국회는 2019년 이런 내용을 골자로 한 공직선거법 개정안을 통과시켰다. 비례대표 의석에 대해서만 정당 득표율 기준으로 배분하는 기존 '병립형'으로는 민심을 제대로 반영하지 못한다는 게 도입 이유였다.

그러나 처음 이 제도가 시행된 **21대 총선**에서 미래통합당(국민의힘 전신)과 더불어민주당이 '위성정당(衛星政黨 : 다당제의 구색을 맞추기 위해 명목상 만들어진 정당)'을 만들어 양당제를 더욱 공공히 하며 도입 취지를 무색하게 했다.

청구인들은 이 조항이 직접선거·평등선거 원칙에 어긋나 유권자의 선거권 등 기본권을 침해한다고 주장했다. 비례대표 의석을 지역구 선거와 연계해 유권자가 행사한 표의 실질적 가치가 달라질 수 있고, 위성정당도 정당으로 포함한 후 비례대표 의석을 배분해 유권자의 의사를 왜곡시킨다는 것이다.

헌재는 "이 조항이 투표 가치를 왜곡하거나 선거 대표성의 본질을 침해할 정도로 현저히 비합리적인 입법이라고 보기 어렵다"고 판단했다. 먼저 "대의제 민주주의에서 선거제도는 나라마다 정치적, 사회적, 역사적 상황 등을 고려해 각 그 나라의 실정에 맞도록 결정되는 것"이라고 전제했다.

헌재는 소선거구 다수대표제나 비례대표제 등 어느 특정 선거제도가 다른 선거제도와 비교해 반드시 우월하거나 열등하다고 단정할 수 없으며, 연동형 비례대표제는 기존 병립형보다 선거 비례성을 향상시킨 제도라는 점을 인정할 수 있다고 봤다.

위성정당 논란에 대해서도 "제도가 마련돼 있지 않다는 점만으로 이 조항 자체가 투표의 성과가치를 왜곡해 평등선거 원칙에 위배된다고 보기는 어렵다"고 했다. 헌재는 "21대 국회의원 선거에서 선거의 불비례성이 완화되지 못한 것은 거대 정당의 선거 전략에 따른 결과이지 이 조항에 따른 결과로 보기 어렵다"며 "정당의 투표전략으로 인해 실제 선거에서 양당체제를 고착화하는 결과를 초래했다는 이유만으로 비합리적 입법이라 보기 어렵다"고 했다.

다만 헌재는 "이 조항이 무력화되지 않고 거대 정당의 선거전략을 효과적으로 통제할 수 있는 제도를 마련하는 것이 필요하다"고 했다.

■ 연동형 비례대표제 (連動形比例代表制)

연동형 비례대표제는 정당 득표율에 따라 의석을 배분하는 제도다. 지역구 후보에 1표, 정당에 1표를 행사하며 지역구 당선 의석수와 무관하게 전체 의석을 정당 득표율에 따라 배분한다. 정당 득표율 결과로 각 정당의 의석수를 나눈 뒤 배분된 의석수보다 지역구 당선자가 부족할 경우 이를 비례대표 의석으로 채우는 것이다. 이는 소수 정당에 유리한 선거제도로서 거대 정당은 오히려 의석을 잃을 수 있다.

2020년 21대 국회의원 선거부터 도입된 준연동형 비례대표제는 국회 전체 의석수를 '지역구 253석, 비례대표 47석'의 현행 그대로 유지하되, 비례대표 47석 중 30석에만 '연동형 캡(cap : 상한선)'을 지역구 선거에서 얻은 의석이 정당 득표율에 미치지 못하는 부족분의 50%만 채워주는 비례대표 방식이어서 준연동형 비례대표제라고 불렀다.

'해외 순방 시즌' 끝,
윤 대통령 '거제 청해대'로 피서

▲ 저도

윤석열 대통령이 8월 2일부터 8일까지 6박 7일 간 공식 여름휴가를 가졌다. 세계스카우트잼버리 운영 상황과 태풍 태세 점검을 위해 휴가 마지막 날인 8월 8일 복귀해 용산 대통령실로 출근했다.

대통령실 관계자는 앞서 7월 31일 브리핑에서 "공식적으로는 휴가 기간을 2일부터 8일까지로 잡았다. 휴일을 껴서 6박 7일"이라며 "(윤 대통령이) **저도**에 머물 수 있게 될 것"이라고 설명했다. 거제 저도는 이른바 청해대라 불렸던 대통령 별장이 자리한 곳이다.

이 관계자는 "참모들 입장에서는 대통령이 그동안 워낙 순방 등 여러 격무에 시달렸고, 어느 정도 휴식이 필요한 게 아닌가 생각한다"며 대통령 휴가 계획에 따라 대통령실 직원이나 일부 공무원이 휴가를 짜는 관행도 고려했다고 설명했다.

윤 대통령은 2022년 8월 첫 휴가 때 저도 등 지방 휴양지와 민생 현장을 찾으려던 계획을 취소하고, 닷새간 서초동 사저에 머무른 바 있다.

여름휴가 중인 윤 대통령은 8월 4일 경남 거제의 고현 종합시장을 방문해 주민과 관광객들을 만났다. 윤 대통령은 거제 주민과 관광객 등 1500여 명이 운집한 시장에서 "반갑습니다. 건강하세요"라고 인사하며 전어와 농어, 도다리 등 횟감 수산물을 주로 구매했다고 김은혜 홍보수석이 전했다.

윤 대통령은 시장에서 만난 어르신들과 손을 잡으며 "회를 많이 드셔서인지 정정해 보이시고 제가 마음이 좋다"고 덕담을 건네기도 했다.

■ **저도 (猪島)**

저도는 경상남도 거제시 장목면 유호리에 있는 섬이다. 면적은 2.2㎢이다. 1920년대 일본군이 군사시설을 만들었다. 한국 전쟁 때도 유엔 연합군의 군사시설로 쓰였고, 전쟁 후 국방부가 소유했다. 면적의 전체가 동백과 해송, 팽나무 등으로 어우러진 울창한 숲을 이루고 있으며, 200여m 길이의 백사장이 있어 빼어난 자연경관을 자랑한다. 이승만 전 대통령이

여름 휴양지로 쓰기 시작한 뒤로 역대 대통령의 휴양지로 쓰였다. 박정희 전 대통령 때는 대통령 별장인 청해대(靑海臺)가 들어섰다. 청해대가 있는 저도의 행정구역은 본래 거제군이었으나 대통령 별장으로 지정된 이후인 1975년에는 진해시로 편입되었으며, 1993년 12월 대통령 별장에서 해제된 뒤 다시 거제시 장목면 유호리로 18년 만에 환원됐다.

'수해 골프' 홍준표, 당원권 정지 10개월

▲ 홍준표 대구시장 (자료 : 대구광역시)

전국적으로 **호우경보가 발효된 상황에 '주말 골프'를 쳐 논란이 된 홍준표 대구시장이 소속 정당인 국민의힘으로부터 '당원권 정지 10개월'의 중징계**를 받았다. 앞서 김기현 대표가 진상 조사를 지시하고 당 윤리위원회가 홍 시장 징계 논의 안건을 직권 상정한 지 8일 만이다. 홍 시장은 징계 결과에 대해 "더 이상 갑론을박(甲論乙駁 : 서로 자기주장을 내세우고 상대방의 주장을 반박하는 것)하지 않았으면 한다"고 했다.

황정근 윤리위원장은 7월 26일 서울 여의도 중앙당사에서 제7차 회의를 마치고 이러한 내용의 결과를 발표했다. 해당 중징계는 윤리위원 전원 만장일치로 의결했다고 황 위원장은 설명했다. 윤

리위는 홍 시장 징계 사유로 ▲7월 15일 수해 중 골프 행위 관련 당 윤리규칙 제22조 제2항 제2호(사행행위·유흥·골프 등의 제한)를 위반했고 ▲7월 17~18일 언론 인터뷰 및 페이스북 글 게시 관련 당 윤리규칙 제4조 제1항 위반 등 윤리위원회 규정 제20조 제2호도 위반했다고 적시했다.

국민의힘 윤리강령 시행규칙 제22조 제2항에 따르면 당직자와 당 소속 공직자는 국민 정서에 반하는 언행과 기타 당의 이미지를 훼손하는 일체의 해당 행위를 해서는 안 된다. 특히 '자연재해나 대형사건·사고 등으로 국민이 슬픔에 잠겨 있거나 국민과 국가가 힘을 모아야 할 경우'에는 경위를 막론하고 오락성 행사나 유흥, 골프 등 국민 정서에 반하는 행위를 하지 말라고 규정하고 있다.

황 위원장은 "본인이 사과를 하고 수해 복구에 참여했지만, 행위 시기와 경위 및 사정을 비춰보면 당의 명예를 실추시키거나 국민 정서에 반하는 행위이기 때문에 윤리규정 및 윤리규칙을 엄정히 적용할 수밖에 없다"고 설명했다. 이어 "홍 시장은 당 대표와 대통령 후보를 지내는 등 주요 정치 지도자로서 엄격한 윤리 기준을 지켜야 한다"며 "차기 대통령 선거에서도 유력 후보로서 국민은 일거수일투족을 보면서 그가 소속된 정당, 국민의힘에 대해 함께 평가한다"고 했다.

앞서 홍 시장은 전국적으로 폭우가 내린 7월 15일 대구의 한 골프장에서 지인과 골프를 친 사실이 드러나 구설에 올랐다. 그는 해당 사실이 알려진 뒤에도 "주말에 (공직자는) 골프를 치면 안 된다는 규정이 어디 있나", "공직자의 주말은 자유"라고 말해 논란을 키웠다.

여론이 악화하자 홍 시장은 7월 19일 대구시청 동인청사에서 기자간담회를 열고 "수해가 우려되는 상황에서 부적절했다는 지적을 겸허히 받아들인다. 수해로 상처를 입은 국민들께 심려를 끼쳐 사과드린다"고 했다.

➕ 헌법 및 국회법상 국회의원의 징계

국회는 자율권에 기하여 의원 징계권을 갖는다(헌법 제64조 제2항). 국회의원이 내부의 질서를 어지럽히거나 국회의 품위를 손상시키는 경우 질서유지를 위하여 당해 의원에 대하여 징계할 수 있는 것이다. 그리고 징계의 종류로 ①공개회의에서 경고, ②공개회의에서 사과, ③30일 이내의 출석정지, ④제명이 있다(국회법 제163조). 제명의 경우에는 재적의원 3분의 2 이상의 찬성이 필요하고(헌법 제64조 제3항), 제명처분에 대하여는 법원에 제소할 수 없다(헌법 제64조 제4항). 또한 제명이 의결되지 아니한 때에는 본회의는 다른 징계의 종류를 의결할 수 있다(헌법 제64조 제5항). 물론 의원의 징계를 심사하기 전에 윤리특별위원회는 윤리심사자문위원회의 의견을 청취하여야 하고, 이 경우 윤리심사자문위원회의 의견을 존중하여야 한다(국회법 제46조 제3항).

정부, 2023년 세법개정안 발표

7월 27일 정부의 '2023년 세법개정안'에 따르면 정부는 내년 1월부터 **혼인신고 전후 각 2년, 총 4년 이내에 부모로부터 증여받은 재산에 대해 1억원을 공제**받을 수 있도록 하기로 했다. 혼인신고 전후 총 4년 안에 이뤄진 증여분 가운데 1억원까지는 별도의 증여세를 부여하지 않겠다는 뜻이다. 결혼 전후 총 4년이라는 기간이 설정되면서 올해 결혼하는 신혼부부들도 결혼자금 증여세 공제 확대 혜택을 받을 수 있다.

현재는 부모가 자녀에게 증여할 경우 일반적인 증여세 규정에 따라 5000만원까지만 세금을 공제해주고 있다. 이에 따라 신랑과 신부가 각자 부모님으로부터 1억5000만원씩 결혼자금을 증여받는 경우, 각자 970만원씩 총 1940만원의 증여세를 내야 한다.

증여받은 1억5000만원 가운데 기본 공제 5000만원을 제한 과세표준 1억원에, 세율 10%를 곱한 뒤 자진신고에 따른 신고세액공제(3%)를 적용한 금액이다. 앞으로는 혼인공제 1억원이 추가 적용되면서 총 1억5000만원까지 공제받게 되면 증여세로 내야 하는 금액이 없어진다.

정부는 공제를 적용하는 증여 대상 재산에 특별한 용도 제한도 두지 않기로 했다. 결혼자금 유형, 결혼 비용 사용 방식이 다양하고 복잡하기 때문에 용도를 일일이 규정할 경우 현실의 다양한 사례를 포섭할 수 없다는 판단이다. 총 4년이라는 다소 긴 기간을 설정한 이유도 납세자 혜택을 강화하기 위한 차원이라는 설명이다.

정부는 **자녀장려금 상한도 올리고 지급 요건도 완화**하기로 했다. 자녀장려금은 18세 미만 자녀를 양육하는 저소득 가구를 지원하기 위한 제도다. 현재는 부부 합산 연 소득 4000만원 미만인 가구에 자녀 1인당 연간 최대 80만원을 지급하는 것이 골자다. 정부는 내년 1월 1일부터는 소득요건을 7000만원 미만으로 상향하고, 최대 지급금액도 100만원을 확대해 지급하기로 했다.

양육비 지원 혜택을 중산층까지 확대해 출산을 장려하려는 취지다. 정부는 기준 변경으로 현행 58만 가구가 받던 장려금을 앞으로는 100만 가구 이상 받게 될 수 있다고 봤다. 추경호 부총리 겸 기획재정부 장관은 "꼭 낮은 소득 수준에만 혜택을 집중하기보다 중산층 가까이 혜택을 확대하면서 출산과 양육의 부담을 완화해 주는 정책 접근을 취하게 됐다"고 설명했다.

출산과 보육수당 비과세 한도도 월 10만원에서 20만원으로 확대하고, 기업의 출산 양육 지원금에 대한 세제지원도 강화하기로 했다. 근로자에게 지급하는 출산축하금 등을 사회통념상 인정되는 범위 내에서 경비 등으로 인정해 가족친화적 문화 조성을 지원한다는 취지다. 6세 이하 영유아 의료비에 대해서도 한도 없이 전액 세액공제를 받을 수 있도록 하고, 산후조리비도 총급여액 기준을 없애서 세액공제 적용 대상을 대폭 확대했다.

▍ **자녀장려금 대상 및 지급액 확대** (자료 : 기획재정부)

구분	총급여액 등	자녀장려금
홀벌이 가구	2100만원 미만	자녀 1인당 100만원
	2100만원 이상 7000만원 미만	100만원-(총급여액 등-2100만원)*30/4900
맞벌이 가구	2500만원 미만	자녀 1인당 100만원
	2500만원 이상 7000만원 미만	100만원-(총급여액 등-2500만원)*50/4500

검찰, '돈봉투 수수 의혹' 의원 20명 수사

서울중앙지검 반부패수사2부는 8월 6일 오후 윤관석 더불어민주당 의원을 불러 조사하며

2021년 민주당 전당대회에서 돈봉투가 살포된 경위와 이를 수수한 의원들에 대해 집중적으로 조사했다. 윤 의원이 8월 4일 구속된 이후 첫 조사다. 검찰은 최장 20일 동안 윤 의원을 조사해 돈봉투를 받은 의원 명단을 검증해 나갈 계획이다.

앞서 8월 4일 법원은 "증거인멸이 염려된다"며 윤 의원에 대해 검찰이 청구한 영장을 발부했다. 윤 의원은 민주당 전당대회를 앞둔 2021년 4월 말경 송영길 전 대표의 당 대표 당선을 목적으로 강래구 전 한국감사협회장(수감 중), 이정근 전 민주당 사무부총장(수감 중) 등과 공모해 6000만원의 자금을 마련하고 이 무렵 현역 의원들에게 300만원씩이 든 돈봉투 20개를 살포한 혐의를 받고 있다.

검찰은 2021년 민주당 전당대회 당시 송 전 대표 경선캠프에서 일정 관리를 맡은 전직 비서관과 국회 사무처를 압수수색해 확보한 출입 기록 등을 바탕으로 돈봉투를 수수한 것으로 의심되는 현역 의원 20명 정도를 특정한 상태다. 윤 의원과 이 의원의 ▪**영장실질심사**에서 검찰은 이 명단을 구체적으로 제시한 것으로 전해졌다.

'돈봉투 수수' 의혹 의원들 반발
검찰이 영장심사에서 제시한 명단에 포함된 것으로 알려진 민주당 의원들은 일제히 "사실이 아니다"라고 반박에 나섰다. 백혜련 의원은 8월 5일 입장문을 통해 "(자신은) 당시 최고위원 후보자로 특정 캠프로부터 돈봉투를 수수하는 건 있을 수 없는 일"이라고 반박했다. 김영호 의원도 **"회의에 참석한 국회의원 전원을 검찰이 돈봉투 수수자로 특정 짓는 것은 매우 악의적"**이라고 지적했다.

민주당 지도부도 검찰을 비판하며 반박에 나섰다. 박광온 원내대표는 8월 6일 취임 100일 기자간담회에서 "근거 없이 많은 의원의 이름이 오르내리는 것에 대해 상식적으로 잘 판단해서 대응하겠다"면서도 "검찰이 분명한 증거가 있을 때 그런 (이름을) 이야기를 하길 바란다"고 말했다.

반면 국민의힘 강민국 수석대변인은 8월 6일 논평에서 "윤 의원의 구속도 부끄럽지만 **민주주의를 지켜내야 할 국회의원들이 되레 검은돈을 주고받고, 표를 몰아주는 사실상의 매표 행위에 가담했다는 것만으로도 지탄받아 마땅**하다"고 했다. 김기현 대표는 페이스북에서 이재명 민주당 대표를 향해 "지금이라도 만나 불체포특권 포기서약서에 함께 서명하자"고 했다.

▪ **영장실질심사 (令狀實質審査)**
영장실질심사는 검사로부터 구속영장을 청구받은 판사가 구속영장을 발부하기 전에 피의자를 불러 직접 심문한 뒤, 영장의 발부 여부를 결정하는 제도를 말한다.
판사는 영장실질심사에 있어서 피의자 및 변호인에게 심문기일과 장소를 통지하여야 하고, 검사는 기일에 피의자를 출석시켜야 하며 검사와 변호인은 심문기일에 출석하여 의견을 진술할 수 있다. 심문할 피의자에게 변호인이 없는 때에는 지방법원판사가 변호인을 선정하여야만 한다.

이재명·이낙연
"총선 승리가 민주당 역사적 소명"

▲ 이재명(왼쪽) 민주당 대표·이낙연 전 대표가 만찬 회동을 가졌다. (자료 : 민주당)

이재명 더불어민주당 대표와 이낙연 전 대표(전 국무총리)가 7월 28일 만났다. 수해로 회동이 두 번 무산된 끝에 성사됐다. 두 사람은 2024년 총선 승리가 민주당의 역사적 소명이라는 데 의견을 같이했다. **이 대표는 '단합', 이 전 총리는 '혁신'을 각각 강조**했다.

이 대표와 이 전 총리는 이날 서울 종로구 한 식당에서 2시간가량 저녁 식사를 함께했다. 두 사람은 지난 4월 이 전 총리 장인상 이후 석 달 만에 처음으로 만났다. 이 전 총리가 6월 24일 귀국한 뒤 한 달여 만이다. 이 대표 측에 김영진 당 대표 정무조정실장이, 이 전 총리 측에 윤영찬 의원이 배석했다.

장마철이 끝났다는 기상청의 공식 발표에 양측이 더 이상 늦출 이유가 없다고 판단해 일정을 조율한 것으로 전해졌다. 두 사람이 "윤석열 정부의 폭주를 막기 위해 민주당이 총선에서 승리해야 한다"는 데 공감대를 모았다고 권칠승 민주당 수석대변인이 서면 브리핑을 통해 전했다.

두 사람은 당 혁신 방안과 단합에 대해 의견을 나눴다. 이 대표가 이 전 총리에게 "총선 승리를 위해서는 당의 단합이 가장 중요하고 당이 분열되지 않도록 잘 이끌고 가는 것이 필요하다"며 "이 전 총리께서 많이 도와달라"고 말했다.

이에 이 전 총리는 "민주당을 최상의 상태로 만들기 위해서는 대담한 혁신이 필요하며 혁신을 통해 단합하고 국민의 신뢰를 다시 얻어야 한다"고 답했다. 또 "민주당의 혁신은 도덕성과 민주주의를 회복하는 데서 시작해야 한다"며 "지금 민주당은 위기의식을 가져야 하고 당내 분열의 언어를 즉시 중단시켜야 한다"고 했다. 이 대표 측 강성팬덤 문제를 지적한 것이다. 이 대표 강성 지지층은 비이재명계 의원들을 '수박'(겉과 속이 다른 정치인을 이르는 말)이라 칭하며 공격해왔다.

➕ '명낙회동' 불구 민주당, 계파 갈등 봉합 요원

더불어민주당 계파 갈등이 계속될 전망이다. 내부 다툼 향배의 가늠자로 여겨졌던 전·현직 대표가 미묘한 시각차를 드러낸 데다 이재명 대표의 '사법 리스크'가 다시 부상할 가능성이 있기 때문이다. 당 일각에서 이미 확정된 내년 총선 공천 룰 변경 요구도 친명계와 비명계 간 계파 갈등을 증폭시킬 뇌관으로 꼽는다.

민주당 내홍을 봉합할 계기를 마련할지 주목됐던 이른바 '명낙회동' 이후 비명계 진영에서 뒷말이 나왔다. 민주당에 따르면 이 대표와 이 전 총리가 7월 28일 만나 윤석열 정부의 실책을 비판하며 총선 승리에 인식을 같이했다. 하지만 이 대표는 '단합'을 주문했지만, 이 전 총리는 '혁신과 도덕성'을 강조하며 시각차를 드러냈다. 내년 총선 공천 혁신안도 계파 갈등 봉합에 걸림돌이다. 민주당은 지난 5월 강력범죄, 음주운전, 투기성 다주택자 등은 예외 없이 부적격 처리해 공천에서 배제하는 내용의 공천안을 확정했다. 김은경 혁신위원장이 7월 18일 공천 룰 문제를 다룰 수 있다고 언급하자, 비명계 측은 '속아내기' 가능성을 제기했다.

이 대표의 사법리스크가 다시 부각되는 점도 내부 분란을 키울 요소로 꼽힌다. 비명계 진영에서 이 대표의 퇴진을 요구할 가능성이 있어서다. 지난 5월 전당대회 돈봉투 살포 의혹이 터지자 계파를 불문하고 도덕성을 회복해야 한다는 목소리가 컸다. 당 쇄신론이 분출된 것인데, 이 대표 체제에서 '방탄' 이미지를 벗을 수 없다는 주장도 비명계 일각에서 제기됐다.

민주, 대통령실 특별감찰관 임명 촉구

윤석열 대통령 장모 최은순 씨 법정 구속과 서울-양평 고속도로 종점 변경 의혹을 계기로 **특별감찰관** 임명 필요성이 다시 제기되고 있다. '특별감찰관제 정상화'를 공언했던 대통령실은 "국회 추천이 필요하다"며 소극적인 태도를 보였다.

권칠승 더불어민주당 수석대변인은 7월 31일 국회에서 "현직 대통령의 장모가 범죄로 법정 구속된 것은 초유의 일인데도 해명하고 사과해야 할 윤석열 대통령과 대통령실은 침묵하고 있다. 양평 공흥지구 개발 특혜 의혹으로 (윤 대통령의) 처남이 수사를 받고 있고, 서울-양평 고속도로 종점을 변경해 처가에 특혜를 주었다는 게이트가 확산하고 있다"며 "권력의 힘으로 대통령 친인척의 범죄 혐의를 덮으려는 것이 아니라면 본인이 약속한 특별감찰관을 도입해야 한다"고 말했다.

국민의힘에서도 유승민 전 의원이 이날 KBS 라디오 인터뷰에서 "모든 걸 투명하게 하고 대통령 친인척, 대통령실 직원들이 특별감찰관의 감찰을 항시 받는 체제로 가야 한다"며 특별감찰관 임명을 촉구했다.

특별감찰관은 박근혜 정부 때인 2016년 9월 우병우 당시 민정수석의 비위 의혹을 감찰하던 이석수 초대 특별감찰관이 물러난 뒤 7년 가까이 공석이다. 문재인 정부 때는 여당이던 민주당이 당시 도입 예정이던 **고위공직자범죄수사처(공수처)**와 업무가 겹친다는 이유로 특별감찰관 후보를 추천하지 않았다.

대통령실 측은 "특별감찰관이라는 자리는 국회에서 여야가 합의해서 (후보자를 추천해) 와야 하는데, 지금 국회에서 아무런 요청이 오지 않고 있다"며 책임을 국회로 돌렸다. 대통령실 측은 "**민주당이 진짜로 특별감찰관을 임명하려는 의지가 있는지, 정치 공세를 위한 방편으로 생각하고 있는지가 중요한 것 같다**"며 "문재인 정부는 5년 동안 임명하지 않았다"고 말했다. 그러나 윤 대통령은 2022년 당선자 시절에 특별감찰관제를 정상화하겠다는 뜻을 밝힌 바 있다.

■ 특별감찰관 (特別監察官)
특별감찰관은 대통령의 친인척 등 대통령과 특수한 관계에 있는 사람의 비위행위에 대한 감찰을 담당하는 차관급 정무직 공무원이다. 임기는 3년으로 중임할 수 없으며 정년은 65세까지이다. 직무수행에 필요한 범위에서 1명의 특별감찰관보와 10명 이내의 감찰담당관을 임명할 수 있으며, 직무수행을 위하여 필요한 때에는 총 20명 이내의 한도 내에서 감사원, 대검찰청, 경찰청, 국세청 등 관계 기관의 장에게 소속 공무원의 파견 근무와 이에 관련되는 지원을 요청할 수 있다.

■ 고위공직자수사처 (高位公職者犯罪搜查處)
고위공직자범죄수사처(공수처)는 3급 이상 공무원 등의 직무 관련 범죄에 대해 수사, 공소 제기 등의 업무를 수행하는 대한민국의 수사기관이다. 공수처는 독임제 행정기관으로, 중앙행정기관이면서도 대통령 등의 구체적인 지휘·감독을 받지 않는 독립기관에 해당한다.

**분야별
최신상식**

경제
산업

LH 발주 단지 '철근 누락 아파트'
무더기 확인

■ **무량판 구조 (無梁板構造)**

무량판 구조란 건축구조의 한 종류로서 명칭 그대로 하중을 지탱하는 수평구조 부재인 대들보(beam) 없이, 건물의 하중을 지탱하는 수직재의 기둥(코어)에 슬래브(slab)가 바로 연결된 형식이다. 본래 교량건설에 사용되는 방식으로, 평판바닥 구조 또는 플랫슬래브 구조라고도 한다. 공간을 넓게 사용할 수 있다는 장점이 있으나 다른 구조보다 충격에 약하다.

15개 아파트에서 철근 빠져

인천 검단 신축 아파트 지하주차장 붕괴 사고의 원인으로 꼽히는 '철근 누락' 사례가 다른 공공아파트에서도 무더기로 확인됐다. 7월 30일 국토교통부는 한국토지주택공사(LH) 서울지역본부에서 원희룡 국토교통부 장관을 주재로 '공공주택 긴급안전점검 회의'를 열었다. 이 자리에서 LH는 지하주차장에 **■무량판 구조**를 적용한 94개 LH 발주 단지에 대한 전수조사 결과를 보고했다. 94개 단지 중 이미 준공된 단지는 38곳(38%), 공사 중인 단지는 56곳(62%)이다.

LH는 지난 4월 공사에서 발주한 인천 검단 아파트 지하주차장이 붕괴하는 사고가 발생하자 무량판 공법이 적용된 LH 아파트 지하주차장을 전수 검사했다. **무량판 구조는 보 없이 기둥이 직접 슬래브(천장)를 지지하기 때문에 건설 비용과 시간이 적게 들지만 기둥이 하중을 견딜 수 있도록 철근을 튼튼하게 감아줘야 한다.** 조사 결과 15개 아파트 단지 지하주차장에 '전단보강근'이 제대로 설치되지 않은 것으로 확인됐다. 필요한 만큼의 철근을 쓰지 않았다는 것이다. 10개 단지는 설계 미흡으로 철근이 빠져 있었다. 구조계산이 제대로 되지 않았거나, 구조계산은 제대로 됐지만 설계 도면에 전단

보강근 표기를 빠뜨린 것이다.

5개 단지는 시공이 미흡한 것으로 나타났다. 철근이 빠진 15개 아파트의 콘크리트 강도는 설계 기준 강도를 초과한 것으로 조사됐다. 문제가 드러난 곳 중 이미 입주를 마친 곳은 5개 단지다. LH는 입주한 4개 단지에서 정밀안전점검을 추진 중이며, 이 단지에서는 보완 공사를 진행했다(사진).

철근 누락 단지 감리업체에 LH 퇴직자들 재직 중

LH가 시공한 15개 공공아파트 단지 지하주차장에서 철근 누락 사태가 발생한 것과 관련해, 이들을 관리·감독했던 업체에 LH 퇴직자가 사실상 전부 재직 중인 것으로 확인되면서 '전관예우' 의혹이 불거졌다.

8월 4일 정부·경제정의실천시민연합(경실련) 등에 따르면 철근 누락이 발견된 15개 단지 중 13개 단지는 LH 퇴직자가 임직원으로 근무했거나 적어도 2021년까지 임원을 지낸 전관 업체가

설계를 맡았다. 154개의 모든 기둥에서 **전단보강근(철근)이 빠져 일명 '순살 아파트'로 드러난 경기도 양주 회천 LH 아파트는 설계와 감리를 맡은 곳도 모두 LH 전관 업체**였다.

LH는 15개 공공아파트 단지 지하주차장의 철근 누락 사태와 관련된 업체들을 부실시공으로 경찰에 수사 의뢰했다. 15개 단지와 관련된 업체는 모두 40여 곳으로 알려졌다. LH는 경찰 수사를 통해 관련법 위반이 확인되면 해당 업체들에 ▪**구상권**을 청구할 방침이다.

원희룡 장관은 건설 이권 카르텔을 제거하고, 이 같은 일이 다시 벌어지지 않도록 대책을 철저히 마련하겠다고 밝혔다. LH는 지난 2021년 국민들의 공분을 샀던 LH 전·현직 직원들의 땅 투기 사태 이후 조직 해체 수준의 개혁을 공언했다. 그러나 사상 초유의 부실시공 사태에 핵심 LH 전관이 연루됐다는 의혹이 제기되고 이미 입주가 이뤄진 아파트에서 철근 누락 등 부실이 확인되며 LH에 대한 국민들의 불신이 극도로 커진 상황이다 .

▪ **구상권 (求償權)**

구상권은 채무를 대신 변제해 준 사람이 채권자를 대신하여 채무당사자에게 반환을 청구할 수 있는 권리를 말한다. 국가 소송에 있어서는 국가가 불법행위로 피해를 본 사람들에게 배상금을 먼저 지급한 뒤 실제 불법행위에 책임이 있는 공무원을 상대로 배상금을 청구하는 권리를 이르기도 한다.

POINT 세 줄 요약

❶ LH 발주 단지 아파트에서 철근 누락 사례가 추가로 발견됐다.

❷ 부실시공 아파트의 설계와 감리를 맡은 곳은 LH 전관 업체였다.

❸ LH에 대한 국민들의 불신이 극도로 커졌다.

미 연준, 기준금리 0.25%p 인상

지난 6월 1년 3개월 만에 기준금리 인상 행진을 멈췄던 미국 **■연방준비제도(Fed)**가 7월 26일 다시 기준금리 0.25%p 인상을 단행했다. 연준은 이날 이틀간 연방공개시장위원회(FOMC) 회의를 마치면서 **기준금리를 5.25~5.5%로 올려 22년 만에 가장 높은 수준**으로 올렸다.

연방공개시장위는 성명에서 인플레이션이 여전히 높은 수준에 머물고 있다며 "인플레이션의 위험에 매우 주의를 기울이고 있다"고 밝혔다. 또 인플레이션을 목표치인 2%로 되돌리기 위해 그간 통화정책의 누적 효과, 통화정책이 경제 활동과 인플레이션에 미치는 데 소요되는 시간 등을 감안하며 추가로 정책 결정을 하겠다고 밝혔다.

미국의 6월 **■소비자물가지수(CPI)** 상승률은 3.0%로 2021년 3월 이후 가장 낮았다. 연준이 중요시하는 개인소비지출(PCE) 지수 상승률은 5월에 3.8%를 기록했다. CPI 상승률이 9.1%까지 올라간 지난해 6월과 비교하면 최근 상승세는 상당히 꺾인 것이지만 연준은 인플레이션의 지속 가능성에 대한 우려를 거두지 않은 것이다.

연준은 2022년 3월 제로(0) 금리 시대를 끝내면서 2023년 5월 연방공개시장위 회의 때까지 10차례 연속 기준금리를 올렸다. 물가 오름세가 다소 주춤해진 6월에는 그동안의 정책 효과와 부작용 등을 검토할 시간이 필요하다며 동결을 결정했다. 하지만 당시 제롬 파월 연준 이사회 의장은 "거의 모든 연방공개시장위 위원들이 연말까지 금리를 좀 더 올리는 게 적절할 것이라는 의견을 나타냈다"며 연내에 두 차례 추가 인상에 나설 가능성을 시사했다.

파월 의장은 이번 기준금리 결정 뒤 기자회견에서 다음 연방공개시장위 회의가 열리는 9월에 추가 인상이 결정될지는 지켜봐야 한다고 밝혔다. 그는 "데이터가 그것을 타당하게 만든다면 9월에 기준금리를 올릴 가능성이 확실히 있다"며 "또한 그 회의에서 동결을 선택하는 것도 가능하다"고 말했다. 파월 의장은 기준금리 인하 기대에 관해서는 "올해는 아닐 것"이라며 선을 그었다.

연준의 기준금리 추가 인상으로 현재 3.5%인 한국은행 기준금리와의 차이는 2.0%p까지 벌어졌다. 5월에 1.75%p로 금리역전 현상이 역대 최대로 벌어진 데 이어 최대 격차 기록을 다시 쓴 것이다. 한국은행은 7월 13일 기준금리를 네 차례 연속 동결했다.

■ 연방준비제도 (Fed, Federal Reserve System)
연방준비제도(Fed·연준)란 미국의 중앙은행으로 1913년 도입됐다. 미국 내 통화정책의 관장, 은행·금융기관에 대한 감독과 규제, 금융체계의 안정성 유지, 미 정부와 대중, 금융 기관 등에 대한 금융 서비스 제공 등을 그 목적으로 한다. 특히 Fed는 재할인율(중앙은행-시중은행 간 여신 금리) 등의 금리 결정, 재무부 채권의 매입과 발행(공개시장운영), 지급준비율 결정 등을 통해 통화정책을 중점적으로 수행한다.

소비자물가지수(CPI)는 전국 도시의 소비자가 구입한 각종 상품·서비스에 대해 전반적인 가격 변동을 측정한 통계자료이다. 우리나라 통계청에서는 매월 서울, 부산, 대구 등 주요 도시를 대상으로 백화점, 대형마트, 전통시장 등 소매점포 및 서비스점포를 조사대상처로 선정하여 지방통계사무소 직원들이 직접 현장 조사하고 있다. 458개 상품 및 서비스 품목의 가격을 조사하여 식료품·비주류음료, 의복·신발, 보건 등 12가지 부문으로 세분하여 CPI 수치를 구한다. 기준연도는 5년마다 한 번씩 개편된다.

이차전지 관련 기업 주가 하루 수십조씩 롤러코스터

올해 국내 증시를 주도했던 이차전지 종목들이 극심한 변동성을 보이면서 수십조원 규모의 시가총액이 증발했다가 불어나는 등 혼란스러운 양상을 이어갔다. 특히 변동성이 극심했던 7월 26일엔 주가가 신고점을 달성했다가 일제히 곤두박질치며 시가총액 60조원 규모가 약 1시간 만에 날아가기도 했다. 이처럼 주가가 롤러코스터를 타자 투자자들 사이에서는 '주식시장인지 코인시장인지 모르겠다'는 반응이 나왔다.

7월 30일 한국거래소에 따르면 7월 24일 약 72조원 수준(종가 기준)이던 에코프로그룹의 시

가총액은 25일에 9조원이 불어나며 81조원을 기록했으나 26과 27일, 이틀 연속 주가가 급락하며 64조원으로 쪼그라들었다. 28일엔 에코프로가 '황제주' 자리를 되찾는 등 반등에 성공한 영향으로 70조원 수준을 회복했다.

7월 21일 처음으로 100조원을 넘어선 포스코그룹 시총은 24일 115조원, 25일 122조원으로 늘어났다가 이틀 뒤인 27일엔 105조원으로 감소했다. 역시 28일엔 반등에 성공해 112조원으로 불어났다. 두 그룹의 시총 합산액은 7월 25일부터 27일까지 이틀간 34조원이 증발했다가 28일 하루 만에 13조원을 되찾은 셈이다.

이차전지 종목을 겨냥한 ■**공매도** 역시 쏟아졌다. 7월 26∼27일 포스코홀딩스의 공매도 거래대금은 5686억원으로 코스피 종목 가운데 가장 많았고 그다음은 3461억원을 기록한 포스코퓨처엠이었다. 같은 기간 코스닥시장에서는 에코프로비엠이 4955억원으로 1위, 에코프로가 1951억원으로 2위였다. 특히 26일 포스코퓨처엠(2360억원)과 에코프로비엠(4133억원) 각각 역대 최대 공매도 거래대금을 기록하기도 했다.

7월 26일 에코프로 형제와 포스코그룹주 등 이차전지 기업들의 주가들이 장중 일제히 급락하자 이른바 '개미' 투자자들은 공매도 세력의 시세조종이 의심된다며 금융 당국에 이를 조사해달라는 집단 민원을 넣었다.

개인의 수급이 쏠리며 이차전지 종목들의 주가가 급등하자 증시 전문가들을 중심으로 밸류에이션(valuation : 평가가치) 고평가에 대한 의문이 제기됐고, 이는 평소 개인투자자들이 기관·외국인 등

공매도 투자자에 대해 갖고 있던 반감과 뒤섞여 '개인 대 세력과의 전쟁'으로 번졌다.

전문가들은 이차전지 종목들의 주가 향방을 가늠하기 어려운 상태라고 입을 모은다. 올해 이차전지 주가를 끌어 올린 건 개인이었다. 1월부터 7월 28일까지 개인이 가장 많이 순매수한 종목은 유가증권시장에서는 포스코홀딩스, 코스닥시장에서는 에코프로로 나타났다.

특히 가격이 고평가됐다는 판단 아래 공매도를 한 외국인, 이에 대해 반발하며 더 많은 추격 매수에 나선 개인, 평가손실을 버티지 못하고 공매도를 청산하는 **쇼트스퀴즈**(short squeeze : 주식을 공매도한 기관이 추가 주가 상승에 따른 손해를 막기 위해 주식 매집에 나서는 행위) 움직임, 상승장에서 뒤처지거나 소외된 것 같은 두려움인 ■**포모증후군**을 느끼는 투자자 등 많은 변수가 뒤엉켰다.

■ **공매도 (short selling)**
공매도란 '없는 것을 판다'는 뜻으로, 소유하지 않았거나 빌린 증권을 매도하는 것이다. 증권 가격 하락이 예상될 때 공매도하고 저렴한 가격으로 재매입해 상환함으로써 차익을 낸다. 만약 A 종목의 주가가 현재 2만원이라면 투자자는 일단 주식을 빌려 2만원에 매도한다. 이후 주가가 1만6000원으로 떨어졌다면 투자자는 1만6000원에 주식을 사서 갚고 주당 4000원의 시세차익을 얻게 된다. 예상과 달리 주가가 상승하면 공매도 투자자는 손해를 본다.

■ **포모증후군 (FOMO syndrome)**
포모증후군은 자신만 세상의 흐름을 놓치며 소외되고 있는 것 같다는 두려움과 공포를 의미한다. 포모(FOMO)는 'Fear Of Missing Out(대단한 것을 놓친 것 같아 불안한 심리)'의 줄임말이다. 포모는 제품의 공급량을 줄여 소비자를 조급하게 만드는 마케팅 기법으로 활용됐다. '매진 임박', '한정 수량' 등이 예이다. 최근에는 부동산이나 주식, 암호화폐 등 위험자산 가격이 급증함에 따라 이러한 투자에 동참하지 못한 사람들이 느끼는 조바심을 지칭하는 말로 회자된다.

4대 금융지주 상반기 순이익 사상 첫 9조 돌파

✳ KB금융지주 ◉ 신한금융그룹
◯ 우리금융그룹 ♈ 하나금융그룹

4대 금융지주가 올 상반기 전년 동기보다 2배 가까이 많은 충당금을 쌓으면서도 역대급 실적을 달성했다. 7월 27일 **KB·신한·하나·우리금융지주 등 4대 금융그룹**의 반기 실적 공시에 따르면 이들 그룹사는 올 상반기 9조1824억원의 순이익을 올렸다. 2022년 같은 기간(8조9662억원) 대비 2.4% 늘어난 수치로 역대 최대치다. 2021년부터 이어진 기준금리 인상에 따른 이자수익 증가 등이 영향을 미쳤다.

KB금융은 올 상반기 순익이 2조9967억원으로 지난해 같은 기간 대비 12.2% 늘면서 리딩금융 자리를 탈환했다. 신한금융은 같은 기간 2.1% 감소한 2조6262억원을 기록했다. 신한금융은 "보수적 대손충당금 적립 및 인플레이션에 따른 판매관리비 증가 등의 영향"이라고 밝혔다. KB금융은 지난해 신한금융에 선두 자리를 내줬으나 올 상반기 이를 탈환했다.

하나금융은 상반기 2조209억원의 순이익을 올리면서 지난해 하반기(1조8381억원)에 이어 연속으로 반기 기준 역대 최대 실적을 달성했다. 우리금융은 올 상반기 1조5386억원의 실적으로 전년도 대비 12.7% 감소한 것으로 나타났다. 두 금융지주의 희비를 가른 건 **비이자이익**(이자이익 외 모든 수익으로서 수수료 수익, 주식, 채권 부동산 투자 수익 등)이었다. 하나금융이 1조3701억원의 비이자 수익을 올린 반면 우리금융은 전년 대비 22.0% 감소한 6110억원을 기록했다.

올 상반기 이들 금융지주는 미래 불확실성에 대비해 4조원에 가까운 신용손실 ▪**대손충당금**을 적립했다. KB금융과 신한금융은 각각 1조원이 넘게, 우리금융과 하나금융은 각 8180억원, 7774억원을 책정했다.

▪ 대손충당금 (貸損充當金)
대손충당금이란 은행의 대출채권이 회수되지 못할 가능성을 대비해 대출금액의 일정비율을 금융회사의 재무제표에 쌓도록 하는 자산차감(비용) 계정이다. IFRS(국제회계기준)가 적용되면서 발생손실과 경험치 기준에 따라 대손충당금을 쌓도록 하자 은행들의 충당금 규모는 금감원의 충당금적립비율을 따를 때보다 적어졌다. 이에 따라 금융 당국은 은행들에 그 차액 수준을 자본차감 계정인 대손준비금으로 적립토록 했다.

올 2분기 수출보다 수입이 더 줄어
'불황형 흑자'

올해 2분기 우리나라 경제가 0.6% 성장한 것으로 집계됐다. 수출 부진이 이어지는 가운데 수출보다 수입이 더 크게 줄면서 역성장을 겨우 면한 것으로, 우리 경제의 버팀목 역할을 하던 민간 소비마저 반년 만에 '마이너스'로 돌아서면서 '불황형 성장'의 그림자가 짙어졌다.

한국은행은 7월 25일 발표한 '2023년 2분기 실질 국내총생산(속보)'을 통해 2분기 실질 국내총생산(GDP)이 전기 대비 0.6% 성장했다고 밝혔다. 전년 동기 대비로는 0.9% 성장했다.

우리나라의 GDP는 지난해 4분기 0.3% 역성장으로 곤두박질친 뒤 1분기 0.3%로 올라선 데 이어 2분기에는 증가폭을 0.3%p 키우며 두 개 분기 연속 플러스를 기록했다. 이처럼 0%대 성장을 지탱한 건 수출에서 수입을 뺀 '순수출'이었다. 수출보다 수입이 더 큰 폭으로 줄며 순수출이 경제성장률을 1.3%p 끌어올린 것으로 나타났다. 이른바 ▪**불황형 흑자**다.

문제는 **경기 둔화를 방어하던 민간 소비가 전기 대비 0.1% 감소하며 전망을 어둡게 했다**는 것이다. 민간 소비는 앞서 작년 4분기 −0.5%에서 올해 1분기(0.6%) 반등에 성공하며 경제성장률이 '양'(+)으로 돌아서는 데 크게 기여했지만, 두 분기 연속 성장하는 데 실패했다.

정부 소비도 1분기엔 0.4% 증가했으나 2분기엔 1.9% 줄었다. 지난 1분기 1.3% 증가한 건설투자는 2분기에 0.3% 역성장으로 돌아섰다. 1분기에 5.0% 감소한 설비투자(−0.2%)는 기계류 투자가 늘며 감소폭을 줄였다. 1분기 4.5% 증가했던 수출은 2분기에 1.8% 역성장으로 돌아섰고 수입은 에너지를 중심으로 4.2% 감소했다.

■ **불황형 흑자 (不況形黑字)**

불황형 흑자란 수입이 수출보다 더 많이 줄어 무역흑자가 나는 현상이다. 고환율(원화가치 하락)로 기업들의 국제가격 경쟁력이 높아져 발생하기도 하지만 보통은 경기침체기에 나타난다. 수출 감소폭의 크기에 따라, 감소폭이 예년에 비해 크지 않은 수출유지형과 수출 감소폭이 큰 수출감소형으로 나뉘는데, 수출감소형 흑자의 경우 수출 부진 심화로 이어질 가능성이 크고 자본재 수입 감소로 인한 투자부진으로 성장잠재력이 급속히 하락할 수 있다.

커지는 세수 '펑크'...상반기 국세수입 감소분 40조원 육박

2023년 상반기 국세 수입이 지난해 같은 기간보다 40조원 가까이 덜 걷혔다. 기업 실적 부진과 부동산 거래 감소, 세정 지원에 따른 **기저효과**(base effect : 기준 시점의 위치에 따라 경제 지표가 실제 상태보다 위축되거나 부풀려지는 효과)가 맞물리면서 역대급 세수 펑크가 현실화됐다. **상저하고**(上低下高 : 상반기에 저조하되 하반기에 고조되는 현상)의 경기 흐름을 기대하는 정부의 전망과 달리 하반기에 세수 펑크는 더 커질 가능성이 높다.

기획재정부는 이런 내용 등을 담은 6월 국세수입 현황을 7월 31일 발표했다. 올해 1~6월 국세수입은 178조5000억원으로 지난해 같은 시점 대비 39조7000억원 감소했다. 국세수입 예산 대비 진도율은 44.6%이었다. 지난해 55.1%보다 10.5%p 낮다. 2000년 이후 최저 수준으로 진도율 격차는 전월(9.7%p)보다 더 커졌다. 세금을 걷는 속도가 갈수록 더 느려지는 상황이다. 연말까지 지난해와 똑같은 수준의 세금을 걷는다고 해도 올해 세수는 세입 예산(400조5000억원) 대비 44조원 이상 부족하다.

법인세와 소득세 감소가 세수 부족 사태의 주원인이다. 올해 상반기 법인세는 46조7000억원으로 지난해 63조5000억원보다 16조8000억원(26.4%) 덜 걷혔다. 올해 정부 목표치(105조원) 달성은 사실상 물 건너갔다.

소득세 역시 부동산 거래 감소에 따라 양도소득세가 줄어들고 종합소득세도 전년에 비해 감소해 상반기 11조6000억원 축소된 57조9000억원으로 집계됐다. 지난해 11월부터 올 4월까지 주택 매매량은 1년 전보다 29% 줄었다.

문제는 하반기 펑크가 더 커질 가능성이 높다는 점이다. 6월에도 세수 실적은 반등의 기미가 보이지 않았다. 6월 국세수입은 18조4000억원으로 지난해 같은 달과 비교해 3조3000억원 줄었다. 부동산 거래가 끊기며 소득세가 2조1000억원 감소했고 경기 침체에 부가가치세는 7000억원 줄었다. 법인세는 5000억원 늘었지만 고금리에 따른 원천분 증가 영향이 크다.

당장 8월 법인세 중간예납부터 문제다. 지난해 세제개편으로 법인세 최고세율을 구간별로 1%p

씩 낮췄던 법인세 인하 효과가 하반기부터 영향을 미치게 되는 데다 올해 상반기 최악의 실적을 기록한 반도체 기업의 법인세 중간예납분이 크게 줄어들 것으로 예상돼 하반기 세입 여건이 만만찮을 것이라는 지적이 적지 않다.

실제 삼성전자는 1분기와 2분기 영업이익이 1년 전과 비교해 각각 95.5%, 95.7% 쪼그라들었고 SK하이닉스는 올해 1·2분기 모두 적자를 기록했다. 8월 법인세 중간예납 과정에서 기업 실적이 좋지 않을 경우 가결산 후 예비 납부분을 결정하는데 올해 상반기 경기 침체로 실적이 좋지 않은 기업이 많은 만큼 법인세 중간예납 실적도 크게 악화할 수밖에 없다는 분석이 나온다.

➕ 부동산 거래·보유 시 내야 하는 세금

부동산을 취득할 때 내는 세금은 취득세. 취득세는 말 그대로 일정한 자산의 취득에 대해 부과되는 세금인데 이때의 취득은 돈을 주고 사는 것만 의미하는 것이 아니라 명의 이전, 증여, 상속 혹은 승계 등 소유권이 넘어가는 것 전체가 해당된다. 단 부동산의 상속이나 증여 시에는 국세인 상속세와 증여세도 납부해야 한다. 취득세는 취득가액에 따라 60일 이내에 신고 납부해야 하고 취득세 납부 시 농어촌특별세와 지방교육세도 함께 납부해야 한다.

부동산은 보유하고 있는 것만으로도 세금을 내야 한다. 부동산의 대표적인 보유세는 재산세와 종합부동산세(종부세)다. 재산세는 일정한 자산에 부과되는 조세를 말하며 매년 6월 1일 기준으로 건물과 땅을 나누어 각각 7월, 9월에 반씩 나뉘어 부과된다.

재산세는 크게 토지, 주택, 일반건축물로 구분할 수 있는데 토지는 공시지가에 면적을 기준으로 공정시장가액 비율(70%)을 적용해 과세표준으로 하고 주택은 주택공시가격에 공정시장가액 비율(60%)을 적용해 과세표준으로 하며 일반건축물은 건물신축가격에 각종지수와 가감산율, 면적으로 산정한 가액에 공정시장가액 비율(70%)을 적용해 과세표준으로 한다.

종부세는 국세로, 고액의 부동산 소유자에 대해 보유에 대한 조세부담의 형평성을 제고하고, 부동산의 가격안정을 도모하기 위한 세목이다. 종부세는 2개 이상의 주택을 보유하고 주택 공시가격 합산액이 9억원을 초과할 경우 부과되는데 1주택 보유자라도 12억원을 초과하는 주택이라면 종부세 부과대상에 포함된다.

처분단계의 부동산 세금으로는 양도세가 있다. 양도소득세는 토지나 건물 등을 팔았을 때 판 금액에서 살 때의 금액을 뺀 양도차익에 대해 부과되는 세금이다. 양도차익에서 기타비용을 공제한 과세표준에 따라 주택은 최대 75%까지 적용된다.

미국 신용등급 강등에
증시 이틀째 하락

▪세계 3대 국제 신용평가사 중 하나인 피치가 미국의 국가신용등급을 'AAA'에서 'AA+'로 강등하면서 뉴욕 증시는 물론 세계 시장에 여진이 이어졌다. 피치가 강등 배경 중 하나로 미 '▪의사당 폭동' 사건을 지목하면서 정치적 파장도 예상된다. 2020년 대선 결과 뒤집기 시도로 도널드 트럼프 전 대통령이 기소된 가운데 조 바이든 정부는 전임 트럼프 정부에 신용등급 강등의 책임을 돌렸다.

피치 발표 다음 날인 8월 2일 뉴욕 증시 주요 지수는 일제히 하락 마감했다. 지난 7월 뉴욕 증시는 예상보다 좋은 기업 실적과 경제 연착륙 희망에 강세로 마감했지만 미 신용등급 강등에 발목을 잡혔다.

다만 미 신용등급 강등 충격은 단기간에 그칠 것이란 전망이 높다. 2011년 스탠더드 앤드 푸어스(S&P)가 미 신용등급을 'AAA'에서 'AA+'로 조정했을 당시 미 증시가 15%가량 급락하고 코스피도 22%가량 빠졌던 것에 비해 이번 피치 발표가 시장에 미친 충격은 크지 않았다.

발표 이틀째인 8월 3일 아시아 증시는 혼조세를 보였다. 코스피지수는 전 거래일보다 0.42% 하락한 2605.39로 장을 마감했지만, 코스닥지수는 전날보다 1.16% 상승한 920.32에 거래를 종료했다. 일본 닛케이225지수는 전장 대비 1.68% 하락한 3만2159.28에 장을 마쳐 전날 낙폭(2.30%)에 비해 완화된 모습을 보였다.

신용등급 강등은 미국 정치권 내 논쟁으로 이어졌다. 피치의 수석 이사인 리처드 프랜시스는 전날 로이터통신과의 인터뷰에서 강등 배경으로 미 정부 재정적자 확대 우려와 함께 1·6 의사당 폭동을 거론했다. 2021년 1월 6월 바이든 대통령의 대선 승리에 불복하는 트럼프 전 대통령의 지지자들이 연방의회 의사당에 난입해 폭동을 일으킨 사건이 미 정치 환경 양극화를 부각시켰다는 것이다.

케빈 무노스 바이든 대선캠프 대변인은 이번 강등을 '트럼프 강등'으로 지칭했다. 그는 "트럼프는 수백만 개의 일자리를 사라지게 했으며, 부자와 대기업에 대한 재앙적 감세로 적자를 확대했다"고 말했다. 바이든 정부는 신용등급 하락에 따른 정치적 파장을 의식하며 연일 피치를 향해 강도 높은 비판을 쏟아냈다. 재닛 옐런 재무장관은 피치의 결정에 대해 "자의적"이라며 공개 비판했다.

전문가들은 신용등급 강등에도 불구하고 실제로 미 정부가 파산할 확률은 극히 낮다고 내다봤다. 다만 신용등급 하락이 장기적으로 경제성장을 둔화시킬 가능성이 있다고 예상했다. LPL파이낸셜의 수석 글로벌 전략가인 퀸시 크로스비는 "궁극적으로 적자를 억제하지 않으면 국민들의 실질소득이 낮아질 정도로 세금이 인상될 것"이라며 "미국 경제의 엔진인 소비시장이 위축될 수 있다"고 말했다.

월스트리트저널(WSJ)은 피치의 경고가 경제 용어인 '회색코뿔소' 상황과 비슷하다고 설명했다. **회색코뿔소는 지속적인 경고로 인해 사회가 인지하고 충분히 예상할 수 있지만 쉽게 간과하는 위험 요인**을 뜻한다. 미 정부 재무 상황이 당장은 위험해 보이지 않지만, 조정능력을 상실하는 순간 걷잡을 수 없는 피해가 있을 수 있다고 WSJ은 설명했다.

■ 세계 3대 신용평가사

세계 3대 신용평가사는 ▲무디스 ▲피치 ▲스탠더드 앤드 푸어스다. 이들은 기업, 정부, 지방자치단체, 금융기관 등 다양한 조직의 신용도를 평가하고 등급을 부여한다. 신용평가는 투자자들이 신뢰할 수 있는 정보를 바탕으로 투자 의사 결정을 내리는 데 도움을 준다.

무디스(Moody's)는 미국 뉴욕에 본사를 둔 신용평가사로 1909년 설립되었으며, 세계에서 가장 오래된 신용평가사 중 하나다. 피치(Fitch Ratings)는 미국 뉴욕에 본사를 둔 신용평가사이며 1914년 설립되었다. 스탠더드 앤드 푸어스(S&P,

Standard & Poor's)는 미국 뉴욕에 본사를 둔 신용평가사로 1860년 설립되었다. 이러한 3대 신용평가사는 각기 독립적인 평가 기준을 가지고 있으며, 그들의 평가는 투자자들에게 중요한 정보가 된다.

■ 의사당 폭동 (2021 United States Capitol Riot)

의사당 폭동 사건은 2021년 1월 6일, 미국 워싱턴 D.C.에서 도널드 트럼프 전 대통령의 지지자들이 미국 의회 의사당에 난입한 것을 가리킨다. 폭동은 2020년 미국 대통령 선거에서 조 바이든 후보가 승리한 것을 두고 트럼프 대통령이 선거 결과를 부정하면서 시작되었다.

트럼프 대통령은 선거에서 부정행위가 있었다고 주장하며, 대법원에 소송을 제기했지만 모두 기각되었다. 2021년 1월 6일, 트럼프 대통령은 의회에서 열린 선거 결과 인증 절차를 방해하기 위해 지지자들을 의사당으로 불러 모았다. 트럼프 대통령의 지지자들은 의사당으로 몰려가 의사당 건물을 점거하고, 경찰과 충돌했다. 폭동 과정에서 5명이 사망하고, 140명이 부상을 입었다.

中 부동산발 위기 금융권 확산...
'중국판 리먼 사태' 우려

중국 부동산 개발업체의 부실이 금융시장과 실물경제 위기로 확산할 조짐이 나타나며 '중국판 ■리먼브라더스 사태' 우려가 글로벌 경제에 먹구름을 드리우고 있다. 지난 수년간 부동산 시장은 중국 경제의 견인차 역할을 해왔지만 업계 대형

업체가 막대한 부채로 파산 위험에 직면했다.

한때 중국 부동산 1위 개발업체였던 비구이위안의 디폴트 사태에서 시작된 부동산 위기는 중국 금융권으로 번졌다. 중국 신탁회사들은 그동안 부동산 개발업체들의 자금을 조달했는데 중국 10대 신탁회사인 중룽국제신탁은 최근 수십 개 투자신탁 상품의 이자 및 원금 환매를 중단했고 투자자들이 패닉에 빠졌다. 미국 투자은행 JP모건은 중국 전체 신탁의 13%인 2조8000억위안(약 511조5600억원)이 부동산 사업과 지방정부 부채에 노출돼 있어 디폴트 위험이 더욱 커질 수 있다고 지적했다.

2021년 채무불이행을 선언한 뒤 경영난에 빠졌던 부동산 개발업체 헝다그룹은 미국에서 파산보호를 신청했다. 헝다는 지난 8월 17일(현지시간) 뉴욕에서 파산보호법 15조(챕터15)에 따른 파산보호를 신청했다. **챕터15는 외국계 기업이 회생을 추진할 때 미국 내 채권자들의 채무 변제요구와 소송으로부터 자산을 보호하기 위한 절차**다.

베이징 소식통에 따르면 헝다·완다·비구위안 등 중국 빅3 부동산 부채 규모만 최대 8조위안(약 144조원)에 이르는 것으로 추산됐다. 웬만한 국가의 국내총생산(GDP)과 맞먹는 엄청난 규모다. 부동산이 중국 경제에서 차지하는 비중은 25%에 달하는 가운데 부동산 위기는 이미 디플레이션에 빠진 중국 경제에 상당한 타격을 미칠 전망이다. 전문가들은 중국 부동산 위기가 **그림자 금융**(은행처럼 신용을 창출하지만 규제·감독을 받지 않는 금융회사 또는 금융상품)과 맞물려 금융시장 전반으로 위기가 전염될 가능성을 경고하고 있다.

영국 파이낸셜타임스(FT)는 중국 상황이 1980년대 부동산 버블 붕괴 후 일본과 비슷하다며 중국이 일본식 장기 침체에 빠져들 것을 우려했다. 미국 뉴욕타임스(NYT)는 "지난 10년간 세계 경제 성장의 40%를 담당해온 중국 경제의 침체는 세계 경제에 우려스러운 위험 요인을 제기한다"고 전했다.

■ 리먼브라더스 사태

리먼브라더스 사태는 세계 4위 투자은행으로 꼽히던 미국 리먼브라더스가 2008년 파산보호를 신청하면서 글로벌 금융위기를 촉발한 사건이다. 부실한 서브프라임 모기지와 파생상품 손실에서 비롯된 부채를 감당하지 못해 발생한 리먼브라더스 사태는 역사상 최대 규모 파산으로 기록되며 세계 금융 시장에 타격을 줬다.

2023년 근원물가 4.5%↑...
외환위기 이후 최대 폭 상승

날씨 등 계절적 요인이나 일시적 충격에 따른 물가 변동분을 제외해 산출하는 '**근원물가**'가 올해 외환위기 이후 가장 큰 폭으로 오른 것으로 나타났다. 전체 소비자물가가 최근 안정세를 보이고 있는 것과 달리 물가의 기조적 흐름을 보여주는

지표는 여전히 불안한 상황이란 분석이다. 그간 누적된 외식 등 개인 서비스 품목의 상승세가 높은 근원물가의 배경이 되고 있다.

8월 7일 통계청 국가통계포털(KOSIS)에 따르면 **올해 1~7월 누계 '농산물 및 석유류 제외지수'(근원물가지수)는 지난해 같은 기간보다 4.5% 상승**했다. 이는 외환위기 당시인 1998년 1~7월 6.8%를 기록한 이후 가장 높은 수준이다. 금융위기 때인 2009년 1~7월 4.2%보다도 높다.

근원물가 상승률은 지난해 1월 3.0%까지 올라선 뒤 올해 1월 5.0%로 정점을 찍었다. 이후 상승폭은 줄고 있지만 속도가 더딘 탓에 지난 3월(4.8%)에는 전체 소비자물가 상승률(4.2%)을 추월했고, 두 지표 간 격차는 매달 확대되고 있다. 전체 소비자물가 상승률은 석유류 물가 하락에 힘입어 최근 2개월 연속 2%대에 머물고 있다.

근원물가가 고공행진하고 있는 이유로는 **외식 물가가 주도하는 높은 서비스 물가**가 꼽힌다. 통계청 관계자는 "물가 상승 기여도 측면에서 보면 외식 물가를 중심으로 개인 서비스 분야의 기여도가 높은 편"이라고 말했다.

문제는 향후 근원물가의 안정세를 장담하기 힘들다는 점이다. 한국은행 조사국 물가동향팀은 지난 6월 발표한 보고서에서 "근원 인플레이션의 향후 경로와 관련해서는 상방리스크가 적지 않은 상황"이라며 "목표 수준(2.0%)을 웃도는 물가 오름세가 상당 기간 지속될 것"이라고 전망한 바 있다. 그간 누적된 원자재 등 비용 상승 압력에 더해 양호한 고용 상황과 서비스 소비 증가세가 향후 근원물가를 밀어 올리는 요인이 될 수 있다는

분석이다.

■ 근원물가 (根源物價)

근원물가란 농산물(곡물 제외)과 석유류 등 일시적인 외부 충격에 의해 물가 변동이 심한 품목을 제외한 장기적이고 기조적인 물가이다. 여기서 말하는 일시적인 외부 충격이란 장마나 가뭄과 같은 계절적인 영향이나 석유가격 등 물가변동분이다. 근원물가변동을 나타내는 지표를 근원물가지수라고 한다.

2023 상반기 5만원권 환수율 역대 최고

코로나19 사태 기간 하락했던 5만원권 지폐 환수율이 올해 상반기 가파르게 오른 것으로 나타났다. 8월 6일 더불어민주당 양경숙 의원이 한국은행으로부터 받은 화폐 수급 동향 자료에 따르면 올해 상반기 5만원권 발행액은 약 10조원, 환수액은 7조8000억원으로 집계됐다. 발행액 대비 환수액의 비율인 환수율은 올해 상반기 77.8%로, 2009년 6월 5만원권 발행이 시작된 이후 상반기 기준으로 가장 높은 환수율을 기록했다. **화폐 환수율**이 높다는 것은 화폐가 시중에서 활발하게 유통되고 있다는 것을 의미한다.

5만원권 환수율은 2009년 5만원권 최초 발행 이후 꾸준히 상승해 2017~2019년 중 50~60%대에 이르렀다가 코로나19가 확산한 2020~2021년에는 10~20%대까지 떨어졌다. 2020년 5만원권 환수율은 24.2%, 2021년은 17.4%였다. **사회적 거리두기 조치로 대면 거래가 줄어든 데다 경제 불확실성 확대로 고액권을 미리 확보해두려는 수요가 늘어난 점** 등이 영향을 미친 것으로 풀이된다.

지난해 방역 규제 완화로 소비 심리가 회복되고, 한은이 기준금리 인상에 나서면서 환수율이 높아지기 시작했다. 기준금리 인상으로 시중 금리도 함께 뛰면서 화폐 보유에 대한 기회비용이 늘어 현금을 보유하기보다 높은 금리를 주는 예·적금 등에 5만원권을 넣은 것으로 추정된다. 지난해 연간 5만원권 환수율은 56.5%다.

고액권 환수율 증가세는 최근 통화 긴축을 이어간 다른 주요국에서도 관측됐다. 미국 100달러권 환수율은 2020년 51.0%까지 하락했다가 지난해 81.3%로 올랐으며, 유로존의 200유로권 역시 2020년 환수율이 46.5%로 내렸다가 지난해 104.8%까지 상승했다.

■ 화폐 환수율 (貨幣換算率)

화폐 환수율이란 특정 기간 한국은행이 발행한 화폐 액수 대비 다시 한은으로 돌아온 화폐의 비율을 의미한다. 중앙은행이 화폐를 시중에 공급하면 은행을 통해 기업·개인을 거쳐 다시 은행·중앙은행의 순으로 되돌아온다. 이때 화폐 환수율이 높다는 것은 화폐가 시중에서 활발히 유통된다는 뜻이고 화폐 환수율이 낮으면 화폐가 어딘가에 묶여 있거나 다른 부분으로 유출되고 있다는 것을 의미한다. 화폐는 통화량 조절에도 중요한 역할을 한다. 통화량이 너무 많으면 물가가 상승하고, 통화량이 너무 적으면 경기가 침체될 수 있다.

다시 오르는 기름값...
경유 가격 석 달 만에 1500원대

전국 주유소에서 파는 휘발유 평균 가격이 10개월여 만에 L(리터)당 1700원을 넘어섰다. 8월 9일 한국석유공사 유가정보사이트 오피넷에 따르면 이날 오후 4시 기준 전국 휘발유 평균 판매 가격은 전날보다 5.18원 오른 1701.41원을 나타냈다. **휘발유 가격일 기준 1700원대 기록은 지난해 9월 27일(1705.43원) 이후 10개월여 만**이다.

휘발유 가격은 러시아의 우크라이나 침공에 따라 국제 제품 가격이 급등하면서 지난해 6월 2100원대까지 급등했다. 이후 안정세를 보이며 올해 6월엔 1500원대까지 내려왔지만, 다시 반등세로 돌아섰다. 국내 주유소 경유 평균 판매 가격도 8월 6일 1502.55원을 기록하며 약 3개월 만에 1500원대로 올라섰다. **드라이빙 시즌**(driving season : 미국에서 운전 거리가 늘고 휘발유 수요가 높아지는 6~8월)**을 맞은 미국의 수요 회복, ▪오펙 플러스의 감산 유지 등의 요인이 복합적으로 작용**하며 국제 가격이 강세를 지속함에 따라 국내 휘발유 가격도 높은 수준을 이어갈 것으로 보인다.

▪ 오펙 플러스 (OPEC+)
오펙 플러스(OPEC+)는 석유수출국기구(OPEC, Organization of the Petroleum Exporting Countries)와 OPEC 이외 산유국들의 모임을 말한다. 2018년 이후 미국산 셰일오일의 부상, 러시아, 멕시코, 말레이시아, 오만, 카자흐스탄 같은 주요 비OPEC 산유국의 성장으로 OPEC이 가지는 카르텔 효과가 상실되자 OPEC과 비OPEC 산유국들이 모여 석유 생산량을 논의하는 경우가 많아지면서 OPEC+로 확장됐다. OPEC 본부가 있는 오스트리아 빈을 따서 OPEC+를 비엔나 그룹(Vienna Group)이라고도 한다.

'크롤링' 정보는 가명 처리해야...
첫 AI 개인정보 가이드라인 나와

방대한 데이터를 학습한 뒤 문장·이미지 등을 만들어 내는 생성형 인공지능(AI)이 등장하면서 AI 기업 간 개인정보 확보 경쟁이 치열하다. 이 과정에서 온라인에 유통되는 정보를 ▪크롤링하거나, 과거에 수집한 정보를 AI 학습에 활용하는 등 무분별하게 개인정보가 활용되는 경우가 적잖다. 그렇다고 개인정보 수집을 막자니 AI 생태계가 조성되지 못해 경쟁에서 뒤처질 수 있다는 우려도 나온다. 이에 정부가 개인정보 활용에 대한 첫 가이드라인을 내놨다.

개인정보보호위원회(이하 보호위)는 8월 3일 정부서울청사에서 브리핑을 열고 'AI 시대 안전한 개인정보 활용 정책방향'을 발표했다. 보호위가 현행 개인정보보호법하에서 그간의 판례와 의결·해석 사례 등을 종합해 만든 일종의 가이드라인이다. 기업들이 AI 개발·서비스 단계별로 어떤 원칙과 기준에 따라 개인정보를 처리해야 하는지, 어떤 정부 지원을 받을 수 있는지 등을 구체화했다.

정책 방향을 보면, 기업들은 AI 기획·설계 단계

부터 보호위로부터 개인정보 처리 관련 컨설팅을 지원받게 된다. 보호위는 10월 중 'AI 프라이버시팀'을 신설해 AI 기업을 대상으로 개인정보 처리의 적법성·안전성 등에 관한 법령 해석을 지원키로 했다. 제도 미비로 시행이 어려운 AI 서비스에 대해서는 특정 제약조건(시간·장소·규모)하에서 규제를 유예해주는 ■**규제 샌드박스** 적용을 검토키로 했다.

또 AI가 학습할 데이터를 수집할 때도 개인정보의 성격에 따라서 사전 동의, 익명·가명 처리 등을 달리 적용키로 했다. 예컨대 **크롤링 방식으로 수집한 공개 정보의 경우, 가명 처리 후 이용**할 수 있도록 했다. 생체 정보를 사용할 때는 정보 주체로부터 별도 동의를 받아야 한다.

폐쇄회로(CC)TV 등 고정형 영상 장치의 영상 데이터를 사용할 때는 범죄예방·시설 안전 등 CCTV 설치 목적과 관련된 AI 개발의 경우 별도의 처리나 동의 없이 활용할 수 있도록 했다.

반면 **설치 목적과 관련 없는 AI 개발에 활용할 때는 특정인을 식별할 수 없도록 익명·가명 처리**를 하도록 했다. 또 CCTV 영상을 통해 특정 개인의 특징을 추출하는 AI 개발은 데이터 활용 전에 정보 주체로부터 사전 동의 등을 받아야 한다.

자율주행차 등 이동형 장치의 영상 데이터를 활용할 때는 영상에 찍힌 불특정 다수를 식별할 수 없도록 조치해야 한다. 다만 규제 샌드박스를 통해 제한된 범위 내에서 원본 영상을 활용할 수 있는 방안도 검토키로 했다.

또 기업들이 수집한 데이터를 AI에 학습시킬 때

는 가명 처리된 정보들이 결합해 특정인이 재식별될 위험이 없는지를 검토하고 사전·사후적 예방조치를 취하도록 했다. **원본 데이터와 유사한 결과를 얻을 수 있도록 가상으로 재현한 정보인 '합성데이터' 활용도 권장키로 했다.**

기업들이 AI 서비스를 제공할 때는 학습 데이터 내용, 수집 방법을 알리는 등 투명성을 확보해야 한다. AI 서비스 중 개인정보가 드러날 때는 정보 주체가 AI 기업에 정보 열람·정정·처리 정지를 요구할 수 있도록 했다. 보호위는 AI 투명성 제고 방안, 이용자 권리 보장 방안 등을 구체화해 추후 발표할 계획이다.

■ **크롤링 (crawling)**
크롤링은 프로그램을 통해 웹 공간을 돌아다니며 데이터를 긁어서 수집·가공하는 것을 말한다. 데이터가 어디에 저장돼 있는지 위치를 분류하는 것이 주요 목적이며 구글, 네이버 등 검색 엔진의 핵심적인 기술이다. 검색엔진 이외에도 쇼핑몰의 최저가 비교라든지 인공지능(AI) 데이터 학습 등 웹 데이터가 필요한 분야에서 광범위하게 활용된다.

■ **규제 샌드박스**
규제 샌드박스(sand box)란 신산업, 신기술 분야에서 새로운 제품이나 서비스가 출시될 때 일정 기간 동안 기존 규제를 면제·유예시켜 주는 제도다. 모래 놀이터(샌드박스)처럼 제한된 범위에서는 규제하지 않고 산업이 더 발전할 수 있도록 한다는 취지다. 2016년 영국에서 핀테크 산업을 육성하면서 처음 등장했다. 국내에도 2019년 문재인 정부 시절 규제개혁 방안 중 하나로 채택했다. 기업은 일정 조건하에 시장에 미리 출시해 실증 테스트를 할 수 있고, 정부는 그 결과에 따라 안정성과 유효성을 입증해 규제를 개선해 줄 수 있다.

분야별 최신상식

사회 환경

서이초 교사 사망 사건에 '학생인권조례' 손보나

교사들 집단행동 "교육권 보장하라"

서울 서초구 서이초등학교에서 지난 7월 18일 20대 초반 A 교사가 극단적인 선택으로 사망한 사건과 관련해 A 교사가 학부모들로부터 정신적 고통을 겪어왔던 정황이 잇따라 드러나면서 교사들이 분개했다.

교사들은 **학생들의 막무가내 행동, 학부모들의 갑질 등으로 교권이 무너졌다**며 A 교사를 추모하고 교육권 보장을 촉구하는 거리 집회에 나섰다. '전국교사일동'은 8월 5일 서울 종로구 정부서울청사 앞에서 '교사와 학생을 위한 교육권 확보를 위한 집회'를 3주째 이어갔다.

주최 측 추산 5만여 교사들은 검은 옷을 입고 "아동학대 처벌법 개정하라", "일원화된 민원창구 마련하라", "수업방해 대응체계 마련하라" 등의 구호를 외치고 손팻말을 흔들었다. 이날 집회에는 A 교사의 유가족도 참석해 "진상규명과 재발방지책을 촉구한다"며 오열했다.

학생인권조례 존폐 논쟁

서이초 교사 사망 사건을 계기로 제기된 교권 침해 문제에 교육 당국은 고

개를 숙였다. 이주호 사회부총리 겸 교육부 장관은 7월 28일 국회 교육위원회 전체회의에서 교권 보호 강화 방안을 보고했다. ▲교원의 학생생활지도 가이드라인(고시) 마련 ▲**학생인권조례** 재정비 ▲교육활동 보호를 위한 법·제도 개정 ▲학부모−교원 소통 관계 개선 등이 골자다.

교육부는 8월까지 교원의 학생생활지도 가이드라인을 마련하겠다며 교칙 수준의 구체적인 내용을 예시로 제시했다. 예컨대 교사가 학생의 휴대폰 소지·사용이 교육활동을 저해한다고 판단하면 검사·압수할 수 있게 된다. 하지만 이는 본인의 동의 없는 학생 소지품 검사를 금지한 **학생인권조례의 '사생활의 자유' 조항과 충돌해 후속안 개정이 불가피**하다. 교육부는 "학생인권조례에 대해 시도교육청의 자발적 개정 추진을 지원하겠다"고 밝혔다.

이날 교육부 보고에서 조희연 서울시교육감도 "교권 보호에 소홀했다. 가장 책임감을 느낄 사람은 저라고 생각한다"고 사과했다. 다만 학생인권조례 재정비나 교권침해 학생부 기재에 대해서는 다소 상반된 입장을 보였다. 조 교육감은 "학생인권조례와 교권은 반비례 관계가 아니라는 것이냐"는 강득구 더불어민주당 의원의 질문에 "그렇다"며 "성숙한 인권은 자신뿐만 아니라 타인 인권 존중도 포함한다"고 답했다. 교권침해의 학생부 기재에 대해서도 조 교육감은 "성급하게 법제화하기보다 숙의 테이블을 만들어 논의할 수 있다"며 신중론을 폈다.

여야도 대립했다. 김병욱 국민의힘 의원은 "**학생인권조례가 학부모 갑질 민원 조례로 변질됐다는** 자조까지 나오고 있다"고 했다. 그러나 안민석 민주당 의원은 "**학생부 기록 찬반이나 학생인권조례 폐지 논란 등은 갈등만 일으킬 뿐**"이라고 말했다.

■ 학생인권조례 (學生人權條例)
학생인권조례는 학생의 존엄과 가치, 자유, 권리를 보장하기 위한 조례로, 진보 성향 김상곤 전 경기도 교육감이 주도해 경기도에서 최초로 2010년 10월 5일 공식 선포했다. 2010년 경기도를 시작으로 2011년 광주, 2012년 서울, 2013년 전라북도, 2020년 충남, 2021년 제주까지 진보 성향 교육감이 있는 총 6개의 광역자치단체에서 학생인권조례가 제정됐고 학칙과 생활 규정이 개정됐다. 이 조례는 ▲체벌 전면금지 ▲강제 야간자율학습 및 보충수업 금지 ▲두발과 복장의 개성 존중 및 두발길이 규제 금지 ▲특정 종교행사 참여 및 대체과목 없는 종교과목 수강 강요 금지 ▲학생인권 옹호관 설치 등을 명시했다. 이는 학생 인권 신장에 기여했다는 긍정적 평가와 학생 지도가 어려워지고 면학 분위기를 침해한다는 비판이 엇갈렸다.

POINT 세 줄 요약

❶ 서이초 A 교사 사망 사건으로 교사들이 교육권 보장을 요구하고 나섰다.

❷ 교육부는 교권 강화를 위해 학생인권조례를 손볼 방침이다.

❸ 야권은 학생인권조례 폐지에 부정적 입장이다.

잇단 강력범죄에 호신용품 구매 급증

▲ 호신용 삼단봉

서울 관악구 신림동 칼부림 사건이 벌어진 지 13일 만인 8월 3일 경기 성남 분당구 서현역 인근 백화점에서 또다시 **무차별 범죄가 발생하자 호신용품을 찾는 소비자가 급증**했다. 대형 커뮤니티에 잇단 범행 예고 게시물이 올라오며 경찰이 수사에 나섰다는 뉴스도 소비자들의 불안감을 증폭시키고 있다. 이에 일부 호신용품은 품절 사태까지 빚고 있다.

이날 지마켓에 따르면, 7월 22일부터 8월 3일까지 호신용품 매출은 2022년 같은 기간에 견줘 243% 증가했다. 호신용 삼단봉 매출은 303%나 늘었다. 11번가에서도 호신용품과 호신용 스프레이 매출이 전년 같은 기간에 견줘 각각 109%, 171% 증가했다.

업계 관계자는 "신림동 칼부림 사태 이후 '무슨 일을 당할지 모른다'는 불안감에 휩싸인 사람들이 스스로를 보호하기 위해 관련 용품을 많이 구매하는 것으로 풀이된다"며 "여기에 분당 서현역 사태로 인해 호신용품 판매는 더 급증할 것으로 본다"고 내다봤다. 실제로 서현역 사건 직후인 8월 4일 네이버 쇼핑 검색 차트에는 '호신용품'이 상위권에 랭크되기도 했다.

경기 성남시 AK플라자에서 흉기 난동이 벌어지자 피서를 위해 자주 찾았던 백화점, 마트 등 대형 쇼핑몰에 가기가 불안하다는 반응도 나왔다.

이에 백화점과 대형마트 운영사들은 방문객의 불안감을 줄이기 위해 자체적으로 보안 조치를 강화했다. 신세계그룹은 8월 초부터 신세계백화점과 이마트 순찰 근무자에게 방검복을 착용하고 삼단봉과 무전기 등을 소지하도록 했다. 또한 순찰 시간과 빈도를 확대했다.

롯데도 백화점과 마트에 근무하는 안전 요원들에게 방검복과 삼단봉 등 비상 대응 복장을 지급했으며, 직원을 대상으로 비상 상황 전파 및 신고 요령과 대피장소 안내 방법 등 교육을 진행했다. 현대백화점도 안전 요원에게 삼단봉과 조끼를 지급했다.

➕ 호신용품 잘못 쓰면 특수상해 처벌

잇단 흉기 난동 사건으로 호신용품을 찾는 사람들이 크게 늘었지만, 오히려 특수상해(흉기나 위험한 물건을 휴대하거나 단체 또는 다중의 위력을 보여 타인의 신체를 상해하는 죄)나 쌍방폭행으로 역풍을 맞을 수 있다는 지적이 나온다.

전문가들은 호신용품으로 후추 스프레이 또는 가스 분사기, 전기충격기 등을 권한다. 이때 사람에게 큰 해를 끼치지 않는 제품을 골라야 한다. 아무리 자기 몸을 방어하려는 의도였다 하더라도 흉기를 사용하면 오히려 특수상해 등으로 무거운 처벌을 받을 수 있다. 삼단봉을 사용할 때도 상대의 머리 등 급소를 피해 몸통이나 팔다리를 가격해야 한다.

소지허가를 받아야 하는 호신용품도 있다. 총포·도검·

화약류 등의 안전관리에 관한 법률에 따르면 압축가스 힘으로 매운 용액이 분출되는 분사기나 전류가 10㎃ 이상인 전기충격기는 관할 경찰서에서 소지 허가를 받아야 한다. 허가를 받지 않고 제품을 구하거나 소지할 경우 처벌받을 수 있다.

지난해 총인구 2년 연속 감소... 내국인 5000만 붕괴

2022년 국내 총인구가 1949년 센서스(census : 전국 단위 인구 조사) 집계 이후 처음으로 2년 연속 감소한 것으로 집계됐다. 또한 저출산 영향으로 15세 미만 유소년 인구가 처음으로 500만 명대를 기록했다. 반면 65세 이상 고령인구는 5% 이상 증가했다. **유소년**(15세 미만) **인구 100명에 대한 고령**(65세 이상) **인구의 비율을 의미하는 노령화지수는 156.1**을 기록했다. 이제 고령 인구가 유소년보다 1.5배 이상 많다는 의미다.

통계청이 7월 27일 발표한 '2022년 인구주택총조사 결과(등록센서스 방식)'에 따르면 2022년 11월 기준 총인구는 5169만2000명으로 전년(5173만8000명) 대비 4만6000명(0.1%) 감소했다. 인구 증가율은 1960년 3.0%로 정점을 찍은 뒤 하락해왔지만, 2020년까지 인구 증가세를 유지

했다. 하지만 2021년 센서스 집계 이후 처음 인구 감소세로 전환됐고 이어 지난해에도 감소세가 이어졌다.

총인구 중 내국인은 전년보다 14만8000명(0.3%) 감소한 4994만 명을 기록했다. 5000만 명을 돌파했던 내국인 수는 4년 만에 다시 4000만 명대로 내려앉았다. 외국인 인구는 2021년보다 10만2000명(6.2%) 늘어난 175만2000명으로 집계됐다. 코로나19 등 여파로 2년 연속 감소했다가 지난해 다시 증가세로 전환했다.

연령별로는 0~14세 유소년 인구(586만 명)가 전년보다 22만8000명(3.7%) 줄었다. 15~64세 생산가능 인구(3668만 명)도 전년보다 25만8000명(0.7%) 감소했다. 반면 65세 이상 고령인구(914만 명)는 전년보다 44만 명(5.1%) 증가했다.

이 같은 저출산·고령화 기조가 계속되면서 생산연령인구 100명당 부양해야 할 유소년 **■인구 부양비**는 전년보다 0.5p 하락한 16.0을 기록했다. 노년 부양비는 24.9로 1.4p 상승했다. 생산연령인구 100명이 고령층 25명을 부양해야 한다는 뜻이다.

■ 인구 부양비 (人口扶養比)
인구 부양비는 생산가능인구 100명당 부양인구 수를 나타내는 지표다. 생산가능인구는 15세에서 64세 사이의 인구를 말하며, 부양인구는 14세 미만의 아동과 65세 이상의 노인을 말한다. 인구 부양비가 높다는 것은 생산가능인구가 많지 않아 부양인구를 부양하기 어려운 상태란 뜻이다. 인구 부양비가 높으면 생산가능인구가 적어 노동력이 부족해지고, 따라서 경제성장률이 저하될 수 있다. 또한, 부양인구가 많아 사회복지비가 증가하고, 이에 따라 재정 부담이 커질 가능성이 있다.

중국발 '괴소포'에 전국 대혼란

▲ 전국 각지에서 발송된 정체불명의 국제우편물 (자료 : 경찰청)

정체불명의 국제우편물 관련 신고가 7월 20일부터 7월 23일까지 나흘째 이어지면서 전국이 큰 혼란에 빠졌다. 울산을 시작으로 수상한 국제우편물을 받았다는 신고가 2000건 넘게 접수됐다.

문제가 된 우편물들은 중국에서 출발, 대만을 경유해 도착한 것으로 파악됐다. 유해물질이 검출되지는 않았으나 당국은 유사한 우편물의 통관을 보류하기로 했다.

경찰은 노란색이나 검은색 우편 봉투에 'CHUNGHWA POST', 발신지로 'P.O.Box 100561-003777, Taipei Taiwan'이라고 적힌 소포를 발견하면 열어 보지 말고 즉시 가까운 경찰관서나 112로 신고해 달라고 당부했다.

7월 23일 경찰청에 따르면 대만 등지에서 수상한 소포가 배송됐다는 112 신고가 지난 7월 20일부터 이날 오후 5시까지 총 2058건 접수됐다. 전날 오후 5시 기준 1647건에서 하루 만에 411건이 추가로 접수된 것이다. 경찰은 이 중 645건을 수거해 조사했다. 나머지 1413건은 오인 신고로 분류됐다.

대만 정부는 "이번에 **신고가 접수된 우편물의 최초 발송지는 중국**"이라고 밝혔다. 정원찬 대만 행정원 부원장(부총리)은 "형사국의 1차 조사 결과 이 소포는 중국 광둥성 선전에서 화물 우편으로 대만을 거쳐 한국으로 보내졌다"며 "이번 사건이 대만의 국제 이미지에 미치는 영향을 감안해 끝까지 추적 조사를 진행하겠다"고 강조했다.

관세청은 7월 21일부터 국제우편물, 특송물품(해외 배송 택배)에 대한 긴급 통관 강화 조치에 들어갔다. 신고가 접수된 '미확인 국제우편물과 발송지가 비슷하거나 엑스레이 검색 결과 내용물이 없는 '스캠 화물' 등은 통관 보류 조치했다. 우정사업본부도 이미 국내에 반입된 우편물의 경우 확인된 건만 배달할 예정이다.

한편, 이번 사건에 대해 온라인 쇼핑몰이 판매 실적과 이용자 평점을 조작하기 위한 '**■브러싱 스캠**'일 가능성이 높다는 분석이 나온다.

■ 브러싱 스캠 (brushing scam)

브러싱 스캠이란 주문하지 않은 상품을 털어버리듯(brushing) 무작위로 발송해 매출 순위를 올리는 사기(scam)를 말한다. 이를 통해 발신자는 자신이 주문을 많이 받아 판매하는 것으로 포장해 아마존 등 온라인 쇼핑몰에서 판매자 랭킹을 올리게 된다. 상당수의 온라인몰에서 판매량과 주문액이 많은 사람에게 혜택을 주고 있기 때문에 이를 노리고 가짜 상품을 보내는 것이다.

2020년 7월 말, 미국 전역에 배달돼 떠들썩하게 했던 '중국발 씨앗'의 사건도 브러싱 스캠으로 판명됐다. 미국 전역에 중국에서 배송된 정체불명의 '씨앗'이 배달되자, 미 농무부는 씨앗들을 회수해 조사를 실시했고, 이것들은 '겨자, 양배추, 나팔꽃, 민트, 세이지, 로즈메리, 라벤더와 같은 몇몇 허브와 히비스커스, 장미와 같은 총 14종의 다른 종자' 등 일반적인 식물의 씨앗으로 밝혀졌다.

외국인 가사도우미 100여 명 시범 도입

필리핀 가사도우미 100여 명이 올해 국내에 들어온다. 정부는 출산율을 높이기 위해 여성 근로자 가사 부담을 줄일 필요가 있다는 지적에 따라 외국인 가사도우미 시범사업을 준비해왔다.

고용노동부는 7월 31일 '외국인 가사근로자 도입 시범사업 관련 공청회'를 개최하고 이 같은 시범사업 계획을 발표했다. 공청회는 현재 검토 중인 시범사업 계획안에 대해 가사·돌봄서비스 수요자, 공급자, 전문가와 국민 의견을 듣는 차원에서 열렸다.

고용부에 따르면 현재 내국인 가사·육아인력 취업자 수는 급감세다. 특히 취업자의 92.3%가 50대 이상, 63.5%가 60대 이상을 차지하는 등 고령화 현상이 심각하다. 취업 과정도 직업소개소나 지인 소개를 통해 가구에서 직접 고용하는 형태로, 가구주가 사장이 되는 형식도 적지 않아 노동법 사각지대가 발생한다는 지적이 있었다. 비용도 통근형은 시간당 1만5000원 이상이고, 입주형은 내국인은 월 350~450만원(중국 동포 250~350만원) 선이라 부담이 크다.

현재 가사근로자는 재외동포, 방문취업 동포 등만 취업할 수 있어 몸값이 오른 탓도 있다. **이번 시범사업에서는 ▪고용허가제 대상인 비전문취업(E-9) 체류자격자에게도 가사근로를 개방**하게 된다. 도입되는 외국인 가사근로자 규모는 100여 명이다. 시범사업은 서울 지역 대상으로 최소 6개월 이상 실시될 예정이며, 20~40대 맞벌이 부부, 한부모, 임산부가 서비스를 이용할 수 있다.

가사근로자법에 따라 정부 인증(▲가사근로자 5명 이상 상시고용 ▲인적물적 손해에 대한 배상 수단 ▲전용 사무실)을 받은 가사 서비스 제공기관이 외국인력을 직접 고용하되, 외국인 근로자들이 서비스 이용 계약을 체결한 가정으로 출퇴근하는 방식으로 진행된다.

업무 내용은 청소, 세탁, 주방일과 가구 구성원 보호, 양육 등이며, 종일제와 시간제 등 다양한 형태로 운영될 예정이다. 입주형은 운영되지 않고, 출퇴근형만 운영된다.

가사근로자 인력 송출국은 E-9 송출국 중에서도 가사인력 관련 자격증 제도를 운용하는 국가를 우선 검토한다는 방침이다. 사실상 필리핀이 유력하다. 필리핀은 직업훈련원에서 6개월 훈련 후 수료증을 발급해주는 자격 제도를 운용 중이다. 근로기준법 등 노동관계법도 적용한다. 다만 휴게, 휴일, 연차휴가 등 일부 규정은 가사근로자법에 따라 적용 제외한다.

■ **고용허가제 (雇傭許可制)**

고용허가제는 고용주가 필요한 외국인 인력을 신청하고 정부가 해외에서 취업비자를 받아 입국하는 외국인들을 선별해서 연결해주는 것으로 합법적인 외국인 노동자 고용을 위해 마련된 제도이다. 1995년 고용허가제 도입을 추진하여 대한민국 정부가 2004년부터 시행하고 있다.

취업을 원하는 외국인에게 그 나라 정부나 기관을 통하여 한국 정부에 노동허가를 신청하게 하고 허가를 받게 되면 최장 3년간 합법적 신분으로 일을 할 수 있게 하는 제도이다.

고용허가제에 의하면 외국인도 근로기준법이나 최저임금법 등 근로자로서의 기본권을 보호받게 되고 또 이미 국내에 취업한 불법노동자도 2개월간의 노동허가 신고기간을 줘 최장 1년간 합법적으로 일을 할 수 있다.

경남은행 직원, 7년간 562억 횡령

BNK 경남은행

경남은행의 부장급 직원이 7년 동안 500억원 이상 대규모 횡령을 저질렀지만, 은행 측은 이런 사실을 모르고 있었던 것으로 나타났다. 2022년 우리은행 직원이 10년 동안 700억원대를 횡령했다가 적발된 데 이어, **은행의 허술한 내부 통제 문제가 다시 수면 위로 드러난 것**이다.

서울중앙지검 범죄수익환수부는 8월 2일 오전 경남은행 부동산투자금융부장 A 씨(50)의 주거지와 사무실, 서울 소재 경남은행 투자금융부 사무실 등 10여 곳을 압수 수색했다고 밝혔다. 금융감독원도 경남은행의 보고를 받고 7월 21일부터 긴급 현장 조사에 착수해 지금까지 562억원을 횡령·유용한 혐의를 확인했다고 이날 밝혔다.

금감원에 따르면, A 씨는 지난 2007년 12월부터 올해 4월까지 15년여 동안 ▪**프로젝트파이낸싱**(PF) 업무를 담당해왔다. 그는 2016~2017년 이미 부실화된 PF 대출(169억원)에서 상환된 대출 원리금을 자신의 가족 등 제3자 계좌로 이체하는 방식으로 77억9000만원을 횡령했다고 당국은 보고 있다.

또한 2021년 7월과 2022년 7월에 PF 시행사의 자금 인출 요청서 등을 위조해 경남은행의 대출금을 가족이 대표로 있는 법인 계좌로 이체하는 방식으로 두 차례에 걸쳐 326억원을 횡령한 혐의도 받고 있다. 2022년 5월엔 경남은행이 취급한 PF 대출 상환 자금 158억원을 상환 처리하지 않고, 본인이 담당하던 다른 PF 대출 상환에 유용하기도 했다.

경남은행은 A 씨의 횡령 사실을 먼저 파악하지 못했다. 이 은행은 지난 6월 검찰이 A 씨의 다른 범죄 혐의에 대해 수사에 착수했다는 사실을 인지해 금감원에 보고했고, 금감원은 자체 감사를 지시했다. 이 다른 범죄는 경남은행과는 직접 관련이 없는 것으로 알려졌다.

자체 감사 결과, A 씨의 PF 대출 상환 자금 77억9000만원 횡령 혐의가 드러났고 경남은행은 지난 7월 금감원에 이를 보고했다. 이에 금감원은 긴급 현장 점검에 착수해 현재까지 횡령·유용 혐의 484억원을 추가 확인했다. 만약 검찰 수사가 없었다면 A 씨의 횡령 혐의가 밝혀지지 않았을 가능성이 컸던 것이다.

▪ **프로젝트 파이낸싱 (PF, Project Financing)**
프로젝트 파이낸싱(PF)은 은행을 비롯한 금융기관들이 특정 사업을 담보로 대출을 해주고 그 사업의 수익금으로 되돌려 받는 금융기법이다. 은행은 부동산 담보나 지급보증이 있어야 돈을 빌려주는데 PF는 일체의 담보가 없는 것이 특징이다. 건설이나 조선. 석유 채굴 건설 사업 등에서 예상 수익을 보고 대규모 투자사업에 무담보 신용으로 거액을 대출해주는 것이다.

2022년 매출액 상위 30대 기업, 재생에너지 사용은 '10%'

지난해 매출액 상위 30대 기업의 재생에너지 사용 비율이 약 10%에 그친 것으로 나타났다. 특히, 배터리와 반도체를 제외한 업종의 대다수 기업은 재생에너지 비중이 1%에도 못 미쳤다. 폭우와 폭염 등 기상 이변이 빈번해지면서 세계적으로 'RE100'(재생에너지 100%)에 대한 요구가 점차 높아지고 있어 기업 경쟁력에 부정적인 영향을 미칠 것이라는 우려가 나온다.

기업들이 공시한 '지속가능경영보고서'를 토대로 지난해 매출액 상위 30대 기업 중 재생에너지 사용량을 공개한 19개 기업을 분석한 결과, 이들의 소비전력에서 재생에너지 비중은 평균 10.6%로 집계됐다. 재생에너지 사용량을 공개하지 않은 기업이 탄소중립 전환에 상대적으로 늦은 건설·조선사인 점을 고려하면, 이들 기업까지 포함할 경우 재생에너지 비중은 더 낮을 것으로 보인다.

수출 비중이 높아서 '발등에 불'이 떨어진 배터리·반도체 기업의 재생에너지 전환 속도가 가장 빨랐다. LG에너지솔루션은 지난해 전체 소비전력에서 재생에너지 비중이 56%에 달해 30대 기업 중 유일하게 50%를 웃돌았다.

삼성전자(30.7%)와 SK하이닉스(29.6%)도 재생에너지 확대에 속도를 내고 있다. 2020년에 미국과 유럽, 중국 공장에서 재생에너지로 100% 전환한 삼성전자는 지난해부터 베트남·인도·브라질 공장도 재생에너지로 전력을 모두 충당하고 있다. SK하이닉스도 지난해 해외 사업장만 RE100을 달성했다.

반면, 현대차·기아는 재생에너지 사용 비중이 5% 내외에 그쳤다. KT·LG유플러스 등 통신사와 GS리테일·롯데쇼핑 등 유통사 같은 내수업종의 재생에너지 사용량은 1%에도 미치지 못할 정도로 미미한 수준이었다.

전문가들은 글로벌 기업을 중심으로 재생에너지 확대에 대한 요구가 본격화되면서 수출 비중이 높을수록 재생에너지로의 전환 속도도 빨라지고 있다고 진단했다.

금융투자업계 관계자는 "구글이나 테슬라 등 주요 기업들이 납품업체에 재생에너지 사용을 요구하는 사례가 늘고 있다"며 "유럽연합(EU)의 ▪탄소국경조정제도(CBAM)가 본격화할 경우 타 업종에도 이런 요구가 확산할 가능성이 크다"고 말했다. 특히, 현대차와 기아의 경우에는 전기차 비중이 늘어날수록 재생에너지 비중 확대에 대한 요구가 거세질 것으로 예상된다.

전문가들은 재생에너지로의 전환이 손쉬운 해외에 공장이 없는 기업들은 재생에너지 전환 속도가 더딜 것으로 보고 있다.

■ 탄소국경조정제도 (CBAM, Carbon Border Adjustment Mechanism)

탄소국경조정제도(CBAM)는 유럽연합(EU)이 도입한 탄소가격 정책이다. CBAM은 EU 내에서 탄소배출량을 줄이기 위해 도입되었으며, EU 외부에서 수입되는 제품에 탄소비용을 부과하는 것을 골자로 한다. CBAM은 EU 내에서 생산되는 제품과 EU 외부에서 수입되는 제품의 탄소배출량을 동일하게 하여, EU 내 기업의 경쟁력을 보호하고, EU의 기후변화 목표를 달성하는 데 목적을 두고 있다. CBAM은 2023년부터 시행되며, 철강, 시멘트, 비료, 알루미늄, 전기 등 5개 품목을 대상으로 한다. CBAM은 2026년부터 모든 품목으로 확대 적용될 예정이다.

기상청 "태풍 '카눈' 10일 한반도 상륙...전국 비바람 영향권"

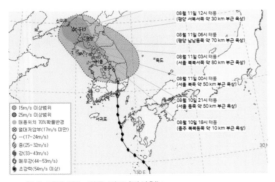

▲ 제6호 태풍 카눈 이동 경로 (기상청)

제6호 태풍 카눈이 8월 10일 한반도에 상륙해 남해안을 중심으로 거센 비바람을 쏟아내고 북상하면서 피해가 속출했다. 카눈 영향으로 제주공항 항공편 운항은 이틀째 큰 차질이 빚어지고 여객

선 운항도 전면 통제됐으며, 육지에서는 고속열차(KTX)와 일반열차가 멈춰 섰다. 개학한 학교의 절반에 가까운 유치원, 초·중·고교 1579개교는 학사 운영 일정을 조정했다.

전날부터 300㎜ 안팎의 비가 내린 남부지역에서는 침수, 낙석, 고립 등 피해가 속출하는 가운데 실종·사망 사례도 발생했다. 이에 상습 침수 또는 산사태가 우려되는 곳에 사는 주민 다수가 안전한 곳으로 피신하고 있으며, 오후 들어 강원 동해안에 시간당 80㎜가 넘는 '■극한호우'가 쏟아졌다.

8월 11일 전국이 제6호 태풍 카눈의 영향권에서 벗어난 가운데 제방 유실, 주택 침수 등 시설 피해 379건이 집계됐다. 중앙재난안전대책본부는 이날 오전 11시 현재 공공시설 196건, 사유 시설 183건의 피해가 집계됐다고 밝혔다.

도로 침수·유실은 70건(부산 39건, 경북 19건 등)이며 토사 유출은 6건, 제방 유실 10건, 교량 침하 2건, 가로수 쓰러짐을 포함한 기타 103건 등이다. 주택 침수는 30건(강원 19건, 대구 11건)이며 주택 파손은 3건이 집계됐다. 상가 침수는 16건(대구 15건)이며 토사 유출은 8건(부산 7건), 간판 탈락 등 기타는 124건이다.

이번 **태풍으로 인한 인명 피해는 없는 것으로 중대본은 집계했다.** 다만 전날 대구 군위군에서는 하천에서 67세 남성이 심정지 상태로 발견돼 병원으로 옮겨졌지만 숨졌으며, 대구 달성군에서 전동휠체어를 타고 가던 60대 남성이 소하천에 추락한 후 실종됐다. 이들은 태풍 인명피해가 아닌 안전사고로 집계됐다.

유병언 차남 유혁기,
세월호 참사 9년 만에 국내 송환

▲ 유병언 전 세모그룹 회장의 차남 유혁기 씨가 세월호 참사 발생 9년 만에 8월 4일 오전 인천국제공항을 통해 입국하고 있다.

유병언 전 세모그룹 회장의 차남 유혁기 씨가 국내로 송환됐다. 2014년 4월 세월호 참사가 발생한 지 9년 만이다. 법무부는 **범죄인 인도조약**에 따라 미국 당국으로부터 유 씨의 신병을 인계받아 8월 4일 오전 5시 20분 인천국제공항으로 송환할 예정이라고 8월 3일 밝혔다.

유 씨는 8월 4일 귀국 즉시 '세월호 실소유주 비리' 사건을 수사하는 인천지검으로 압송돼 조사받았다. 검찰은 유 씨가 세월호 선사 '청해진해운'의 실질적인 지배주주로 지목된 유 전 회장에 이어 계열사 경영을 주도하는 등 사실상의 후계자로 보았다. 2014년 당시 검찰이 파악한 유 씨의 횡령 및 배임 혐의 액수는 559억원이다.

하지만 미국 영주권자인 유 씨는 2014년 4월 말 이후 검찰의 3차례 출석 요구에도 미국에서 귀국하지 않았다. 이에 검찰은 **인터폴**(ICPO·국제형사경찰기구 : 각국의 경찰이 상호 간에 주권을 존중하면서 국제범죄의 방지, 진압에 협력하기 위해 설립한 조직)을 통해 유 씨에 대해 적색 수배령을 내리고 범죄인 인도를 요청했다.

결국 유 씨는 2020년 7월 미국 뉴욕에서 체포돼 범죄인 인도 재판에 회부됐다. 미국 법원은 이듬해 유 씨가 범죄인 인도 대상에 해당한다고 결정했다. **유 씨는 세월호 사건과 관련해 국외로 도피한 4명 중 국내로 송환된 마지막 범죄인**이다. 앞서 검찰은 해외로 도피한 유 전 회장의 딸 섬나 씨와 측근 김혜경·김필배 씨 등 3명을 국내로 데려와 재판에 넘겼다. 이들은 모두 형이 확정됐거나 항소심 진행 중이다.

법무부는 "장기간 범죄인 송환에 협력해 온 미국 법무부와 뉴욕남부연방검찰청 등 관계 기관에 사의를 표한다"며 "앞으로도 외국 범죄인 인도 중앙기관 및 법집행기관과 긴밀히 협력함으로써 국외로 도피해 형사사법 절차를 회피하는 주요 부패·경제사범의 국내 송환에 최선을 다하겠다"고 밝혔다.

고양이 사료서 나온 AI 바이러스, '고병원성' 확인

서울 관악구의 동물 보호소 내 고양이 사료에서 발견된 **조류인플루엔자**(AI) 바이러스가 전파력과 폐사율이 높은 '고병원성'으로 확인됐다.

농림축산식품부는 8월 4일 "서울 관악구 소재 고양이 **고병원성 조류인플루엔자 발생 시설에서 채취한 반려동물 사료에서 나온 조류인플루엔자 항원이 고병원성**(H5N1)으로 최종 확진됐다"고 밝혔다. 앞서 이 보호소에서 고양이 일부가 고병원성 조류인플루엔자 감염으로 폐사해 방역 당국이 역학 조사를 실시해 왔다.

고병원성 조류인플루엔자 바이러스가 확인된 사료는 '네이처스로우'가 7월 5일 제조한 '밸런스드 덕'이다. 농식품부는 해당 업체를 통해 지난 5월 25일부터 8월 1일까지 멸균, 살균 공정을 제대로 거치지 않고 제조한 '밸런스드 덕', '밸런스드 치킨' 2종을 모두 회수해 폐기하고 있다.

농식품부에 따르면 폐기 대상 사료를 구매한 소비자 수는 모두 268명, 구매 제품 수량은 1만 3200개(150g 기준) 수준이다. 지역별로 소비자 수는 경기 88명, 서울 80명, 인천 15명, 부산 14명, 경남·경북·대구 각 10명, 충남 8명, 강원·전남·전북 각 6명, 울산 5명, 세종·충북 각 3명, 광주 2명, 대전·제주 각 1명 등이다.

■ **조류인플루엔자 (AI, Avian Influenza)**
조류인플루엔자(AI)는 조류에 감염되는 인플루엔자 바이러스에 의한 전염병이다. 닭·칠면조와 같은 가금류와 야생 조류 등에만 감염되는 것으로 보고되어 왔으나, 1997년 홍콩에서 발생된 AI로 인해 사람에게도 전염된다는 사실이 밝혀졌다. 병원성에 따라 고병원성, 약병원성, 비병원성 3종류로 구분되며, 고병원성은 제1종 가축전염병으로 사람에게도 전염된다. 주로 조류의 분비물을 직접 접촉하는 경우 전염되며, 고열, 기침, 인후통, 호흡 곤란 등의 증상을 보인다. 75℃ 이상에서 5분 이상 가열하면 바이러스는 완전히 사멸되므로 닭이나 오리고기를 충분히 익혀 먹으면 AI를 예방할 수 있다.

코로나19 확산세에 '감염병 등급 4급 전환' 발표 일정 연기

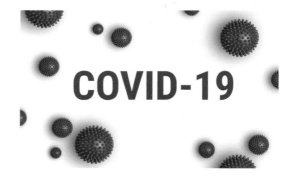

코로나19 유행 확산세가 계속 이어지자 방역 당국이 신규 확진자 증가세를 고려해 방역 완화 계획 발표를 연기한다고 밝혔다. 8월 7일 중앙방역대책본부(방대본)에 따르면 이날까지 일주일간 일평균 코로나19 신규 확진자 수는 5만388명으

로, 직전 주(4만5524명)보다 10.7% 늘어나며 6주째 증가세를 보였다.

코로나19 하루 확진자가 6만 명대를 기록한 것은 지난 1월 10일(6만19명) 이후 약 7개월 만이다. 당시는 겨울 재유행이 정점을 지나 신규 확진자 수가 감소하던 때였다.

질병관리청 관계자는 이날 정례브리핑에서 "주간 확진자 규모는 증가하고 있지만 증가세는 완만해졌다"며 "전주 대비 증가율은 28주 차 22%, 29주 차 34%, 30주 차 21%를 기록했지만 31주에는 10%가량으로 (증가세의) 기울기가 둔화했다"고 설명했다.

재유행 규모가 점점 커지자 정부는 8월 둘째 주로 예정했던 방역 완화 계획 발표를 연기하기로 했다. 질병청은 "8월 9일 수요일 브리핑을 통해 병원급 의료기관 마스크 의무를 포함해 코로나19의 (감염병 등급) 4급 전환 계획을 발표할 예정이었지만 발표 일정을 연기한다"고 밝혔다.

정부는 **현재 2급인 코로나19의 감염병 등급**을 인플루엔자(독감)와 같은 4급으로 낮추면서 추가적인 방역 완화 조치를 실시할 계획이었다.

신속항원검사와 유전자증폭(PCR) 검사를 유료화하고 치료비를 자부담 원칙(위중증 환자 제외)으로 변경하는 한편, 확진자에게 생활지원비와 중소기업에 대한 유급휴가 지원비 지급을 중단하는 방안을 고려했다. 병원급 이상 의료기관과 노인요양원 등 감염취약시설의 실내 마스크 착용 의무는 유지하는 방향에 무게를 두고 있다.

그러나 정부가 4급 전환 계획 발표를 연기하면서 이르면 8월 초중순으로 예상됐던 방역완화책의 시행 시점도 8월 말 이후로 미뤄질 전망이다.

➕ 코로나19 EG.5 변이

전 세계적으로 코로나19 환자가 다시 급격히 늘어나면서, 세계보건기구(WHO)는 8월 9일(현지시간) EG.5 변이를 '관심 변이'로 지정했다.

'에리스'라는 별칭을 가진 코로나19 변이인 EG.5는 최근 미국에서 우세종이 됐다. 미국, 영국, 중국에서 빠르게 확산되고 있으며 국내 검출률도 높아지고 있다.

질병관리청에 의하면 7월 넷째 주 기준 EG.5 검출률은 17.8%로, 현재 국내 우세종인 XBB.1.9.1(22.7%)을 빠르게 따라잡고 있다. EG.5는 오미크론 하위 변이인 XBB.1.9.2 계열이다. 위중증 및 사망 기준으로 기존 대비 더 위험한 변이는 아니지만, 빠르게 감염 확산을 일으킬 수 있다는 점에서 고령층 등 고위험군의 주의가 필요하다.

WHO에 따르면 이 변이는 면역 회피 능력과 확산 능력, 감염력 등이 기존 변이 대비 높아졌다. 이로 인해 다른 변이를 제치고 빠르게 확산하면서 대규모 감염 물결을 일으키고 있는 상황이다.

분야별
최신상식

국제
외교

흑해로, 모스크바로...
전선 확대되는 우크라 전쟁

■ 흑해 (Black Sea)

흑해는 유럽과 아시아의 경계에 위치한 내해로 북쪽으로는 우크라이나, 동쪽으로는 러시아, 남쪽으로는 튀르키예, 서쪽으로는 불가리아, 루마니아, 조지아가 있다. 면적은 약 43만 km²다. 흑해는 지정학적 요충지로서 고대 그리스와 로마 문명이 흑해 연안에서 번성했고 오스만 제국과 러시아 제국의 교역로로 사용됐다. 오늘날에도 흑해는 유럽과 아시아를 연결하는 중요한 통로이자 석유와 천연가스 등 천연자원이 풍부한 지역이다.

우크라, 러시아 유조선 드론 타격

지난 8월 4일(현지시간) 블룸버그는 8월 3일 우크라이나군 해상 드론이 러시아 ■흑해 주요 수출항인 노보로시스크 내 러시아 해군기지를 공격해 러시아 군함에 심각한 손상을 입혔다고 보도했다. 우크라이나 영토에서 무려 400마일(약 640㎞) 거리인 노보로시스크까지 원격 조종 드론 보트(자폭 무인정)를 보내 기습공격을 감행한 것이다.

노보로시스크항은 이날 드론 공격으로 몇 시간 동안 폐쇄됐다. 군사시설에 대한 타격이 민간시설 마비로 이어진 것으로 이는 개전 이래 군사적 충돌에 따라 주요 선적 항구 운영이 중단된 첫 번째 사례라고 블룸버그는 전했다.

러시아의 흑해 주요 수출항인 노보로시스크가 우크라이나의 원격 조종 드론 보트 공격을 받자 국제 곡물·원유가격이 들썩였다. 수출 거점 역할을 하는 여러 항구를 둘러싼 공습이 잦아진 가운데 흑해 일대가 러시아·우크라이나 전쟁에서 새로운 전선으로 떠오를 가능성이 제기됐다.

우크라 대반격 성과 부진

수비에 치중하던 **우크라이나가 최근 서방의 지원에 힘입어 러시아에 점령된 영토를 되찾고자 대반격에 나섰지만 수주가 지나도록 마땅한 성과를 내지 못했다.** CNN의 8월 8일(현지시간) 보도에 따르면 서방에서는 우크라이나군의 능력에 대해 비관론이 확산하고 있다. 한 서방 고위 당국자는 "우크라이나군은 지난 7~8주 동안 러시아가 갖춘 많은 수비선 중 첫 수비선도 뚫지 못했다"며 "앞으로 더 줄어든 군으로 갑자기 성과를 낼 가능성이 거의 없다"라고 우려했다.

'우크라 평화안' 42개국 집중 논의

전쟁이 장기화되는 가운데 국제사회는 평화 협상안을 논의하기 시작했다. 사우디아라비아 제다에서 8월 6일(현지시간) 끝난 우크라이나 전쟁 종식 국제회의 참가국들은 우크라이나가 지난해 11월 제시한 10개 항의 평화 협상안을 구체화하기 위한 후속 논의를 하기로 합의했다.

러시아의 강력한 우방국인 중국은 서방이 주도하는 논의와 거리를 두던 기존 태도와 달리, 앞으로의 논의에도 계속 참여할 뜻을 밝혔다. 미국 등 서방 주요국과 중국, 인도를 비롯한 ▪**제3세계** 국가 등 모두 42개국이 참가한 가운데 8월 5~6일 이틀 동안 진행된 이번 회의에서는 우크라이나가 제시한 평화 협상안이 집중 논의됐다고 로이터 통신 등이 보도했다. 러시아는 이번 회의에 참가하지 않았다. 중국은 향후 논의에도 계속 참가할 뜻을 밝혔으며 이는 우크라이나로서는 가장 큰 성과로 평가된다고 영국 일간 가디언 등이 전했다.

한편, 러시아는 이번 회의에 대해 제3세계의 우크라이나 지지를 끌어내려는 서방의 시도가 실패했다는 반응을 보였다. 세르게이 랴브코프 러시아 외교차관은 "이번 회의는 젤렌스키 대통령의 입장을 '글로벌 사우스'(남반구 개도국들)가 지지하게 만들려는 서방의 헛되고 불운한 노력이 이어지고 있음을 보여준다"고 논평했다.

▪ **제3세계**

제3세계란 민족주의와 비동맹중립주의를 표방하는 아시아, 아프리카, 라틴아메리카의 개발도상국을 말한다. 1960년대 미국과 소련의 냉전에 가담하지 않고 중립을 표명한 개발도상국을 일컫는 용어였지만, 오늘날엔 개발도상국과 동일한 의미로 사용한다.

POINT	세 줄 요약

❶ 8월 3일 우크라이나군 해상 드론이 러시아 흑해 주요 수출항인 노보로시스크 내 러시아 해군기지를 공격했다.

❷ 노보로시스크가 우크라이나의 공격을 받자 국제 곡물·원유가격이 들썩였다.

❸ 우크라이나 평화 종식을 위한 우크라이나 평화안 논의에 중국이 처음 참여했다.

中 외교부장 친강 7개월 만에 해임...왕이 복귀

▲ 친강 전 중국 외교부장

6월 말 이후 행방이 묘연했던 친강 중국 외교부장(외교장관)이 7개월 만에 전격 면직됐다. **새 외교부장엔 전임자였던 왕이 공산당 중앙정치국 위원이 임명**됐다. 로이터와 블룸버그 등 주요 외신은 7월 25일(현지시간) 중국 관영매체를 인용해 중국 **■전국인민대표대회**(전인대) 상무위원회가 이날 회의를 열어 친 부장을 면직하고 왕 위원을 신임 외교부장으로 임명했다고 보도했다.

친 부장의 면직 사유에 대한 설명은 나오지 않았다. 블룸버그는 친 부장이 중국 최단기 외교부장이라는 불명예를 안게 됐다고 지적했다. 친 부장은 중국 특유의 거친 외교, 이른바 **■전랑외교**의 상징과도 같은 인물로 지난해 말 외교부장으로 임명됐다. 올해 3월엔 **양회**(전국인민대표대회와 전국인민정치협상회의)에서 현직을 유지하며 국무위원 지위까지 얻었다.

그러나 그는 지난 6월 25일을 끝으로 공식 석상에서 완전히 자취를 감췄다. 중국 외교부는 친 부장의 부재를 '건강 문제'라고 짧게 설명했지만 그

배경을 두고 현지 매체를 중심으로 불륜설이나 간첩설, 투병설 등 여러 추측이 난무했다. 그런데 친 부장은 외교부장은 해임됐지만 국무원 국무위원과 공산당 중앙위원 자리를 유지해 진실은 미궁에 빠졌다. 중국에선 고위직 인사가 낙마하면 국무원과 공산당 겸직 지위가 동시에 면직되는 게 일반적이다.

결국 친 부장의 역할을 대신 맡은 전임자 왕이 부장이 재복귀했다. 왕 부장은 앞서 인도네시아 자카르타에서 열린 동남아시아국가연합(ASEAN·아세안) 외교장관 회의 등 외부 행사에 친 부장 대신 참석했다.

왕 부장은 시진핑 중국 국가주석 체제가 출범한 2013년 첫 외교부장에 올라 10년간 직을 이어온 노련한 외교관이다. 다만 중국 패권주의를 표방하는 왕 위원의 고압적인 태도는 우리나라에서도 여러 차례 외교 결례 논란을 빚기도 했다.

■ 전국인민대표대회 (全國人民代表大會)

전국인민대표대회는 우리나라의 국회에 해당하는 중국 최고의 국가 권력기관으로서 헌법 개정, 국가주석의 선출, 국가의 중대 의사(議事) 결정과 같은 역할을 맡고 있다. 줄임말로 전인대라고 하며, 전인대와 전국인민정치협상회의(정협)를 묶어 양회라고 부른다.

정협은 중국 최고 정책자문기구로서 공산당의 정책 결정 전 다른 정당이나 각 단체의 의견을 수렴해 조율하는 역할을 담당한다. 양회는 중국 최대의 정치행사로서 중국 정부의 운영 방침은 양회를 거쳐 정해진다.

■ 전랑외교 (戰狼外交)

전랑외교(늑대외교)란 경제력과 군사력을 바탕으로 무력과 보복 등 공세적인 외교를 지향하는 중국의 달라진 외교 방식을 가리킨다. 중국의 애국주의 흥행 영화 제목인 '전랑(戰狼·늑대전사)'에 빗대 늑대처럼 힘을 과시하는 중국의 외교 전략을 지칭한다. 남중국해 분쟁과 홍콩보안법 제정 등을 예시로 들수 있다.

뉴욕 지하철에서 10대들이 아시아계 가족 모욕·폭행

▲ 지하철에서 아시아계 가족을 위협하는 10대 소녀들 (인터넷 커뮤니티 캡처)

미국 뉴욕 지하철에서 10대 소녀들이 아시아계 승객을 공격해 경찰이 수사에 나섰다. 미 CBS 뉴욕 방송과 NBC 방송은 8월 8일(현지시간) 뉴욕 경찰이 8월 6일 지하철 내 아시아 승객에게 폭력을 행사한 흑인 소녀를 수배했다고 보도했다.

뉴욕 경찰과 피해자 인터뷰 등에 따르면 아시아계 가족은 11세 쌍둥이 딸을 동반한 상태로 네바다주에서 뉴욕을 방문했다. 이들은 미국 시민권자이며 부인은 한국계인 것으로 알려졌다.

50대 부인 수 영은 열차 건너편 좌석에서 10대 소녀 3명이 가족을 향해 손가락질하며 크게 웃자 그들의 행동을 따라 했다고 한다. 이후 소녀들은 "너희 나라로 돌아가라"라고 악담을 퍼부었다.

거친 표현이 이어지자 남편이 나서 자제를 당부했지만 이들은 더 공격적인 태도로 위협했고 같은 차량에 탑승한 승객 조애나 린이 휴대전화로 이 상황을 녹화하자 10대 소녀 중 한 명이 린에게 달려들어 넘어뜨린 뒤 주먹을 날렸다. 영이 린

을 보호하기 위해 뛰어들자 10대 소녀는 영에게도 폭력을 행사했다. 그는 안경이 부서지고 머리카락이 뽑혔다고 NBC 방송에 설명했다.

폭행은 지하철이 다음 역에 정차할 때까지 계속됐다고 알려졌다. 지하철이 정차하자 다른 승객들이 피해자 보호를 위해 하차를 도왔다. 뉴욕 경찰은 이번 사건을 **인종 차별에 기반한 혐오범죄**(특정 집단에 대한 편견이나 혐오, 비하, 적대감, 증오 등을 동기로 하는 범죄)로 보고 가해자를 찾고 있다.

코로나19 사태 이후 미국에서는 여전히 아시아계에 대한 혐오범죄가 빈발하고 있다. 특히 뉴욕 지하철역에서 아시아계에 대한 공격이 적지 않은 상황이다.

다만 이번 사건이 인종에 대한 적대감 때문이라기보다는 '아시아계는 대립을 회피한다'는 고정관념을 가진 소녀들이 가족을 손쉬운 범죄 대상으로 봤기 때문이라는 분석도 있다.

➕ 루프 코리안 (Roof Korean)

루프 코리안은 루프탑(Rooftop) 코리안이라고도 하며 1992년 미국 LA 흑인 폭동 당시 코리아 타운에서 무기를 들고 옥상으로 올라가 자기 가게를 지켰던 한국 교민들을 일컫는 말이다.

월남전 참전자, 예비군들의 주도로 군대처럼 움직인 이들은 당시 공권력 공백 상태에서 폭도들로부터 자경단을 조직해 총기로 무장하고 코리아타운을 지켰다. 루프 코리안은 총기 소지를 주장하는 미국 우파 세력들이 2010년대 이후 미국 내에서 폭동이 일어날 때 인터넷 밈으로 활용하여 주목받기도 했다.

좌절된 태국 제3세력 바람...
피타, 총리 선출 막혀

▲ 피타 림짜른랏 태국 전진당 대표

태국에서 '40대 기수' 피타 림짜른랏 전진당 대표를 앞세운 민주화 개혁 열망이 군부 정권의 견제로 좌절됐다. 헌법재판소가 피타 대표의 의원직을 정지한 데 이어 의회도 그의 총리 선출 자격을 박탈했다. 실망한 민심이 정국 불안으로 이어질 것이란 우려가 커지고 있다.

7월 19일(이하 현지시간) 태국 영자지 방콕포스트 등에 따르면 이날 태국 의회는 표결을 통해 피타 대표가 이번 회기에 다시 총리 후보로 나설 수 없다고 결정했다. 원래 이날 회의는 총리 선출을 위한 회의였지만 친(親)군부 의원들이 주동이 돼 피타 대표의 총리 후보 자격을 박탈하는 자리로 변질됐다.

태국은 선거로 뽑힌 하원의원 500명과 군부가 임명한 상원의원 249명이 함께 총리를 선출한다. 피타 대표는 앞서 7월 13일 총리 선출 투표에서 324표를 얻으며 과반 득표에 실패했다. 2차 투표에서 피타 대표는 단독 후보로 출마했지만 상원은 1차 투표를 통과하지 못한 후보를 다시 지명

할 수 없다며 투표를 중지시켰다.

설상가상으로 7월 12일 선거관리위원회는 피타 대표의 태국 방송사 iTV 주식 보유를 문제 삼아 헌법재판소에 회부했다. 태국 헌재는 선관위의 의견을 받아들여 피타 대표의 의원직을 정지했다. 피타 대표 측은 iTV는 이미 2007년 방송 송출을 중단해 언론사로 볼 수 없다고 항변했지만 받아들여지지 않았다.

하버드대와 매사추세츠공대(MIT)를 졸업한 엘리트 기업인 출신인 **피타 대표는 지난 5월 총선**(하원의원 선거)**에서 입헌군주제 개혁과 왕실모독죄 및 징병제 폐지를 내세우며 전진당을 원내 1당에 올려놓는 돌풍**을 일으켰다. 하지만 군부가 제동을 걸며 전진당의 집권은 난망해졌다. 헌재가 전진당의 왕실모독죄 개정 추진에 대한 위헌 여부를 심리할 예정이어서 전진당은 정당 해산 가능성마저 있다.

결국 정권은 제2당인 프아타이로 넘어갈 가능성이 커졌다. 프아타이는 2006년 군부 쿠데타로 실각한 탁신 친나왓 전 태국 총리의 막내딸 패통탄 친나왓이 이끌고 있다. **프아타이는 부동산 재벌 출신인 스레타 타위신을 총리 후보로 내세울 것**으로 알려졌다.

프아타이와 ▪**연립정부**(연정) 구성을 바란 피타 대표의 바람과 달리 프아타이는 8월 2일 새 정부 구성 협상에서 전진당을 참여시키지 않을 것이며 군부와 손잡고 공동 정부를 구성하겠다고 밝혔다. 이를 두고 군부 세력을 비판해온 야권 지지자들의 시위가 격화돼 태국 정국의 혼란이 가중되고 있다.

■ 연립정부 (聯立政府)
연립정부(연정)는 의원내각제 국가에서 다수당이 과반수 의석을 확보하지 못했을 때 다른 정당과 협력하여 구성하는 정부를 이른다. 연합정부라고도 한다. 연정 가운데 개별 정당이 정체성을 유지하면서도 공동 정부의 성공을 위해 협력해나가는 독일식 연정을 샐러드볼 연정이라고도 한다. 각 채소의 맛이 살아 있으면서도 조화를 이루는 샐러드에 비유한 것이다.

中, 9년 만에 한국인 마약사범 사형집행

중국이 한국인 마약사범에 대해 사형을 집행했다. 한국인이 중국에서 사형당한 것은 2014년 이후 9년 만이다. 중국 정부는 이번 사형 집행에 대해 외국인 범죄자에게도 동등하게 법률을 적용한 것이라는 입장이다.

8월 5일 외교부 당국자는 "중국에서 마약 판매 혐의로 사형을 선고받은 우리 국민에 대해 오늘 사형이 집행됐다고 전달받았다"고 밝혔다. 외교부 당국자는 "인도주의적 차원에서 우리 국민에 대해 사형이 집행된 것에 대해 유감스럽게 생각한다"며 "정부는 사형선고 이후 다양한 경로를 통해 인도적 측면에서 사형집행을 재고 또는 연기해줄 것을 여러 차례 요청한 바 있다"고 했다.

중국 광둥성 광저우시 중급인민법원은 이날 한국인 A 씨에 대한 사형을 집행한 것으로 전해졌다. A 씨는 ■메스암페타민(필로폰) 5kg을 판매 용도로 소지한 혐의로 지난 2014년 중국에서 체포됐다고 알려졌다. 2019년 1심 재판과 2020년 11월 2심 재판에서 모두 사형 선고를 받았으며 이후 최고인민법원의 사형심사를 통해 사형이 최종 결정됐다.

중국은 1kg 이상의 아편이나 50g 이상의 필로폰·헤로인을 밀수·판매·운수·제조한 이에 대해 사형이나 무기징역 혹은 15년 이상의 징역에 처한다. 중국에서 한국인 마약사범에 대한 사형이 집행된 것은 2014년 이후 약 9년 만이다.

그간 중국에서 사형당한 한국인은 총 6명으로, 2001년 마약사범 1명과 2004년 살인으로 1명을 각각 사형에 처했다. 또 2014년에 마약사범 4명에 대한 사형이 집행된 바 있다.

한편, 지난 5월 중국 공안에 체포된 뒤 구속된 한국 축구 국가대표 출신 손준호(산둥 타이산 소속) 선수에 대한 수사도 장기화하는 모양새다. 중국에서 9년 만에 한국인이 사형당한 가운데 손준호가 중형을 선고받을 수 있다는 중국 내 관측이 현실이 된다면 한중 관계의 악재로 비화할 수 있다는 전망이 나온다.

■ 메스암페타민 (methamphetamine)
메스암페타민은 매우 강력한 중추신경 흥분제로서 각성작용을 일으키는 합성 화합물질이다. 투여 시 졸음과 피로감이 사라지며, 육체적 활동이 증가되고, 쾌감이나 행복감을 느끼게 되나 심정지, 뇌혈관 파열, 정신장애 등 부작용과 함께 심각한

의존성이 생기며 중단 시 강력한 금단증상을 유발한다. 향정
신성의약품인 마약류로 분류되어 법적으로 강력히 규제되는
약물이다.

한국에서 메스암페타민을 필로폰이라고도 하는데 이는 1941
년 대일본제약이 출시한 각성제 이름에서 유래한 것이다. 이
상품명은 노동을 사랑한다는 뜻의 그리스어 'philoponos(필
로포노스)'에서 따온 것이다. 필로폰은 태평양 전쟁 당시 군인
들의 피로 회복과 전투의욕 제고를 위한 군수용품으로 대량
생산됐다.

박진, 수교 60년 교황청 방문…
"북한 문제 개선 지지 요청"

▲ 박진 외교부 장관이 바티칸 교황청을 공식 방문해 파롤린 교황
청 국무원장을 예방하고 있다.

박진 외교부 장관이 8월 1일(현지시간) 바티칸 교
황청을 공식 방문해 교황청 국무원장·외교장관
을 연이어 만났다. 외교부에 따르면 박 장관은 이
날 교황청 2인자인 피에트로 파롤린 국무원장을
예방하고 수교 60주년 기념사업을 설명한 뒤 교
황청의 관심과 협조를 요청했다.

박 장관은 한반도 평화를 위한 프란치스코 교황
의 관심에 사의를 표하고, 윤석열 정부의 대북 정
책 기조인 '담대한 구상'과 북한의 잇따른 도발,

참혹한 인권 상황을 설명하면서 교황청의 지지를
요청했다. 이에 파롤린 국무원장은 교황청으로서
도 북한 문제 개선을 위해 기여와 노력을 다할 것
이라고 말했다고 외교부는 전했다.

이번 **교황청 방문은 한–교황청 수교 60년을 계기
로 이뤄졌으며 한국 외교장관으로서는 5년 만의
공식 방문**이다. 박 장관은 폴 리처드 갤러거 교황
청 외교장관과의 회담에서는 양자 간 우호 협력
관계를 더욱 증진해 나가기로 했다. 또 2027년
가톨릭 세계청년대회가 한국에서 유치될 수 있도
록 교황청이 긍정적으로 검토해달라고 요청했다.

갤러거 장관은 한반도 평화 구축을 위한 한국 정
부의 노력을 평가하고 윤석열 대통령의 '담대한
구상'을 지지하며 한국 정부의 노력에 교황청도 지
속 협력할 것이라고 말했다고 외교부는 전했다.

박 장관은 이날 세르조 마타렐라 이탈리아 대통
령도 예방했다. 박 장관은 북한의 지속적 도발에
대한 국제사회의 단호한 대응 필요성을 강조하고
이탈리아 측의 변함없는 지지를 요청했다. 마타
렐라 대통령은 윤석열 정부의 '담대한 구상'에 대
해 통찰력 있는 정책이라고 평가하며 북한이 이를
수용하길 바란다고 말했다고 외교부는 전했다.

➕ 세계청년대회 2027년 서울 개최

전 세계 가톨릭 젊은이들의 신앙 대축제인 세계청년대
회가 2027년 8월 대한민국 수도 서울에서 열린다. 닷
새 또는 엿새 동안 열리는 세계청년대회는 전 세계 각
지에서 적게는 수십만 명, 많게는 수백만 명의 가톨릭
청년들이 한자리에 모이는 대규모 국제행사다. 세계청
년대회는 요한 바오로 2세 전 교황이 젊은이들의 신앙
을 독려하기 위해 1984년·1985년 바티칸 성 베드로

광장에 전 세계 젊은이를 초대한 일이 시초가 됐다.

'군사 쿠데타' 니제르, 영공 폐쇄...
국제분쟁 긴장감 고조

최근 군사 쿠데타를 일으킨 니제르 군부가 주변
국들의 군사적 개입 경고에 맞서 영공을 폐쇄하
는 등 이 일대의 긴장감이 커지고 있다. 니제르
사태가 아프리카의 전면전으로 번질 가능성에 대
해 우려의 목소리가 점점 커지고 있다.

8월 7일(이하 현지시간) 로이터통신 등에 따르면
니제르 군부 대변인은 전날 저녁 국영 TV를 통
해 발표한 성명에서 "내정에 간섭하는 외세의 위
협에 맞서 오늘부터 니제르 영공은 폐쇄된다"고
밝혔다. **이들이 말하는 외세는 서아프리카 15개국
연합체인 서아프리카경제공동체(ECOWAS)를 말
한다.**

앞서 ECOWAS는 니제르 군부에 8월 6일까지 모
하메드 바줌 대통령을 복권하고 헌정 질서를 회
복할 것을 촉구하며 이를 이행하지 않으면 군사

적 개입을 할 수 있다고 경고한 바 있다. ECOW-
AS는 지난 8월 4일 "필요한 자원, 군대를 보낼
시점과 방법 등 개입에 필요한 모든 요소의 검토
를 마쳤다"며 무력행사에 나설 의향이 있다고 거
듭 밝혔다.

ECOWAS가 경고한 헌정 질서 회복 시한은 현재
넘긴 상태로, ECOWAS가 실제 병력 배치 계획
을 실행에 옮길지 주목되는 상황이다. 로이터통
신은 ECOWAS의 군사적 개입 경고가 이슬람 극
단주의 세력과의 전쟁으로 수천 명이 목숨을 잃
은 이 지역에서 추가 분쟁의 우려를 낳고 있다고
지적했다.

니제르 군부는 외부의 군사 개입에 물러서지 않
고 맞서겠다고 일찌감치 경고했다. ECOWAS 대
표단과의 면담도 거부했다. 쿠데타 정권이 들어
선 주변국 말리와 부르키나파소 역시 유사시 니
제르 군부를 돕겠다고 밝힌 바 있다.

앞서 AP통신은 니제르 군부가 말리에서 러시아
의 민간군사기업(**▪PMC**) 바그너 그룹 관계자와
만나 지원을 요청했다고 보도했다. ECOWAS와
바그너 그룹이 무력으로 개입할 경우 니제르 사
태는 국제적인 분쟁으로 번지게 된다.

▪ PMC (Private Military Company)
PMC(민간군사기업)란 군사 활동에 관련한 모든 물품 및 용역
을 군대에 공급·제공해 주는 민간 군사기업을 말한다. 이들은
단순한 군수 지원에서부터 군사 교육·훈련제공, 전략 자문 및
지원, 시설경비, 지뢰제거 등 다양한 역할을 수행한다. 이들은
냉전 종식 후 군대의 아웃소싱과 효율화를 추진하기 시작한
미국, 영국, 유럽연합(EU), 러시아 등 강대국의 자본을 이용하
여 활발하게 활동하고 있다.

美 연구소 '핵융합 재점화' 성공...
"결과 분석 중"

미국 정부 산하 연구소가 **핵융합** 발전을 연구하는 데 중요한 의미를 지니는 '핵융합 점화'를 7개월 만에 다시 성공시켰다고 블룸버그 통신이 8월 6일(현지 시각) 보도했다.

핵융합 점화는 핵융합을 일으키기 위해 투입한 에너지보다 더 많은 에너지를 핵융합 반응으로 생산하는 것을 의미한다. 태양과 같은 원리인 핵융합 발전은 탄소를 발생시키지 않는 청정에너지로 주목받고 있다.

블룸버그에 따르면, 미국 에너지부 산하 로런스 리버모어 국립연구소(LLNL)에 있는 국립점화시설(NIF)의 연구팀은 지난 7월 30일 실험에서 핵융합 점화에 재성공했다. 연구소 측은 "결과에 대한 분석이 진행 중"이라고 전했다.

LLNL은 지난해 12월 최초의 핵융합 점화에 성공한 뒤 7개월간 실패를 거듭해 왔다. 킴벌리 부딜 LLNL 소장은 지난해 12월 연구 결과 브리핑에서 "과학뿐 아니라 기술적으로 넘어야 할 매우 큰 장애물들이 있다"며 "기반 기술 연구에 노력과

투자를 집중하면 몇십 년 내에 발전소를 지을 수 있을 것"이라고 말다.

하지만 핵융합 발전이 실제 상용화로 이어지기까지는 상당한 시간이 걸릴 전망이다. 핵융합에 쓰인 레이저 장비가 크고 비싼 데다 상업용으로 쓰려면 초당 10회를 쏘는 기관총 속도만큼 빨리 발사할 수 있는 레이저가 필요하기 때문이다.

■ **핵융합 (nuclear fusion)**
핵융합은 가벼운 원자핵들이 융합하여 무거운 원자핵으로 바뀌는 것이다. 원자핵이 융합하는 과정에서 줄어든 질량은 에너지로 변환되는데, 이를 핵융합 에너지라 한다. 높은 온도와 중력을 지닌 태양의 중심에서는 핵융합 반응이 활발히 일어난다.
하지만 지구에서 핵융합 반응을 만들기 위해서는 태양과 같은 초고온의 환경을 인공적으로 만들어줘야 한다. 지구에서는 수소의 동위원소인 중수소와 삼중수소의 핵융합을 통해 핵융합 에너지를 얻는다. 인공태양이라고 불리는 핵융합 발전은 현재 기술로 실용화가 어렵지만 무한하고 청정한 꿈의 미래 에너지 기술로 주목받고 있다.

시민에게 항복한 네타냐후
"법관임명 외 사법개편 포기"

베냐민 네타냐후 이스라엘 총리가 블룸버그 인터뷰에서 법관임명위원회 구성을 제외한 사법개편을 포기할 것이라고 말했다. 8월 6일(현지시간) 네타냐후 총리는 이스라엘 예루살렘에서 블룸버그TV와 인터뷰를 하고 "남은 것은 그것(법관임명위원회 구성)뿐"이라며 "다른 조항들은 입법화해서는 안 된다고 생각하고 있다"고 말했다.

▲ 이스라엘 시민들이 사법개편안에 반대하는 시위를 하고 있다.

네타냐후 총리는 지난해 취임 후 사법부의 권한을 대폭 축소하는 사법개혁안을 추진해왔다. 법관임명위원회의 구성을 바꾸는 것 외에도, 사법부가 행정부의 정책 관련 결정이 합리적이지 않다고 판단할 경우 직권으로 폐지할 수 있는 기존 권한을 없애는 내용, 대법원의 결정을 의회가 뒤집을 수 있는 내용 등이 담겼다.

이스라엘 시민들은 네타냐후의 사법 무력화 시도에 대규모 시위로 맞섰다. **시위 현장에서는 북한 국기인 인공기가 등장**하기도 했다. 사법부 권한이 축소되면 이스라엘이 북한 같은 독재 국가로 전락할 것이란 의미다.

그러나 네타냐후 총리가 주도하는 우파 연립정부는 지난 7월 24일 1차 사법개혁안을 가결 처리했다. 여기에는 사법부가 합리성을 이유로 행정부의 정책 결정을 무효화하지 못하도록 하는 내용이 담겼다. 네타냐후 연정은 순차적으로 사법개편안을 처리할 예정이었다.

그러나 법안 통과 후에도 **야당과 시민사회, 전·현직 지도자들과 예비군을 포함한 군인들이 반대**했다. 이와 함께 1948년 건국 이래 가장 분열되고 혼란스러운 이스라엘 상황을 우려한 투자자들이 이스라엘 시장에서 자금을 빼기 시작하면서 네타냐후 총리가 결국 한발 물러선 것이다.

이스라엘의 사법 무력화 갈등은 연정이 깨지면 정치적 생존이 어려운 네타냐후 총리가 극우 정파를 편든 결과다.

이스라엘 극우파들은 이스라엘 국적 아랍인이 증가하고 팔레스타인 거주민을 다뤄야 하는 문제에서 민주주의를 버리고 극우 유대국가를 지향하고 있으며 사법부는 이러한 폭주를 견제할 수 있는 보루다.

➕ 이스라엘 금융시장 불안정

국가적 혼란을 우려한 투자자들이 이스라엘 시장에서 자금을 빼기 시작했다. 8월 블룸버그에 따르면 이스라엘 통화인 셰켈은 주요 통화 중 수익률 하위 5위 안에 든 상태다. 이스라엘의 달러 표시 채권은 올해 신흥국 중 최악의 수익률을 기록했다. 이스라엘 산업 관련 데이터를 발표하는 네이션네트럴에 따르면 올해 상반기 이스라엘의 기술 부문에 유입된 민간 자금은 40억달러에 못 미쳐 2018년의 3분의 1 수준으로 급감했다.

사법개편안 통과 직후 국제신용평가사 무디스는 "사법개편안을 둘러싼 정치사회적 긴장이 계속될 예정으로 이스라엘의 경제와 안보에 부정적인 결과가 예상된다"고 내다봤다. 이어 국제신용평가사 스탠더드 앤드 푸어스(S&P)는 사법개편안 여파로 이스라엘의 경제성장률이 지난해 6.5%에서 올해 1.5%로 둔화할 것으로 내다봤다.

분야별
최신상식

북한
안보

北, '전승절' 앞두고
"어떤 대가 치르더라도 군사력 강화"

■ **전승절(戰勝節)**

전승절이란 북한이 한국전쟁 정전협정 체결일(7월 27일)을 미국과의 전쟁에서 승리한 날 이라고 선전하며 기념하는 날 이다. 그러나 북한이 한국전쟁 에서 이겼다는 것은 어불성설 이다. 한국전쟁은 북한 김일 성이 1950년 6월 25일 개시 한 침략 전쟁이다. 이 전쟁에 서 북한은 대한민국 국군과 유 엔군에 패하며 전쟁 목적 달 성에 실패했다. 오히려 한국이 3900km² 면적을 수복했으므 로 북한은 패전국이다.

핵·미사일 개발에 정당성 부여

북한이 ■**전승절**이라고 부르는 한국전쟁 정전협정 체결일(7월 27일) 제70주 년을 앞두고 반미 대결의식을 부추기며 국방력 강화 필요성을 거듭 강조하 고 나섰다. 북한 노동당 기관지 ■**노동신문**은 7월 24일 '위대한 전승의 역사 적 의의는 영원불멸할 것이다'는 1면 논설에서 "침략과 약탈, 야수성을 체 질화한 원수들에 대한 환상은 곧 죽음"이라며 이같이 밝혔다.

신문은 "그 어떤 대적도 압승할 수 있는 자위력 위에 영원한 평화가 있다. 그 어떤 대가를 치르더라도 군사적 강세는 멈춤 없이 더욱더 빠른 속도로 유지 확대해야 한다"고 국방력 강화 또한 거듭 주문했다.

신문은 "만일 70여 년 전에 우리 군력이 오늘처럼 막강했더라면 미제는 감 히 전쟁을 일으킬 엄두도 내지 못했을 것"이라며 "조선반도(한반도)에서 전 쟁 위험을 완전히 제거하자면 절대적인 국가 안전 담보력을 갖춰야 한다" 고 언급하기도 했다.

노동신문의 이 같은 주장은 '과거 북한이 군사력이 강했다면 한국전쟁

(6·25전쟁)은 일어나지 않았을 것'이란 뜻으로 풀이된다. 아울러 **북한이 현재 추구하는 핵·미사일 개발 등 국방력 강화 노선에 대해 '전쟁 위험 제거' 란 '정당성'을 부여하기 위한 것**으로 해석된다.

푸틴, 김정은에 축전...북·러 무기 거래 주목

블라디미르 푸틴 러시아 대통령은 7월 27일(현지시간) 북한이 한국전쟁 정전협정체결일 70주년을 맞아 김정은 북한 국무위원장에게 축전을 보냈다고 크렘린궁이 밝혔다. 푸틴 대통령은 이날 축전에서 "북한의 러시아 '특별군사작전'에 대한 지지 및 러시아와 연대는 서방 정책에 맞서기 위한 공동의 이해와 결의를 보여준다"고 밝혔다고 타스, 리아노보스티 통신이 전했다.

푸틴 대통령은 6·25 전쟁 당시 옛 소련군이 적의 패배에 상당한 기여를 했다면서 전우애의 역사적 경험이 양국의 정치, 경제, 안보 관계가 더욱 발전할 수 있도록 든든한 버팀목이 되고 있다고 말했다.

세르게이 쇼이구 러시아 국방부 장관은 7월 25일 군사대표단을 이끌고 북한에 도착해 김정은 위원장을 예방했다. 김 위원장은 7월 27일 평양 김일성광장에서 중국·러시아 군사대표단과 70주년 열병식에 참석하고 공연을 관람했다(사진). 대륙간탄도미사일(ICBM) 등 북한의 핵·미사일 전력이 등장하는 열병식에 중국과 러시아의 대표단이 초청된 것은 한·미·일 공조에 대응한 북·중·러의 결속을 과시하려는 의도로 풀이된다.

러시아 국방부는 이번 대표단의 방북이 양국 군사 협력에 도움을 주고 양국 협력 발전의 이정표가 될 것이라고 기대했다. 미국은 북·러 양국의 무기 거래 가능성을 주시하고 있다고 경고했다. 실제로 최근 우크라이나군이 러시아로부터 압수한 것으로 보이는 북한산 무기를 이용하는 모습이 포착되기도 했다.

■ 노동신문 (勞動新聞)

노동신문은 북한 조선노동당 중앙위원회의 기관지다. 북한의 공식 입장을 대변하는 매체로서 '당의 노선과 정책을 해설하고 사회와 인간을 혁명적으로 개조하며, 노동당의 조직 강화와 유일사상체계를 확립하는 것'을 기본 임무로 한다. 일반 신문과 달리, 뉴스 전달보다는 선동의 목적이 강하다. 연중무휴 조간체제로 발행되며 사건사고와 광고가 없는 것이 특징이다.

POINT ｜ 세 줄 요약

❶ 북한이 이른바 '전승절' 70주년을 앞두고 반미 대결의식을 부추겼다.

❷ 러시아는 전승절을 맞아 김정은 위원장에게 축전을 보냈다.

❸ 미국은 북한과 러시아 간 무기 거래 가능성을 주시했다.

北, 심야 탄도미사일 기습 발사…
'美 핵잠수함 입항 반발' 관측

북한이 심야에 단거리 탄도미사일 2발을 발사했다. 합동참모본부는 "북한이 7월 24일 오후 11시 55분부터 오늘 오전 0시까지 평양 일대에서 동해상으로 발사한 단거리 탄도미사일 2발을 포착했다"고 발표했다.

합참은 "북한의 탄도미사일은 각각 400여km를 비행 후 동해상에 탄착했다"며 "세부제원과 추가 활동에 대해 한미 정보 당국이 종합적으로 분석 중"이라고 설명했다.

합참은 이어 "북한의 연이은 **미사일 발사는 한반도는 물론 국제사회의 평화와 안정을 해치는 중대한 도발 행위**"라며 "'유엔 안보리 결의'를 명백히 위반한 것임을 강력히 규탄하고 이를 즉각 중단할 것을 촉구한다"고 밝혔다.

그러면서 "우리 군은 북한의 추가 도발에 대비해 한미 간 긴밀한 공조하에 관련 동향을 추적감시하면서, 북한의 어떠한 도발에도 압도적으로 대응할 수 있는 능력을 기초로 확고한 대비 태세를 유지해 나갈 것"이라고 강조했다.

북한의 미사일 도발은 7월 22일 이후 2일 만이다. 당시 북한은 서해상으로 순항미사일 수 발을 발사했다. 탄도미사일 발사는 7월 19일 이후 5일 만에 재개됐다. 이날 탄도미사일 발사는 미국의 LA급 ■**핵추진잠수함(SSN)** 아나폴리스함이 제주 해군기지에 입항한 데 대한 반발 성격이라는 관측이 제기됐다.

한편, 북한이 2022년 한 해에만 2조원 이상의 가상자산(암호화폐)을 해킹해 핵·미사일 개발 등에 사용하고 있다는 주장이 나왔다. 7월 22일 미국 의소리방송(VOA)에 따르면 미국 민주당 소속 엘리자베스 워런 상원의원은 7월 20일(현지시간) 미 상원 군사위원회에서 열린 티머시 허그 미 사이버사령관 겸 국가안보국(NSA) 국장 후보자 인사청문회에서 북한의 암호화폐 탈취 규모를 거론했다.

워런 의원은 "북한이 지난해 17억달러(약 2조 1000억원) 상당의 암호화폐를 탈취했다"며 "**탈중앙화금융(DeFi·디파이) 분야에서 도난당한 총금액의 약 3분의 2에 해당하는 액수**"라고 지적했다.

■ **핵추진잠수함 (SSN)**

핵추진잠수함(SSN)은 핵분열 원자로를 동력으로 사용하는 공격잠수함이다. SSN은 미국 해군의 잠수함 식별부호로서 SS는 잠수함을, N은 원자력 추진을 의미한다. SSN은 핵분열 원자로에서 발생하는 열을 이용하여 증기를 발생시키고, 이 증기를 터빈을 돌려 추진력을 얻는다.

SSN은 재충전이 필요하지 않아 장시간 잠수할 수 있다는 장점이 있다. 또한 수중에서 빠른 속도로 이동할 수 있으며, 적의 레이더에 탐지되기 어렵다. SSN은 1954년 미국에서 처음 개발되었으며, 현재 미국, 러시아, 중국, 프랑스, 영국 등 5개국이 SSN을 보유하고 있다. SSN은 세계에서 가장 강력한 군사력 중 하나로 평가받는다.

JSA 견학하던 주한미군 1명 월북

▲ 월북한 미군 병사 트래비스 킹

공동경비구역(JSA)을 견학하던 미국인 1명이 월북했다. 유엔군사령부는 7월 18일 SNS를 통해 "공동경비구역을 견학하던 미국인 한 명이 무단으로 군사분계선을 넘어 월북하는 사건이 발생했다"고 밝혔다.

월북한 미국인은 트래비스 킹 주한미군 이병이다. 미 당국자에 따르면 이 군인은 한국에서 복무하는 동안 위법 행위로 처벌을 받고 최근 미국으로 송환될 예정이었다. 하지만 미군이 공항으로 데려간 이후, 그는 예정된 비행기에 탑승하지 않았다. 당시 그가 왜 미국행 비행기에 탑승하지 않았는지, 어떻게 JSA 견학 프로그램에 참석했는지 등에 대해서는 알려지지 않았다.

같은 투어 그룹에 속해있었다는 목격자는 "판문점의 한 건물을 견학했을 때였다"며 "이 남성이 갑자기 크게 '하하하' 웃더니 건물 사이로 뛰어갔다"고 당시 상황을 전했다.

유엔군사령부는 8월 3일 북한이 트래비스 킹 주한미군 이병의 신병을 확보하고 있다는 사실을 확인했다. 다만, **미국 정부가 월북한 킹 이병을 전쟁 포로(POW, Prisoner of War)로 인정하지 않기로 했다.** 로이터는 킹 이병이 자발적으로 군사

분계선을 넘은 상황이 참작돼 전쟁 포로에 해당하지 않는다는 판단을 내린 것이라고 익명의 당국자는 설명했다.

주한미군 사령관을 지낸 로버트 에이브럼스 장군은 BBC 라디오 인터뷰에서 "엄청난 비극의 서막이다"라고 평가했다. 에이브럼스 장군은 "킹이 경계선을 넘어 전력 질주해갔을 때 그들(북한)이 보자마자 킹을 사살하지 않아 다행이었다. 킹은 불법으로 북한에 들어오는 사람들을 북한 당국이 어떻게 대하는지를 절실히 깨달을 것"이라고 덧붙였다.

➕ 제네바 협약 (Geneva conventions)

제네바 협약이란 전쟁 포로의 대우에 관한 협정을 말한다. 이에 따르면 전쟁 포로는 어떤 때에도 인도적으로 대우받아야 하며 인간적 존엄성이 손상돼서는 안 된다. 또 포로에게는 음식과 구호품을 제공하고, 정보를 알아내기 위해 압박을 가해선 안 된다. 포로의 죽음이나 건강상 위협을 불러일으킬 수 있는 어떤 불법적 행동도 금지된다.

이 협약은 1864년부터 1948년까지 80년 이상 시차를 두고 만들어진 4개의 개별 협약과 최종 협약 이후 추가된 3개 의정서로 구성돼 있다. 일부 조항을 유보한 채 비준한 국가까지 포함하면 총 194개국에 의해 비준되었다.

북한, '한국계' 미국 새 인권특사에 "악녀, 무식쟁이" 막말

북한이 8월 2일 **줄리 터너 신임 미국 국무부 북한 인권특사**를 "악녀"라고 비난했다. 미국의 북한인

권 문제 제기를 겨냥해 "심각한 안보문제로 화할 수 있다"고 경고했다. 북한 관영 매체인 조선중앙통신은 8월 2일 공개한 조선인권연구협회 대변인 담화에서 "얼마 전 미 국회가 바이든이 국무성 '북조선(북한) 인권특사'로 지명한 쥴리 터너를 인준하였다고 한다"며 이같이 밝혔다.

통신은 "쥴리 터너로 말하면 출신도 민족별도 불투명한 여인으로서 지난 시기 우리에 대한 갖은 험담을 늘어놓으며 반공화국 '인권' 모략 소동에서 악명을 떨친 전적을 가지고 있다"고 주장했다. 그러면서 터너 특사를 "인권의 개념조차 모르는 무식쟁이", "조·미(북·미) 핵 대결전에서 막다른 궁지에 몰린 바이든 행정부가 하책으로 내놓은 대조선 '인권' 압박 소동의 정치적 시녀"라고 조롱했다.

통신은 미국의 인권 문제 제기에 대해 "미국은 '북조선 인권 문제'가 오히려 미국의 심각한 안보 문제로 화할 수 있다는 것을 명심하고 모든 언행을 심사숙고하여야 할 것"이라며 "지난 시기보다 더 강렬하고 무자비한 대응"을 경고했다.

한국계인 터너 특사는 지난 7월 27일(현지시간) 미국 상원 본회의에서 인준안이 통과됐다. 그는 미 의회 인준 청문회에서 "북한의 인권 침해와 유린에 책임이 있는 사람들에 대해 책임을 묻기 위해 뜻을 같이하는 정부와 협력할 것"이라고 말했다.

터너 특사는 미 국무부 민주주의·인권·노동국에서 16년 동안 근무했으며 로버트 킹 전 미국 북한인권특사의 특별보좌관을 지낸 북한인권 전문가다. 미국 북한인권특사는 2017년 1월 이후부터 터너 특사 임명 때까지 6년 넘게 공석이었다.

한국 외교부는 터너 특사 인준 직후 "오랫동안 북한인권 문제를 다뤄온 전문가로서 북한인권 개선에 중요한 기여를 할 것으로 기대한다"며 "정부는 미 국무부 북한인권특사 지명을 계기로 북한인권 상황 개선을 위한 한미 간 협력을 보다 강화해 나갈 것"이라고 환영 입장을 냈다.

➕ 북한인권보고서 (北韓人權報告書)

북한인권보고서는 북한의 전반적인 인권상황을 일반 국민들이 널리 알 수 있도록 2023년 3월에 발간한 정부의 첫 공개 보고서다. 이 보고서의 발간은 2016년 제정된 북한인권법에 따라 발간하는 정부의 첫 공개 보고서로서 북한인권 상황을 국내외로 알리고 실질적인 해법을 찾는 데 근본적인 목적을 두었다. 보고서는 북한이탈주민 508명이 경험한 1600여 개의 인권침해 사례를 실태 중심으로 제작됐다.

한·미·일,
나토 수준 안보협력체 만든다

한국·미국·일본 정상이 3국에 공동 위협이 발생하면 공조해 대응한다는 내용을 담은 '3자 협의에 대한 공약'을 8월 18일(현지시간) 채택했다. 윤석열 대통령, 조 바이든 미국 대통령, 기시다 후미오 일본 총리는 이날 **미국 메릴랜드주에 위치한 미 대통령 별장인 캠프 데이비드**에서 정상회의를 열고 이같이 합의했다.

3국 정상은 '캠프 데이비드 정신', '**▪캠프 데이비드 원칙**', '3자 협의에 대한 공약' 등 3건의 문건을 채택했다. 이 문서는 3국이 역내 위협 상황 발생

시 공동으로 대응하는 시스템을 구축했다는 데 의의가 있다. 빅터 차 전략국제문제연구소(CSIS) 한국석좌는 SNS를 통해 "한·미·일 협력이 북대서양조약기구(NATO·나토) 수준에 가까워졌다"고 평가했다.

다만 과거사로 얽힌 한일 군사협력 강화는 국내 반대 여론으로 변수가 있을 수 있으며 3자 안보협력 강화가 동맹국에 대한 공격을 자국 공격으로 간주하여 반격하는 상호방위조약 수준에 미치지 않는다는 분석도 있다.

➕ 캠프 데이비드 원칙 주요 내용

한·미·일 3국이 ▲자유민주주의, 인권, 법치주의를 기초로 한 공동의 가치를 공유하고, 이를 바탕으로 인도–태평양 지역의 평화와 번영을 위해 협력 ▲북한의 비핵화와 완전한 비핵화를 위해 협력 ▲대만해협의 평화와 안정을 위해 협력 ▲인도–태평양 지역의 경제협력을 강화하기 위해 협력 ▲기후변화와 테러리즘 등 국제사회가 직면한 도전에 공동으로 대응

김영호 통일부 장관 "윤석열 정부는 종전선언 절대로 추진 안 할 것"

김영호 통일부 장관이 8월 3일 장관 취임 이후 첫 대외 행사에서 "윤석열 정부는 종전선언을 절대로 추진하지 않을 것"이라고 말했다. 앞서 윤석열 대통령이 "반국가 세력"이라며 부정적 인식을 드러낸 종전선언 추진 문제에 분명히 선을 그은 것이다. **통일부가 남북 대화·협력이라는 본연의 역할에 거리를 두고 납북자 등 인권 문제를 앞**

▲ 김영호 통일부 장관

세워 북한을 압박하는 부서로 전환하는 모습이다.

문재인 정부 당시인 2018년 남북 정상은 **"4·27 판문점 선언** 등을 통해 종전선언과 정전협정의 평화협정 전환 추진을 합의한 바 있다. **종전선언은 올해 70주년을 맞은 정전체제를 평화체제로 전환하기 위한 사전 조치**로 여겨져 왔다. 정전체제의 평화체제 전환은 1991년 노태우 정부에서 체결된 남북기본합의서에 처음 명시된 남북 합의 사항이다.

김 장관이 첫 대외 행보로 납북자, 국군포로, 억류자 단체 대표 및 가족 면담을 선택한 것은 향후 통일부 방향을 나타낸다는 점에서 상징적이다. 이는 남북 대화·교류·협력 조직을 해체 수준으로 통폐합하는 개편을 추진하는 상황에서 통일부를 북한인권 관련 부처로 바꾸겠다는 의도로 평가된다. 남북 대화·협력을 통한 한반도 긴장 관리보다는 북한을 압박하는 역할에 치중할 것으로 보인다.

▪ 4·27 판문점선언

4·27 판문점선언은 2018년 4월 27일 문재인 대통령과 김정은 북한 국무위원장이 판문점 평화의 집에서 발표한 남북정상회담 합의문이다. 정식 명칭은 '한반도의 평화와 번영, 통일을 위한 판문점선언'이다.

양 정상은 판문점선언을 통해 크게 남북관계 개선, 전쟁위험 해소, 항구적 평화체제 구축 등 세 부분에 합의했다. 이를 통해 핵 없는 한반도 실현, 불가침 합의, 종전 선언, 남북공동연락사무소 설치, 철도와 도로 연결, 이산가족 상봉 등을 약속했다.

윤 대통령, 방통위원장에 이동관 지명

■ **인사청문회 (人事聽聞會)**
인사청문회는 대통령이 임명한 행정부의 고위 공직자를 임명할 때 국회가 검증절차를 거쳐 견제하도록 하는 제도다. 정부가 국회에 임명동의안을 제출하면 국회는 인사청문회를 거쳐 20일 이내에 국회 본회의 표결에 회부·처리해야 한다. 인사청문 대상이 되는 공직후보자 가운데 ▲대법원장 ▲대법관 ▲헌법재판소장 ▲국무총리 ▲감사원장 ▲국회에서 선출하는 헌법재판소 재판관 및 중앙선거관리위원회 위원은 국회의 임명 동의가 필요하다.

여권 "국정과제 추진 적임자"

윤석열 대통령은 7월 28일 방송통신위원회 위원장에 이동관(사진) 대통령 대외협력특보를 지명했다. 또 김영호 통일부 장관 임명을 재가했다. 이 특보는 내정설이 제기된 지 두 달여 만에 지명됐다. 김 장관은 지명 한 달 만이며 ■**인사청문회** 경과보고서 재송부 요청 사흘 만에 임명됐다.

이날 김대기 대통령실 비서실장은 용산 청사 브리핑룸에서 "대통령이 방통위원장으로 이동관 대외협력특별보좌관을 지명하고자 한다"고 밝혔다. 이어 "이 후보자는 언론계에 오래 종사하신, 그야말로 언론계 중진으로서 언론분야에서 쌓은 풍부한 인간관계, 네트워킹, 리더십을 바탕으로 윤 정부의 방송통신분야의 국정과제를 추진할 적임자"라고 인선 배경을 설명했다.

또한 윤 대통령은 이날 김영호 통일부 장관 임명도 지명 한 달 만에 재가했다. **윤석열 정부 들어 청문보고서 채택 없이 임명장을 받은 장관급으로는 15번째**다.

윤 대통령은 지난 6월 29일 김 후보자를 지명했다. 그러나 국회 인사청문

회에서 야당이 김 후보자의 극우 대북관 등을 이유로 인사청문보고서 채택을 해주지 않았다. 윤 대통령은 7월 25일 인사청문보고서 재송부를 요청했다가 3일 만에 임명 수순을 밟았다.

야당 "방송탄압위원장 될 것"

야당은 이동관 후보자 지명에 적극 반발했다. 이재명 더불어민주당 대표는 이날 최고위원회의에서 "이 후보자는 문제가 드러나고 있고 국민 다수가 반대하는데 굳이 임명을 강행한다"며 "온 국민이 공감하기 어려운 이 특보 임명 강행은 방송 장악을 현실로 해보겠다는 것"이라고 비판했다. 이 지명자는 이명박 정부 시절 청와대 대변인 임명 직후 자신의 농지법 위반 의혹을 제기한 언론사에 직접 전화를 걸었다가 외압 논란에 휩싸인 바 있다.

박광온 민주당 원내대표는 용산 대통령실 앞에서 긴급 기자회견을 열고 "앞으로 방송통신위원장은 방송장악위원장, 방송탄압위원장으로 불리게 될 것"이라며 "만일 이동관 지명자가 내년 총선

을 앞두고 방송을 장악해서 총선에 유리한 환경을 조성하려는 시도를 한다면 결코 성공할 수 없을 것"이라고 날을 세웠다.

더불어민주당, 정의당, 기본소득당, 진보당으로 구성된 '윤석열 정권 언론장악 저지 야4당 공동대책위원회'는 성명서를 내고 **"윤석열 대통령은 국민을 무시한 방송장악용 오기 인사를 철회하라"**고 촉구했다.

여야는 8월 18일 국회 인사청문회에서 이 후보자 자녀 학교폭력과 언론 장악 의혹을 두고 날선 공방을 이어갔다. 민주당은 이 후보자가 자녀 학폭 사건 당시 학교에 외압을 행사했고 이명박 정부 시절 언론 장악을 주도했다는 의혹을 제기했다. 국민의힘은 학폭 사건은 학생끼리 화해했고 언론 장악 의혹은 왜곡 보도를 바로잡는 과정이었다고 엄호했다.

▌대통령 직속 기관장 현황

구분	직책	기관장
부총리급	감사원장	최재해
장관급	국가정보원장	김규현
	방송통신위원회 위원장	이동관(지명)
	대통령비서실장	김대기
	국가안보실장	조태용
차관급	대통령경호처장	김용현

POINT | **세 줄 요약**

❶ 윤석열 대통령은 7월 28일 방송통신위원장에 이동관 대외협력특보를 지명했다.

❷ 윤 대통령은 이날 김영호 통일부 장관 후보 임명도 청문보고서 없이 재가했다.

❸ 야당은 이동관 후보 지명이 '방송장악용'이라며 반박하고 나섰다.

문체부 "방송스태프 처우개선 가이드라인 10월까지 마련"

문화체육관광부가 방송사 스태프의 열악한 처우를 개선하고자 구체적인 피해사례를 조사해 10월까지 가이드라인을 마련하기로 했다.

문체부는 7월 31일 보도자료를 내고 "방송 스태프가 촬영을 위한 이동과 대기에 소요한 시간을 근로시간으로 인정받지 못하는 불합리를 개선하는 한편, 방송프로그램 결방으로 입는 피해를 최소화할 수 있도록 지상파 방송 3사에 대한 현장점검과 방송 분야 표준계약서 개정 작업에 나선다"고 밝혔다.

문체부는 영화업계 등을 참고해 **지방 촬영 시 이동시간, 촬영에 따른 대기·정리시간 등을 근로시간에 포함하고 휴식시간을 보장하는 등 스태프 권리를 보호할 수 있는 내용의 가이드라인을 10월**까지 마련할 계획이다. 가이드라인 작성을 위해 8월부터 연출·작가·조명·음향·분장 등 분야를 나눠 구체적인 피해사례를 조사하고, 가이드라인이 마련되면 이를 방송사 등에 권고하기로 했다.

문체부는 "민영방송사인 SBS는 지난 4월 '스튜디오S 드라마 제작 가이드라인'을 마련해 근로환경 개선을 위한 자발적인 움직임을 보이고 있는 반면에 KBS와 MBC는 ▪**공영방송**으로서 앞장서서 모범사례를 만들어 나가야 함에도 적극적으로 개선하려는 노력이 없는 실정"이라고 지적했다.

결방·미방으로 인한 스태프나 출연자 피해를 막기 위해 방송 3사 현장점검과 표준계약서 개정도 추진할 방침이다. 문체부는 예정된 방송프로그램이 결방 또는 지연방송되는 경우 스태프는 그만큼 임금을 받지 못해 생활에 어려움을 겪는 문제가 있다면서 실태조사를 통해 불합리한 관행 개선을 위한 근거자료로 활용할 계획이라고 밝혔다.

문체부는 지난 3월 WBC(월드베이스볼클래식) 한국전 중계로 결방된 KBS, MBC, SBS 방송 3사의 자체 제작 프로그램을 대상으로 8월부터 예술인 복지법 위반 여부를 조사하기로 했다.

문체부는 "스태프, 출연진에 대한 서면계약서 작성 여부, 계약서 명시 의무사항 준수 확인을 통해 불공정 계약 관행을 조사하고 위반사항 발견 시 과태료 부과 등 조치를 할 계획"이라고 밝혔다.

프로그램 결방 시 충분한 기간을 두고 서면 사전고지하도록 표준계약서에 명기하는 방안을 검토하는 등 방송 분야 표준계약서도 개선할 방침이다.

서면계약 없이 구두로 출연 계약을 해 나중에 문제가 되거나 출연료 정산 지연 등의 문제를 겪는 가수·배우 등 대중문화예술인 출연자들의 표준계약서 개정도 하반기에 추진한다.

공영방송이란 방송의 목적을 영리에 두지 않고, 시청자로부터 징수하는 수신료 등을 주요 재원으로 하며 오직 공공의 복지를 위해서 행하는 방송을 말한다. 기업체가 이윤을 목적으로 행하는 방송은 상업방송이다. 공영방송으로는 한국의 KBS(한국방송공사), MBC(문화방송), EBS(교육방송), 영국의 BBC(영국방송협회), 일본의 NHK(일본방송협회), 미국의 PBS(공영방송서비스) 등이 있다.

남영진 KBS 이사장 등 공영방송 이사 줄줄이 해임

▲ 남영진 전 KBS 이사장

윤석열 대통령이 8월 14일 **남영진 KBS 이사장** 해임 건의안을 재가하면서 남 이사장에 대한 해임이 최종 확정됐다.

이날 방송통신위원회는 전체회의를 열어 남 이사장에 대한 해임 제청안과 **정미정 EBS 이사**에 대한 해임안을 의결했다.

이날 회의에는 정부·여당 추천 인사인 **김효재 방송통신위원회 위원장 직무대행**과 이상인 위원, 야당 추천 인사인 김현 위원이 참석했다.

방통위는 먼저 남 이사장 측이 낸 김효재 직무대행에 대한 기피 신청안에 대해 표결했는데 김 직무대행을 제외하고 이 위원과 김 위원이 각각 찬성표와 반대표를 던져 1 대 1로 부결됐다. 이어

남 이사장 및 정 이사 해임안은 김 위원이 퇴장한 가운데 김 직무대행과 이 위원의 찬성으로 통과됐다.

김 직무 대행과 이 위원은 남 이사장이 KBS의 방만한 경영을 방치했고 법인카드 부정 사용 의혹이 있다며 해임 제청을 주장했다.

정 이사는 2020년 TV조선 재승인 심사 관련 의혹에 연루됐다는 점이 해임 근거로 제시했다. 이에 대해 김 위원은 해임 사유가 부적절하고 절차도 미비하다고 주장했다.

KBS 이사회 총인원은 11명이며 남 이사장의 빈자리를 여권 인사가 채우면 여야 6 대 5 구도가 된다. 남 이사장은 이날 해임제청안 의결 후 입장문을 내고 "김 직무대행과 이 위원을 직권남용 등 혐의로 형사고발 등 조치를 취할 것"이라고 밝혔다.

방통위에서는 MBC 대주주인 ▪**방송문화진흥회 권태선 이사장**에 대한 해임 청문도 진행됐다. 방통위는 권 이사장이 MBC 경영 관리·감독을 게을리하고, 주식 차명 소유 의혹이 불거진 안형준 MBC 사장을 선임한 점을 문제 삼고 있다.

공영방송 3사 야권 인사들은 정부과천청사 앞에서 항의하는 공동 기자회견을 열었다. 남 이사장과 권 이사장, 유시춘 EBS 이사장 등은 "윤석열 정부는 야만적인 공영방송 이사진 해임을 즉각 멈추고 공영방송 장악 기도를 포기해야 한다"며 "이동관 방통위원장 후보자 지명을 철회하고 위법적 방송장악을 주도하는 김효재 직무대행을 해임하라"고 촉구했다.

■ 방송문화진흥회 (放送文化振興會)

방송문화진흥회는 1988년 12월 3일 방송문화진흥회법에 의해 설립된 특별법인으로 MBC 문화방송의 대주주이다. 방송통신위원회에서 임명한 이사 9명과 감사 1명으로 구성되어 있으며 MBC 경영의 관리감독기구의 역할, 방송문화진흥 자금의 운용과 관리, 방송문화 발전을 위한 연구 및 학술 사업, 공익목적의 사업 등을 진행한다. 또한 방송문화진흥회 산하 이사회를 두고 예산·자금계획과 결산, 정관의 변경, 최다출자자인 방송사업자의 경영평가 및 공표에 관한 사항 등 중요 사항을 심의·의결한다.

당정 "누누티비에 최대 3배 징벌적 손해배상 추진"

정부 여당이 'K 콘텐츠' 불법 유통 근절을 위한 대책 마련에 나선다. 7월 31일 당정은 국회에서 'K 콘텐츠 불법유통 근절대책 민당정협의회'를 열고 관련 대책을 논의했다. 특히 당정은 불법 유통으로 인한 업계 피해에 **■징벌적 손해배상** 도입을 추진하고, 이를 신고할 시 포상하는 방안을 검토하기로 했다.

당에서는 박대출 정책위의장과 이만희 수석부의장 등이 참석했고 정부에서는 박보균 문화체육관광부 장관과 법무부·과기부·방통위·경찰청 등 관계부처 실·국장급 인사들이 모였다. 민간에서

는 최주희 티빙 대표 등 업계 관계자와 전문가가 현장의 분위기를 전했다.

당정은 협의회를 통해 K 콘텐츠 저작권 보호를 위한 법적 근거를 마련하고, 정부 부처 간 협력을 위한 구체적 방안을 마련 하기로 했다.

특히 당정은 지난 4월 종료됐다가 최근 '시즌 2'로 다시 등장한 불법 스트리밍 사이트 '누누티비'와 관련해서도 대책을 논의 했다. **콘텐츠 업계에서는 누누티비로 인한 저작권 등 피해액을 약 5조원으로 추산**했다.

현재 소관부처인 방송심의위원회가 불법 사이트에 대해 모니터링하고 주 2회 개최하는 심의소위를 통해 제재를 가하고 있으나, 우회 사이트로 서비스를 계속하는 등 근절 대책에 한계가 있단 지적이 나왔다. 더해 유사 사이트까지 늘면서 보다 근본적인 대책에 대한 요구가 계속됐다.

당정은 관련 입법 사항을 점검하고 이른 시일 내 바로 실행이 가능한 대책을 발표할 것으로 보인다. 앞서 문체부는 '불법 콘텐츠 근절을 위한 범정부 차원의 지원대책을 마련하라'는 윤석열 대통령의 지시에 따라 지난 3월 과기부, 외교부, 법무부, 방송통신위원회, 경찰청 등 관계부처가 참여하는 정부 협의체를 발족했다.

■ 징벌적 손해배상 (懲罰的 損害賠償)

징벌적 손해배상이란 기업이 불법행위를 통해 영리적 이익을 얻은 경우 이익보다 훨씬 더 큰 금액을 손해배상액이나 과징금으로 부과하는 방식이다. 끼친 손해에 상응하는 액수만을 보상하게 하는 방식만으로는 예방적 효과가 충분하지 않기 때문에 고액의 배상을 치르게 함으로써 장래에 유사한 불법행위의 재발을 억제하자는 데 그 목적이 있다.

주호민 "특수교사 고소 어리석었다, 아이 비난 멈춰달라"

▲ 주호민 (주호민 SNS 캡처)

자신의 아들을 가르치던 특수교사를 아동학대 혐의로 고소해 논란이 됐던 웹툰 작가 주호민 씨가 8월 2일 **자신의 유튜브 계정을 통해 장문의 사과문을 발표**했다.

주 씨는 "며칠 동안 저희 가족에 관한 보도들로 인해 많은 분들께 혼란과 피로감을 드렸다. 깊은 사과의 말씀을 올린다"며 "무엇보다도 저희 아이에게 관심과 배려를 아끼지 않았던 같은 반 친구들과 학부모님, 그리고 모든 특수교사님들, 발달장애 아동 부모님들께 실망과 부담을 드린 점 너무나도 미안하고 죄송하다"고 했다.

특수교사를 고소한 이유에 대해서는 "교사 면담을 하지 않고 바로 고소를 했느냐는 비난과 분노를 많이 보았다. 뼈아프게 후회한다"며 "지나고 나면 보이는 일들이 오직 아이의 안정만 생각하며 서 있던 사건의 복판에서는 보이지 않았다"고 했다.

주 씨는 지난해 9월 자폐 성향 아들을 가르치던 특수교사 A 씨를 아동학대 혐의로 신고한 사실이 지난 7월 알려지며 논란의 중심에 섰다. A 씨는 주 씨의 신고 영향으로 교육청에서 직위해제 통보를 받았다가 지난 8월 1일 복직했다.

주 씨의 아들은 동급생 앞에서 바지를 내리는 등 돌발행동을 해 **통합학급**(비장애 학생과 장애 학생이 함께 수업받는 학급)에서 특수학급으로 분리됐다. 이후 주 씨 부부는 아들의 가방에 녹음기를 넣고 등교시켜 특수교사의 부적절한 발언을 문제 삼아 고소했다.

온라인 커뮤니티에는 A 씨가 사건 발생 후 탄원서 작성을 요청하며 쓴 글이 공개됐다. A 씨는 이 글에서 "주 씨 부부가 본인 아이만 생각하는 점이 상당히 아쉬웠다"며 "20여 년의 교직 생활이 물거품 되는 상황을 받아들이기가 어렵다"고 호소했다. 최근 교권 침해 이슈와 맞물리며 주 씨 부부의 행동에 대해 '학부모 갑질'이라는 비판 여론이 커졌고 주 씨의 사과로 일단락됐다.

방송계는 주 씨가 출연이던 방송 편성을 보류했고 주 씨와 웹툰 작가 이말년(침착맨)을 모델로 기용했던 피자 브랜드는 최근 공식 SNS에서 주호민이 등장하는 광고 사진들을 모두 삭제했다.

➕ 특수교육법 (特殊教育法)

특수교육법이란 장애인 및 특별한 교육적 요구가 있는 사람의 장애유형, 장애정도, 특성을 고려한 교육을 국가 및 지방자치단체 차원에서 보장하기 위해 2007년 5월 25일 법률 제8483호로 제정·공포한 법이다. 유치원은 특수교육대상자가 1인 이상 4인 이하인 경우 1학급을 설치하고, 4인을 초과하는 경우 2개 이상의 학급을 설치한다.
초등학교·중학교는 특수교육대상자가 1인 이상 6인 이하인 경우 1학급을 설치하고, 6인을 초과하는 경우 2개 이상의 학급을 설치한다. 고등학교는 특수교육대상자가 1인 이상 7인 이하인 경우 1학급을 설치하고, 7인을 초과하는 경우 2개 이상의 학급을 설치한다.

中, 안중근 전시실 이어
윤동주 생가도 폐쇄

▲ 윤동주 시인 생가 (자료 : 한국국제문화교류진흥원)

중국이 최근 지린성 연변조선족자치주 룽징에 있는 일제강점기 시인 ■윤동주(1917~1945)의 생가(生家)를 폐쇄한 것으로 나타났다. 지난 4월 다롄의 안중근 의사 전시실 폐쇄에 이어 두 번째 조치인데 중국 정부의 정치적 의중이 작용한 것이란 얘기가 나왔다. 박민식 국가보훈부 장관은 "중국이 소인배나 갈 법한 길을 가고 있다"고 비판했다.

중국 선양 주재 한국 총영사관에 따르면, 윤동주 시인 생가는 지난 7월 10일 폐쇄됐다. 지난 6월 29일 최희덕 총영사가 이곳을 방문한 직후의 일인데, 현지 당국은 재개방 시점에 대한 언급 없이 '내부 수리'를 폐쇄 이유로 밝혔다. 중국은 2012년 룽징 명동 마을에 있는 시인 생가를 복원하면서 입구에 '중국 조선족 애국 시인'이라 적힌 비석을 세워 논란이 됐다. 외교부는 "중국 내 보훈 사적지 동향을 점검하고 중국 측과 협력해 나갈 예정"이라고 했다.

앞서 4월에는 뤼순 감옥 박물관 내에서 안중근 의

사의 유품과 행적을 소개하는 '국제 전사 전시실'이 폐쇄됐다. 2009년 국가보훈처(현 국가보훈부)가 중국 당국의 허가를 받아 설치한 것으로 안 의사 흉상과 옥중에서 쓴 글씨, 신채호·이회영 등 감옥에 수감됐던 한국 독립운동가 11명의 행적을 담은 유물들이 보관돼 있다. 박물관 측은 '시설 수리·보수'를 폐쇄 이유로 들었는데 다른 전시실 10여 개는 정상 운영 중인 것으로 나타났다.

외교가에선 잇단 조치들이 윤석열 정부 들어 악화한 한중 관계와 한·미·일 밀착 등에 대한 중국 정부의 불편한 의중이 반영된 것이란 관측이 나온다. 박민식 보훈부 장관은 8월 6일 페이스북에서 "덩샤오핑 이래 중국의 모든 지도자가 다름은 인정하되 공동 이익을 추구하는 **구동존이**(求同存異 : 서로 다름을 인정하고 같은 점을 찾으려는 노력한다는 뜻)를 추구했는데 지금은 소인배나 갈 법한 길을 가고 있는 것 같아 안타까울 따름이다. 좀스럽고 시시하다는 비난을 면치 못할 것"이라고 했다.

■ 윤동주 (尹東柱, 1917~1945)

윤동주는 식민지의 암울한 현실 속에서 민족에 대한 사랑과 독립의 소망을 노래한 민족시인이다. 윤동주는 만주 북간도의 명동촌에서 태어났으며, 본관은 파평(坡平)이다. 1942년 일본도 시사대학 영문과를 다니던 도중 항일운동을 했다는 혐의로 일본 경찰에 체포돼 2년 형을 선고받고 후쿠오카 형무소에서 복역하던 중 건강이 악화되어 1945년 2월에 생을 마치고 말았다.

윤동주는 28세의 젊은 나이에 타계했으나, 인생과 조국의 아픔에 고뇌하는 심오한 시인이었다. 그의 시집은 본인이 직접 발간하지 못하고, 그의 사후 동료나 후배들에 의해 간행되었다. 주로 평화를 지향하는 시를 썼다. 그의 대표적인 시로 『하늘과 바람과 별과 시』, 『서시』, 『자화상』, 『또 다른 고향』, 『별 헤는 밤』, 『쉽게 쓰여진 시』 등이 있다.

尹, 광복절에 "공산 세력, 민주·인권·진보로 위장해 패륜 공작"

윤석열 대통령은 8월 15일 광복절 경축사에서 "공산 전체주의 세력은 늘 민주주의 운동가, 인권 운동가, 진보주의 행동가로 위장하고 허위 선동과 야비하고 패륜적인 공작을 일삼아 왔다"고 말했다.

윤 대통령은 이날 서울 서대문구 이화여자대학교 대강당에서 열린 제78주년 광복절 경축식에서 "결코 이러한 공산전체주의 세력, 그 **맹종**(盲從: 옳고 그름을 가리지 않고 남이 시키는대로 덮어놓고 따름) 세력, 추종 세력들에게 속거나 굴복해서는 안 된다"며 이같이 말했다.

윤 대통령은 "자유민주주의를 세우고 한미동맹을 구축한 지도자들의 현명한 결단과 국민들의 피와 땀 위에 대한민국은 세계가 놀랄 만한 성장과 번영을 이루어 낸 것"이라며 "반면 같은 기간, 70년 동안 전체주의 체제와 억압 통치를 이어온 북한은 최악의 가난과 궁핍에서 벗어나지 못하고 있다"고 말했다.

윤 대통령은 "자유민주주의를 선택하고 추구한 대한민국과 공산전체주의를 선택한 북한의 극명한 차이가 여실히 드러난 것"이라며 "그럼에도 불구하고 공산전체주의를 맹종하며 조작선동으로 여론을 왜곡하고 사회를 교란하는 반국가세력들이 여전히 활개 치고 있다"고 말했다.

야권은 윤 대통령의 광복절 경축사를 강하게 비판했다. 권칠승 더불어민주당 수석대변인은 논평을 통해 "대통령이 극우 유튜버 채널에 심취해 유신시대를 살고 있는 것은 아닌지 깊이 의심된다"며 "오늘 대통령의 광복절 경축사는 없었다. 극우 유튜버나 아스팔트 우파 같은 독백만 있었을 뿐"이라고 말했다. 이정미 정의당 대표는 "21세기 **매카시즘**이 웬 말인가. 통합의 광복절 의미가 퇴색했다"고 비판했다.

한편, 이날 **윤 대통령 부친 윤기중 연세대 명예교수가 별세**했다. 향년 92세. 윤 대통령은 광복절 경축식을 마친 뒤 부친이 입원해 있던 서울 종로구 서울대병원에서 부친 임종을 지켰다.

대통령실은 윤 대통령이 장례를 가족장으로 치르기로 했다고 전했다. 고(故) 윤 명예교수는 국내 통계학의 기틀을 잡은 원로 경제학자로 꼽혔다. 현직 대통령이 임기 중 부친상을 당한 것은 이번이 처음이다.

■ 매카시즘 (McCarthyism)

매카시즘은 1950년대 미국에서 공산주의자·좌익 척결 광풍을 몰고 온 극우 정치인 조지프 매카시의 이념 정책을 말한다. 1950년 2월 당시 공화당 연방 상원의원이었던 매카시는 "국무부 내에 공산당원 205명이 암약(暗躍 : 아무도 모르게 맹렬히 활동)하고 있다"고 주장했다. 당시 경력위조와 명예훼손 등으로 정치적 생명을 위협받고 있던 매카시는 마침 6·25전쟁, 소련의 원폭 실험 등을 틈타 이같이 주장했다. 1950년부터 약 3년간 매카시즘 광풍이 일며 미국 정치·사회·대중문화 예술인들에 걸쳐 진보적인 성향을 지닌 인사들이 광범위하게 검거되거나 탄압받았다.

분야별
최신상식

과학
IT

"사실이면 노벨상"...
'LK-99' 상온 초전도체 진위 논란

■ **초전도체 (超傳導體)**

초전도체란 전기 저항이 0이 되면서 전류가 장애 없이 흐르며, 반대 방향의 자기장을 형성해 반발력을 지니는 반자성 효과를 나타내는 물질이다. 1911년 네덜란드 물리학자 카멜린 온네스가 수은의 전기저항을 측정하는 실험을 하다가 절대온도 4.2K(섭씨 영하 268.8도)에서 전기저항이 갑자기 없어지는 현상을 발견하고, 이를 '초전도현상'(superconductivity)이라고 표현했다.

'LK-99' 뜨거운 논쟁

'꿈의 물질'로 불리는 상온 ■**초전도체**를 우리나라 연구진이 개발했다는 논문이 발표되며 뜨거운 논쟁이 일었다. **전기저항이 사라지고, 물건을 공중에 띄울 수 있다는 초전도현상을 상온**(常溫)·**상압**(常壓)**에서 구현하는 물질을 개발했다**는 연구 결과가 사실이라면 '노벨 물리학상 직행'이라는 말이 나오지만 검증이 완료되기 전까지 믿기 어렵다는 반응도 적지 않다.

고려대와 민간연구소기업 퀀텀에너지연구소는 지난 7월 22일 논문 사전 공개 사이트인 아카이브(arXiv)에 'The First Room-Temperature Ambient-Pressure Superconductor'(최초의 상온·상압 초전도체)라는 제목의 논문 원고를 실어 'LK-99'라는 상온 초전도체를 소개했다. 저자는 고려대 출신의 회사 대표 이석배 박사, 김지훈 박사, 권영완 고려대 연구교수다.

논문에 따르면 이들이 만들어낸 초전도물질은 섭씨 30도, 1기압 상태에서 전기저항이 0에 가깝고, 약하지만 자석을 밀어내는 반자성(反磁性) 현상도 띄고 있다. 연구진은 LK-99가 자석 위에서 반쯤 떠 있는 동영상도 공개했다.

해당 논문은 동료 평가를 거치지 않은 논문을 빠르게 공개할 수 있는 논문 공개 사이트 아카이브에 올라왔다. 8월 1일 미국 로렌스버클리국립연구소(LBNL)가 '이론적으로 가능하다'라는 시뮬레이션 결과를 공개하며, 전 세계가 이 논문에 관심을 보내기 시작했다.

초전도체 발견의 의미는?

초전도 물질은 전기저항이 0이며, 내부 자기장으로 공중에 뜰 수 있다. 전기저항이 0인 물질로 전기선을 만들면 전력손실이 없다. 이 때문에 아무리 먼 곳일지라도 무손실 전송이 가능해진다. 또 저항이 없기 때문에 이 물질로 PC를 만들면 냉각팬이 필요 없고, 현재 양자컴퓨터의 크기가 획기적으로 작아질 수 있다.

또 **마이스너 효과**를 통해 물체를 공중에 띄울 수 있다. **이 같은 초전도 현상을 활용해 자기부상열차와 핵융합발전에 쓰일 수 있다.** 우리가 자주 활용하는 자기공명영상(MRI) 촬영비용이 매우 저렴해질 수 있다. 지금까지 세계 과학자들이 발견

한 초전도 현상은 절대 온도인 영하 269도나 초고압 상태에서 나타났다. 일반적인 기압이나 온도에서도 초전도 현상이 일어날 수 있는 물질을 만들기 위한 연구가 이어졌지만 번번이 실패했다. 상온 초전도체 관련 각종 글이 SNS에 퍼지며 일반인들의 관심도 폭발적이었다. 주식시장에서도 초전도체 관련주 주가가 요동쳤다.

해외 연구진 검증 "회의적"

한편, 해외 연구진은 'LK-99가 초전도체가 아닐 가능성이 크다'는 검증 결과를 잇달아 내놓았다. 워싱턴포스트(WP)는 "각국 과학자들의 연구와 실험을 거치며 LK-99는 초전도체가 아닌 단순 자석으로 판명 중"이라고 지적했다. 새로운 물질을 검증한 결과 **초전도체의 두 가지 특징인 전기저항 제로, 물체가 자기장을 외부로 밀어내는 마이스너 효과 두 가지 모두 불충분**하다는 결론이 속속 나왔다고 전했다.

■ 마이스너 효과 (Meissner effect)

마이스너 효과는 물질이 초전도 상태로 전이되면서 물질의 내부에 침투해 있던 자기장이 외부로 밀려나는 현상을 말한다. 초전도체를 자석 위에 놓으면 부양하는 이유가 바로 마이스너 효과 때문이다. 초전도 상태에서는 물질 내부에 자기장이 침투할 수 없다. 이것은 초전도체가 갖는 완전 반자성과 관련이 있으며, 초전도체를 구분 짓는 특징 중 하나이다.

POINT 세 줄 요약

❶ 국내 연구진이 상온 초전도체인 LK-99라는 물질을 개발했다는 논문을 공개했다.

❷ 사실이라면 노벨상은 따 놓은 당상이라며 일반인들의 관심도 폭발적이었다.

❸ 해외 연구진들은 LK-99가 '초전도체가 아닐 가능성이 크다'는 검증 결과를 잇따라 내놓았다.

알츠하이머병 백신 청신호,
"쥐 실험에서 인지 능력 개선"

알츠하이머병에 관여하는 단백질을 표적으로 한 백신이 쥐 실험에서 뇌 조직의 ▪**아밀로이드 플라크**와 염증을 감소시키고 독성 세포를 제거, 행동과 인지 능력 개선 효과를 보였다는 연구 결과가 나왔다.

일본 준텐도대 의학대학원 제룬 샤오 박사팀은 7월 31일 미국 보스턴에서 열린 미국 심장협회(AHA) 기초 심혈관학회에서 노화 관련 당단백질(SAGP, Senescence-associated glycoprotein)을 발현하는 노화 세포를 제거하는 백신을 알츠하이머병 쥐에 투여, 이런 효과를 확인했다고 밝혔다.

연구팀은 이 예비연구 결과가 알츠하이머병과 관련된 염증성 뇌세포를 표적으로 한 새로운 백신이 잠재적으로 알츠하이머병을 예방하거나 진행을 지연시킬 가능성을 시사한다고 설명했다.

연구팀은 앞서 SAGP 발현 노화 세포를 제거하는 백신을 개발, 실험쥐에서 죽상동맥경화증과 제2형 당뇨병 등 노화 관련 질병의 개선 효과를 확인한 바 있다. SAGP는 중추신경계의 면역 방어

에 중요한 뇌 미세아교세포와 가까운 곳에 있으며, 미세아교세포는 아밀로이드 플라크 제거에 도움을 주기도 하지만 염증도 유발해 신경세포를 훼손하고 인지 기능 저하를 초래할 수 있다.

이번 연구에서는 SAGP가 알츠하이머병 환자의 신경교세포에서도 많이 발현되는 점에 착안, 이 백신을 SAGP가 과발현된 알츠하이머병 모델 생쥐에 투여하고 뇌 신경세포 변화와 행동·인지능력 변화를 관찰했다.

연구팀은 아밀로이드 베타에 의한 알츠하이머병 병리를 시뮬레이션하는 실험모델 쥐를 만들고 생후 2개월과 4개월 된 쥐를 각각 2개 그룹으로 나눠 SAGP 백신과 위약을 접종했다. 그 결과 SAGP 백신 그룹은 위약 그룹보다 언어처리, 주의력, 문제 해결 등을 담당하는 대뇌 피질 영역의 뇌 조직에 아밀로이드 베타가 침착되는 것을 현저히 감소시키는 것으로 나타났다.

샤오 박사는 "알츠하이머병 치료를 위해 다양한 백신을 사용한 이전 쥐 연구에서도 아밀로이드 플라크 침착과 염증 인자 감소가 확인된 적이 있지만 이 연구는 쥐의 행동과 인지기능까지 개선됐다는 점이 다르다"고 말했다.

이어 "앞으로 과제는 인간에게도 유사한 결과를 얻는 것"이라며 "이 백신이 사람에게서 성공할 수 있다면 알츠하이머병 진행을 지연시키거나 심지어 예방하는 데 큰 전전이 될 것"이라고 덧붙였다.

▪ 아밀로이드 플라크 (amyloid plaques)

아밀로이드 플라크는 뇌에 쌓이는 단백질 덩어리이며 알츠하이머병의 주요 원인 중 하나로 알려져 있다. 아밀로이드 플라크는 나이가 들수록 증가하는 경향이 있으며 알츠하이머병

환자의 뇌에서는 아밀로이드 플라크가 매우 많이 발견된다. 아밀로이드 플라크가 어떻게 생기는지는 아직 완전히 밝혀지지 않았지만, 아밀로이드 베타 단백질의 변형이 주요 원인으로 알려져 있다. 아밀로이드 베타 단백질은 뇌에서 정상적으로 발견되는 단백질이지만, 나이가 들거나 유전적 요인에 의해 변형되면 아밀로이드 플라크를 형성하게 된다. 아밀로이드 플라크는 신경세포의 신호 전달을 방해하고, 신경세포의 죽음을 유발한다. 이러한 신경세포의 손상은 인지 기능의 저하로 이어지며, 알츠하이머병의 발병을 초래하게 된다.

트위터 파랑새 로고 사라졌다...
'X 로고'로 교체

SNS 트위터의 로고가 알파벳 'X'로 바뀌었다. 기존 **트위터의 상징이자 2006년 설립 당시부터 소통의 아이콘이었던 로고 '파랑새'가 역사 속으로 사라졌다.** 7월 24일(현지시간) 트위터 웹사이트에는 기존 로고였던 파랑새 대신 검은색 바탕에 흰색으로 표시된 알파벳 X가 새로운 로고로 등장했다.

트위터는 2006년 설립 이후 파랑새를 로고로 사용해 왔다. 이후 몇 차례 문양이 바뀌긴 했지만, 트위터의 상징은 항상 파랑새였다. 트위터 회장인 일론 머스크가 로고 교체를 선언한 지 하루 만에 전격적인 로고 교체가 단행됐다.

머스크 회장은 전날 트위터에 "우리는 곧 트위터 브랜드, 점진적으로는 모든 새(새 문양)에게 작별을 고하게 될 것"이라고 밝힌 바 있다. 이후 같은 날 밤 본사 건물에 'X' 표시가 있는 사진을 트위터에 올렸다.

새로운 로고인 X는 트위터를 **메시징, 지급 결제, 원격 차량 호출 등 광범위한 기능을 제공하는 '슈퍼 애플리케이션(앱)'으로 만들겠다는** 머스크 회장의 비전이 반영돼 있다. 그는 지난해 트위터 인수 당시에도 "모든 것이 가능한 앱 'X'를 만들 것"이라며 의지를 내비치기도 했다.

"브랜드 가치 수조원 손실"

하지만 머스크 회장의 포부와 달리 17년 간 형성돼 온 트위터의 브랜드 가치가 크게 훼손될 것이란 우려도 제기됐다. 블룸버그 통신은 7월 24일(현지시각) 트위터의 소유주 일론 머스크가 로고를 파랑새에서 X로 교체하겠다고 선언한 뒤 **이 기업의 가치가 약 40억달러(약 5조1000억)에서 200억달러(25조6000억원) 정도 떨어졌다는 분석**을 보도했다.

머스크가 언급한 슈퍼앱의 모습은 아직 불분명하다. 블룸버그는 중국에서 다수가 사용하는 플랫폼인 텐센트 홀딩스의 앱 '위챗'(WeChat)을 모델로 하는 것으로 보인다고 전망했다. **위챗은 메시지 주고받기는 물론 결제·대출 등 온라인 금융 서비스까지 처리할 수 있다.**

트위터의 경영 환경은 녹록지 않은 상태다. 머스크가 인수한 뒤 트위터의 광고 수익은 최근 절반으로 줄었고, 최근에는 라이벌 기업인 ▪메타 플랫폼이 앱 '스레드'를 출시하며 경쟁에 뛰어들었다. 브랜드 컨설팅업체 '시겔 앤 게일'의 이사 스티브 수지는 "트위터가 지금 같은 브랜드 가치를 확보하는 데 15년 이상이 걸렸기 때문에 브랜드 이름으로서 '트위터'를 잃는다는 것은 큰 타격이 될 것"이라고 말했다.

■ 메타 (Meta)
메타는 2004년 2월 마크 저커버그가 '페이스북'이라는 이름으로 출범시킨 회사의 변경된 사명이다. 2021년 10월 페이스북은 창업 17년 만에 사명을 메타로 변경했다. 회사 로고도 무한대를 뜻하는 수학 기호(∞)로 바꿨다. 메타는 페이스북, 인스타그램. 왓츠앱 등의 SNS 앱을 운영하고 있는 글로벌 기업이다.

5G보다 50배 빠른 6G 통신 표준 개발...日·獨 이어 세계 세 번째

5G(5세대) 이동통신보다 50배 이상 빠른 ■6G 이동통신 기술 측정표준이 처음 개발됐다. 한국표준과학연구원은 6G 후보 주파수 대역이 유력한 D대역(110~170GHz) 전자파 임피던스 측정표준을 일본, 독일에 이어 세계에서 세 번째로 개발했다고 7월 25일 밝혔다. **임피던스는 전자파가 진행할 때 받는 저항의 강도를 나타내는 지표로, 전자파 측정에서 가장 기본이 되는 값**이다.

주파수는 대역이 올라갈수록 대용량 데이터를 빠르게 보낼 수 있다. 왕복 2차선보다 4차선, 8차선 도로에서 더 빨리 달릴 수 있는 것과 같은 원리다. 각국은 최소 100Gbps·최대 1Tbps 전송속도, 0.1밀리초(ms) 지연속도, 10km 커버리지를 목표로 6G 이동통신 기술을 개발하고 있다. 최대 속도가 20Gbps인 5G보다 최대 50배 빠르며 상용화 시점은 2028~2030년대로 예상된다.

100~300GHz에 해당하는 밀리미터파(서브테라헤르츠파) 대역인 D대역(110~170GHz) 주파수는 수증기나 산소 등에 의한 손실이 적다. 넓은 대역폭으로 대량의 신호를 멀리 일정하게 보낼 수 있어 유력한 6G 주파수로 주목받고 있다. 지금까지 확립된 전자파 측정표준은 100GHz 이하에 국한됐다. D대역에서 사용 가능한 6G 소자나 부품을 개발하더라도 성능을 평가할 방법이 없었다.

과기부, 주파수 재할당 추진
과학기술정보통신부는 현재 제4이동통신사를 대상으로 5G 28GHz 대역 주파수에 대한 재할당 절차를 밟고 있다. 과기정통부는 2018년 통신3사(SK텔레콤, KT, LG유플러스)에 28GHz 주파수를 할당했다. 그러나 작년 12월 **KT와 LG유플러스 사업권을 회수하고 올해 5월 SK텔레콤을 상대로도 할당 취소를 했다.**

할당 취소는 통신사 1곳당 망 구축 대수가 할당 시 의무량의 10%대에 불과하다는 이유에서였다. 작년 11월 기준 SK텔레콤의 28GHz 망 구축 대수는 1605대(10.7%)에 그쳤다. KT는 10.6%(1586대), LG유플러스는 12.5%(1868대)였다. 미 버라이즌이 작년까지 밀리미터파 대역 기지국 4만5000개 구축을 마치고, NTT도코모 등 일본 통신 4사가 지난해 2만 대 이상 기지국을 세우면서 '진짜 5G'서비스에 나선 것과 대조되는 부분이다.

■ 6G (6th Generation)

6G는 초당 100기가비트(100Gbps) 이상의 전송 속도를 구현할 것으로 예상되는 6세대 이동통신이다. 우리나라는 2019년 5G를 세계 최초로 상용화한 데 이어 이르면 2028년 6G의 세계 첫 상용화를 위해 가속도를 내고 있다. 중국에서는 6G 상용화 목표 시기를 2027년으로 앞당길 수도 있다고 본다. 6G는 전파의 범위가 넓어지는 것은 물론 수중통신이 가능해진다. 6G의 이론적 다운로드 속도는 초당 1TB에 달하며 이를 통해 진정한 만물인터넷(IoE) 시대를 실현할 수 있을 것으로 기대된다.

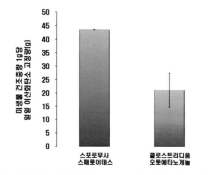

국내 연구진, 이산화탄소 분해해 알코올 전환하는 미생물 발견

▲ 아세토젠 미생물의 온실가스 소모량 비교 (자료 : 환경부)

국내 연구진이 **■온실가스** 분해 능력이 탁월한 미생물을 발견했다. 환경부 소속 국립생물자원관은 조병관 한국과학기술원 교수 및 이효정 군산대 교수 연구진과 공동연구를 통해 이 같은 능력을 지닌 자생 **■아세토젠** 미생물을 확인했다고 7월 26일 밝혔다.

이 미생물의 학명은 '스포로무사 스패로이데스(Sporomusa sphaeroides)'다. 산소가 없는 조건(혐기 조건)에서 생존하며, **온실가스인 이산화탄소를 알코올의 분해 산물인 아세트산으로 전환**한다. 아세트산은 신맛이 나는 무색의 액체로 빙초산이라고도 불린다.

국내 동물 분변에서 분리해 찾아낸 뒤 실험한 결과, 스포로무사 스패로이데스는 미국 업체인 란자테크에서 활용 중인 '클로스트리디움 오토에타노게눔(Clostridium autoethanogenum)'보다 이산화탄소 분해 능력이 약 2배 이상 높았다.

생물자원관은 이 미생물을 온실가스 감축·전환 기술에 활용하기 위한 개발 사업에 착수하기로 했다. 생물자원관은 7월 27일 서울 중구 대한상공회의소에서 열린 탄소중립순환경제학회에서 미생물 연구 결과를 소개하고 개발사업 촉진 방안을 논의하기로 했다.

서민환 생물자원관장은 "국내 아세토젠 미생물을 활용한 한국형 온실가스 감축 소재 개발에 박차를 가할 계획"이라며 "앞으로도 저탄소·녹색 산업 육성에 기여하기 위한 한국형 생물자원 기반 연구를 강화하겠다"고 말했다.

■ 온실가스 (greenhouse gas)

온실가스란 지구를 둘러싸고 있는 기체로 지표면에서 우주로 발산하는 적외선 복사열을 흡수 또는 반사할 수 있는 기체를 말한다. 주된 온실가스로 이산화탄소, 메탄, 아산질소 등이 있다. 온실가스는 두 가지 이상의 원자가 결합된 분자로 잔류수명이 길어 온실효과에 영향을 준다. 지구 공기는 질소, 산소, 아르곤 등이 주된 성분이고 이산화탄소는 1% 미만으로 존재하지만 이산화탄소가 지구 온도에 미치는 영향은 매우 크다. 온실가스는 지구환경 유지에 없어서는 안 될 필수적인 요소이지만, 산업 발전으로 인한 온실가스 증가는 지구 온난화와 같은 기후변화를 초래하며 생태계의 변화와 함께 인류 생존에 위협적인 요소로 간주되고 있어 국제적으로 온실가스 감축을 위한 노력이 진행되고 있다.

■ 아세토젠 (acetogen)

아세토젠은 산소가 없는 조건(혐기조건)에서 탄산가스와 수소를 이용해 아세트산을 생성하는 미생물이다. 아세토젠은 소화기계, 습지, 퇴비 더미 등에서 발견되며 아세트산을 생성하는 과정에서 메탄을 생성하기도 한다. 아세토젠은 토양의 질을 개선하고 온실가스인 메탄의 배출을 줄이는 데 도움이 된다.

삼성 서울서 갤Z폴드5로 첫 '언팩'

▲ 갤럭시Z폴드5 (자료 : 삼성전자)

삼성전자가 7월 26일 오후 8시 서울 강남구 삼성동 코엑스에서 '갤럭시 ■언팩 2023' 행사를 열고 새 폴더블폰 '갤럭시Z폴드5'와 '갤럭시Z플립5'를 공개했다. 삼성전자가 지난 2019년 폴더블폰(갤럭시폴드) 출시 이후 언팩 행사를 서울에서 개최한 것은 이번이 처음이다. 중국 업체들이 잇따라 폴더블폰을 출시하며 공세를 이어가는 가운데 삼성이 텃밭인 한국 시장을 다잡고 세계 폴더블폰 1위를 지키기에 나섰다는 분석이 나온다.

이번 신제품 중 갤럭시Z플립5의 외부 화면이 대폭 커진 게 주목을 끌었다. 삼성전자는 화면을 닫은 상태에서 볼 수 있는 외부 디스플레이 면적을 3.4인치로 탑재해 전작(1.9인치) 대비 3.8배로 확키웠다. 전작이 작은 화면 때문에 간단한 앱 알림이나 메시지 확인에 그쳐 사실상 활용도가 크지 않았다는 고객들의 의견을 반영했다.

외부 디스플레이에서 할 수 있는 작업이 크게 늘었다. 무엇보다도 스마트폰을 열지 않고도 메시지를 확인하고 답장을 할 수 있다는 점이 특징이다. 이전에는 메시지가 온 것을 확인하고 스마트폰을 열어야만 답장을 보낼 수 있었는데 커진 화면 덕분에 자판을 띄울 수 있게 됐다.

이밖에 **셀피**(selfie : 자신이 자신의 사진을 찍는 것) 촬영을 즐기는 MZ세대를 겨냥해 스마트폰을 열지 않고 후면 카메라를 활용해 고화질 사진을 찍을 수 있다는 점도 부각했다. 애플은 신제품 아이폰 14프로로 아이돌그룹 뉴진스의 신곡 ETA 뮤직비디오를 촬영하는 등 스마트폰 제조사들이 MZ세대를 집중 공략하고 있다.

갤럭시Z폴드5의 경우 두께가 폴드 시리즈 중 가장 얇다. **화면을 접는 부분에서 경첩 역할을 하는 힌지**(hinge)의 형태를 기존 U자 대신 '플렉스 힌지'로 적용해 화면 빈틈을 없앤 것이 주효했다. 최신 부품을 적용해 두 화면이 최대한 맞붙도록 했다. 접었을 때 두께는 기존 최대 15.8mm에서 13.4mm로 2.4mm가량 줄었다. 무게도 기존 263g에서 253g으로 10g 줄었다.

신제품은 8월 11일 국내 출시됐다. 가격은 소폭 인상됐다. 플립5는 메모리 용량에 따라 256GB(기가바이트), 512GB 제품이 각각 139만9200원, 152만200원이다. 폴드5는 각각 209만7700원, 221만8700원, 1TB(테라바이트) 모델은 246만700원이다. 플립은 약 5만원, 폴드는 약 10만원 올랐다.

삼성전자는 이날 스마트워치인 갤럭시워치6와 워치6클래식, 14.6인치 대화면에 S펜이 접목된 갤럭시탭S9 울트라 등 갤럭시탭S9 시리즈도 함께 선보였다. 갤럭시탭S 시리즈 최초로 방수·방진을 지원해 야외 사용성을 강화한 게 특징이다.

▪ 언팩 (unpack)

언팩은 사전적으로는 '꺼내다, 풀다, 분석하다'는 의미로서 주로 기업이 신제품을 출시하며 세상에 처음 공개하는 행위를 뜻하는 말로 확장됐다. 영어에서 'un'이라는 접두사가 뒷말의 반대를 의미하며 'pack'은 '싸다', '포장하다'는 뜻이다. 국립국어원의 언팩의 순화용어를 '풀기'로, 언팩 행사의 순화용어로는 '신제품 공개행사'를 제시했다.

전직 美 정보요원
"정부가 외계인 유해 보관 중"

미국 정부가 외계인의 유해를 수십 년간 보관해 숨기고 있다는 주장이 미 의회 청문회에서 나왔다. 이에 대해 미 국방부와 백악관은 전면 부인했다.

AP·AFP 통신에 따르면 7월 26일(현지시간) **미확인비행현상(UAP)**과 관련해 열린 미 연방 하원 감독위원회의 소위원회 청문회에 해군 전투기 조종사 출신인 라이언 그레이비스와 데이비드 프레이버, 정보요원이었던 공군 소령 출신의 데이비드 그러쉬 등 3명이 증인으로 출석했다. 2시간 넘게 진행된 청문회에서 이들은 공중 작전이나 훈련 중 UAP를 자주 목격했다고 진술했다.

특히 그러쉬는 미 정부가 1930년대부터 '인간이 아닌 존재(Non-human)'의 활동을 알고 있었을 가능성이 크다고 말했다. 그는 청문회에서 "미 국방부가 수십 년간 추락한 우주선을 회수했고 이를 분해하고 또 모방해왔다는 사실을 알게 됐다"라고 주장했다.

그는 UAP에서 나온 시신에 대해서도 증언했다. 그는 "인간이 아닌 존재의 생물학적 증거도 확보됐다"라며 "이 증거가 어디 보관되어 있는지도 알고 있다"라고 말했다. 미 국방부가 외계인의 존재를 숨기고 있다는 뜻이다. 하지만 더 구체적으로 증언해달라는 의원들의 요구엔 "기밀이기 때문에 공개적인 자리에선 밝힐 수 없다"라고 답변을 거부했다. 미 국방부는 UAP 은폐 의혹에 대해 즉각 부인했다.

▪ 미확인비행현상 (UAP, Unidentified Aerial Phenomenon)

미확인비행현상(UAP)은 통상적인 판단 기준으로 식별할 수 없는 정체불명의 비행 물체 또는 확인된 식별자가 없는 비행 현상으로 UFO(미확인비행물체)보다 넓은 개념이다. UAP는 검증을 거치면 대부분 평범한 물체 또는 현상의 움직임에서 기인한 것으로 밝혀지지만 소수는 검증이 불가능한 UAP로 남아 미 정부는 이를 잠재적 안보 위협으로 간주하고 있다. 이에 미 정부는 수년 동안 UAP를 조사해 왔으며, 2021년에는 국가안보국(DNI)이 UAP 보고서를 발표했다. 이 보고서는 UAP가 외계 기원이라는 증거는 없다고 밝히면서도, 가능성을 완전히 배제하지는 않았다. 보고서는 UAP를 이해하려면 더 많은 연구가 필요하다고 밝혔다.

뉴진스, 빌보드200 1위...
핫100에 3곡 동시 진입

■ 뉴진스 (NewJeans)

뉴진스는 2022년 데뷔한 5인
조 다국적 걸그룹으로 소속사
는 방탄소년단(BTS)의 소속사
인 하이브 산하 레이블인 어도
어다. 멤버는 ▲하니(국적 : 호주·
베트남) ▲혜인(한국) ▲다니엘
(호주·한국) ▲해린(한국) ▲민
지(한국)로 구성돼 있다. 독특한
콘셉트와 좋은 평가를 받는 노
래, 고른 실력과 비주얼 등으로
데뷔 후 빠르게 인기를 얻었다.

K팝 걸그룹 두 번째 쾌거

걸그룹 ■뉴진스가 데뷔 1년 만에 미니 2집 '겟 업(Get Up)'으로 빌보드 메인
앨범 차트 '빌보드 200' 1위에 올랐다. 8월 2일(현지시간) 공개된 빌보드 최
신 차트에 따르면 뉴진스의 미니 2집 '겟 업'은 빌보드 메인 앨범 차트 '빌보
드 200'에 1위로 진입했다.

이로써 뉴진스는 데뷔 1년여 만에 블랙핑크에 이어 '빌보드 200' 1위에 등
극한 두 번째 K팝 걸그룹이 됐다. K팝 걸그룹 중 데뷔 이후 최단 기간 차트
정상에 올랐다. K팝 그룹 중에서는 '방탄소년단'(BTS)을 비롯 '슈퍼엠', '스트
레이 키즈', '블랙핑크', '투모로우바이투게더'(TXT)에 이어 여섯 번째로 1위를
차지했다.

'빌보드 200'은 실물 음반 등 전통적 앨범 판매량, 스트리밍 횟수를 앨범 판
매량으로 환산한 수치(SEA, Streaming Equivalent Albums), 디지털 음원 다운로
드 횟수를 앨범 판매량으로 환산한 수치(TEA, Track Equivalent Albums)를 합
산해 앨범 소비량 순위를 산정한다. 뉴진스 '겟 업'은 미국에서 10만1500장
판매됐으며 SEA 수치는 2만4500회, TEA 수치는 500회를 기록했다.

를 해 **과도한 간접광고가 아니냐는 지적**을 받았다. 이날 뉴진스의 무대는 2분 30초 정도로 이중 아이폰이 나온 건 20여 초에 달했다.

8월 9일 방송통신심의위원회는 "뉴진스의 아이폰 간접광고 관련 민원이 접수됐다"며 "민원 내용을 검토해 이후 위원회 상정 여부를 결정할 것"이라고 밝혔다.

한편, 뉴진스는 8월 3일 미국 대형 음악 축제 '**롤라팔루자** 시카고' 무대에 K팝 걸그룹 최초로 올랐다. 약 7만 명 관객이 '전곡 떼창'으로 화답하며 인기를 증명했다. 이번 무대는 위버스 라이브와 유튜브 채널(미국 외), Hulu(미국) 등을 통해 전 세계에 생중계됐다.

뿐만 아니라 뉴진스는 '**슈퍼 샤이**(Super Shy)', 'ETA', '쿨 위드 유' 트리플 타이틀곡 모두를 메인 싱글 차트 '핫100'에 올려놓았다. K팝 걸그룹이 '핫100'에 세 곡 이상을 동시에 올려놓은 것은 이번이 처음이다. 남녀 K팝 아티스트를 통틀어도 지금까지 방탄소년단(BTS)이 유일했었다. '글로벌 200' 차트에는 타이틀곡을 포함해 이번 앨범 수록곡 6곡이 모두 이름을 올렸다.

아울러 뉴진스는 앞서 '디토(ditto)', '오엠지(OMG)'에 이어 '핫100'에 지금까지 총 다섯 곡을 올리는 기록을 썼다. 뉴진스는 아직 미국 현지에서 제대로 된 프로모션을 한 적이 없어 이런 성과들이 더 높게 평가받고 있다. **뉴진스 총괄 프로듀서인 민희진 어도어 대표는 제작자로서 역량**이 돋보인다는 평가를 받았다.

아이폰 간접광고 논란

애플 아이폰 광고 모델인 뉴진스는 7월 30일 방송된 한 음악방송 무대에서 신곡 'ETA'를 선보이던 중 아이폰14프로를 들고 촬영하는 퍼포먼스

■ 롤라팔루자 (Lollapalooza)

롤라팔루자는 미국 시카고를 본거지로 1991년부터 매년 여름에 개최되는 북미의 대표적 종합 뮤직 페스티벌이다. '얼터너티브(alternative) 문화축제'란 모토로 시작돼 그간 폴 매카트니, 레이디 가가, 콜드플레이, 에미넴, 펄잼, 스눕독, 아리아나 그란데 등 수많은 유명 뮤지션들이 거쳐 갔다. 국내에서는 글래스톤베리, 코첼라 등에 비해 많이 알려지지 않다가 2022년 보이그룹 '투모로우바이투게더', BTS의 '제이홉'의 공연으로 인지도가 올라간 데 이어 뉴진스 등 다양한 K팝 스타들이 무대에 서고 있다.

초기에는 미국 전역을 돌며 개최됐고, 2005년부터 매년 시카고에서 주로 개최되고 있다. 2010년부터는 세계화를 도모하며 브라질, 아르헨티나, 칠레 등 미국 밖의 다양한 지역에서도 열린다.

POINT **세 줄 요약**

❶ 걸그룹 뉴진스가 '빌보드 200' 1위에 올랐다.
❷ 뉴진스는 '빌보드 핫100'에도 세 곡 이상이 진입했다.
❸ 뉴진스가 음악방송에서 아이폰으로 퍼포먼스를 하며 간접광고 논란이 일었다.

상암벌 달군 맨시티-AT 마드리드 '빅 매치'

▲ 서울월드컵경기장

현존 세계 최강 축구 클럽팀인 맨체스터시티(맨시티)와 스페인 프리메라리가의 강호 아틀레티코(AT) 마드리드의 프리시즌 경기가 서울 상암에서 펼쳐졌다. 7월 30일 서울월드컵경기장에서 열린 쿠팡플레이 시리즈에서 AT 마드리드는 후반 멤피스 데파이의 선제골과 야닉 카라스코의 결승골로 후벵 디아스가 한 골을 만회한 맨시티에 2 대 1로 이겼다.

잉글랜드 프리미어리그(맨시티)와 프리메라리가(AT 마드리드)를 대표하는 양 팀은 지난 2021~22시즌 유럽 **■UEFA 챔피언스리그** 8강에서 맞붙었다. 당시 맨시티가 1승 1무로 앞서 4강행 티켓을 거머쥐었고 우승을 차지했다.

경기는 예정된 킥 오프 시간(오후 8시)보다 45분가량 늦게 시작했다. 오후 6시경부터 서울 서부 지역에 쏟아진 국지성 호우 여파였다. 한 치 앞이 보이지 않을 만큼 매섭게 쏟아진 장대비 탓에 그라운드 곳곳에 물웅덩이가 생겼다. 다행히 오후 8시를 전후해 빗방울이 잦아들며 배수가 완료돼 문제없이 경기를 치를 수 있었다.

관중석은 거대한 하늘빛 물결이었다. 현장을 찾은 6만4185명의 축구 팬 중 상당수가 맨시티의 하늘색 유니폼을 갖춰 입고 경기를 즐겼다. 에티하드 스타디움(맨시티의 홈구장)을 연상케 했다.

티켓 예매 개시 후 28분 만에 전 좌석 매진을 기록할 정도로 뜨거운 관심을 보여준 한국 팬들에게 양 팀은 전반에 베스트 멤버를 가동하며 수준 높은 경기력으로 화답했다. **지난 시즌 36골을 몰아친 맨시티 간판 공격수 엘링 홀란**과 15골 16어시스트를 기록한 AT 마드리드 골잡이 앙투안 그리즈만 등 최정예 선수들이 진검승부를 벌여 관중석을 가득 메운 팬들을 열광시켰다.

후반 양 팀이 선발 멤버들을 대거 교체한 이후 AT 마드리드가 한 수 앞선 골 결정력을 앞세워 흐름을 장악했다. 골 소식을 애타게 기다리던 관중들은 AT 마드리드의 연속 골에 뜨겁게 환호했다. 맨시티가 한 골을 따라붙었지만 승부를 원점으로 돌리진 못했다.

한편, 쿠팡 플레이는 국내 전자상거래 업체인 쿠팡이 유료 멤버십 회원들에게 제공하는 OTT(온라인동영상서비스)로서 축구, F1 레이싱 등 스포츠 콘텐츠를 중심으로 공격적인 투자를 아끼지 않으며 토종 OTT 중 독보적인 성장세를 보이고 있다.

■ UEFA 챔피언스리그 (Champions League)
UEFA 챔피언스리그(챔스)는 유럽 최상위 축구 리그의 가장 우수한 축구 클럽들을 대상으로 유럽축구연맹(UEFA)이 주관하는 클럽 축구 대회이다. 1955년에 시작돼 유러피언컵(European Cup)으로 불리다가 1992년 UEFA 챔피언스리그로 개칭됐다. UEFA 챔피언스리그는 유럽 프로축구에서 최고의 권위를 가진 대회이다. 대회 결승전은 보통 유럽 프로축구의 모든 시즌 일정 가운데 가장 마지막 경기로 치러진다. 우승팀에게 수여되는 트로피는 손잡이가 사람의 귓바퀴를 닮아 '빅 이어'라는 별칭으로 불린다. 공식 명칭은 '쿠프 데 클뤼브 상피옹 에우로페앙(Coupes des Clubes Champions Européens)'이다. 우승 팀은 트로피를 다음 시즌 토너먼트 추첨까지 소유할 수 있다. 2022–2023 시즌 챔스 우승은 맨체스터시티가 차지했다.

BTS 정국 '세븐', 빌보드 '핫100' 1위로 직행

▲ 빌보드 핫 100 정상에 오른 정국
(빌보드 홈페이지 캡처)

그룹 ■방탄소년단(BTS)의 정국이 솔로 데뷔곡 '세븐'으로 미국 빌보드 싱글 차트인 '핫 100' 정상에 직행했다. 빌보드는 7월 24일(현지시간) 공식 SNS를 통해 정국의 '세븐'이 컨트리 가수 제이슨 알던의 '트라이 댓 인 어 스몰 타운'과 모건 월렌의 '라스트 나이트' 등 경쟁 곡을 제치고 1위에 올랐다고 전했다.

K팝 사상 정국보다 먼저 '핫 100' 1위에 이름을 올린 가수는 방탄소년단('다이너마이트' 등 6곡)과 그룹 동료 가수 지민('라이크 크레이지')뿐이다. '세븐'은 1958년 '핫 100' 차트가 시작된 이래 차트 진입과 동시에 1위로 직행한 68번째 곡으로 기록됐다.

'세븐'은 어쿠스틱 기타 연주와 **UK 개러지**(UK garage : 1990년대 초반 영국에서 만들어진 전자음악 하위 장르) 리듬 위로 정국이 부드러운 알앤비(R&B) 스타일의 창법을 선보인 영어 노래다. '세븐'은 일주일 7일을 일컫는 제목으로, 후렴구 노랫말에 '먼데이'부터 '선데이'까지 모든 요일이 등장한다. 중독성이 상당해 한 번만 들어도 귀에 꽂힌다.

앨범 차트인 빌보드 200과 더불어 빌보드에서 가장 영향력이 큰 메인 차트인 핫 100은 미국 스트리밍 횟수, 라디오 방송 점수, 판매량 등을 더해 순위를 매긴다. '세븐'은 해당 집계 기간에 스트리밍 2190만 회, 라디오 방송 점수 640만 점, 디지털 음원·시디(CD) 합산 판매량 15만3000건을 기록했다. '세븐'은 특히 세계 최대 스트리밍 플랫폼 스포티파이의 '데일리 톱 송 글로벌' 차트에서 10일 연속 정상에 오를 만큼 스트리밍 분야에서 좋은 성적을 거뒀다.

빌보드는 "지난 4월 '라이크 크레이지'로 핫 100 1위에 데뷔(차트 진입과 동시에 1위 직행)했던 지민에 이어 정국은 핫 100 1위에 오른 방탄소년단의 두 번째 멤버"라며 "6곡으로 핫 100 1위를 차지한 바 있는 방탄소년단은 비틀스, 블랙 아이드 피스, 데스티니스 차일드, 제네시스 등과 팀은 물론이고 2명 이상의 개별 멤버가 핫 100 정상을 밟은 역대 9번째 그룹이 됐다"고 전했다.

정국의 이번 핫 100 1위는 빌보드가 지난해 1명당 주간 다운로드 인정 횟수를 4회에서 1회로 줄이고, 7월 들어 아티스트 공식 누리집 다운로드를 집계 대상에서 제외하는 등 거대 팬덤의 영향력을 줄이며 차트 문턱을 높여온 가운데 이룬 것이라 더욱 눈길을 끈다.

방탄소년단(BTS)은 2013년 6월 13일에 데뷔한 하이브 엔터테인먼트 소속의 7인조 그룹으로, 멤버는 RM(리더), 진, 슈가, 제이홉, 지민, 뷔, 정국으로 구성돼 있다. 그룹명에서 방탄(防彈)은 젊은 세대들이 살아가면서 겪는 고난 및 사회적 편견과 억압을 받는 것을 막아내어, 당당히 자신들의 음악과 가치를 지켜내겠다는 의미가 있다.

방탄소년단은 2018년 발매한 'LOVE YOURSELF 轉 Tear'로 빌보드 200 1위를 차지한 최초이자 유일한 대한민국의 음악 그룹이 되었다. 이후 'MAP OF THE SOUL : PERSONA'를 발매하면서 발매 첫 주 213만 장의 음반 판매량을 기록해 대한민국 역대 음반 초동 1위라는 기록과 함께 역대 대한민국에서 가장 많이 판매된 음반 기록을 세웠다. 이후 2020년 8월 21일 발매한 'Dynamite'로 한국 가수 최초로 빌보드 HOT 100 차트 1위를 달성했으며, 제63회 그래미 어워드 베스트 팝 듀오·그룹 퍼포먼스 부문에 노미네이트 됐다.

황선우 자유형 200m 동메달...
한국 수영 역사 새로 썼다

▲ 황선우가 7월 25일 2023 세계수영선수권 남자 200m 자유형 결승에서 3위를 기록한 뒤 아쉬워하고 있다.

'한국 수영의 희망' 황선우(20)가 7월 25일 열린 2023 후쿠오카 세계수영선수권대회 경영 남자 자유형 200m 결선(일본 마린 메세 후쿠오카홀)에서 1분44초42로 동메달을 따면서 한국 수영사에 새로운 족적을 남겼다. 황선우는 **2회 연속 세**계선수권 대회 메달을 딴 첫 한국 선수가 됐다. 작년 부다페스트 세계대회 자유형 200m에서 은메달을 딴던 황선우는 자신이 세운 한국 신기록(1분44초47)을 0.05초 앞당기며 선전했다.

황선우는 지난 2월 초부터 한 달 넘게 호주에서 고강도 전지훈련을 소화했다. 현지에서 그는 호주 경영 대표팀 지도자 출신 리처드 스칼스의 가르침을 받았다. 스칼스 코치는 캐머런 매커보이(29·2015년 카잔 세계대회 자유형 100m 2위), 일라이자 위닝턴(23·2022 부다페스트 대회 자유형 400m 1위) 등 세계적인 수영 선수들을 길러낸 명장이다. 황선우는 그와 함께 야외 수영장에서 평소보다 2배 가까운 강도의 연습을 소화하며 체력과 지구력을 보완했다.

황선우의 세계선수권 2회 연속 메달 획득은 2008 베이징 올림픽 금메달리스트 박태환도 달성하지 못한 기록이다. 박태환은 세계선수권에선 2007년 멜버른 대회 자유형 400m 금메달, 자유형 200m 동메달을 딴 뒤 2009년 로마 대회에선 '노메달'에 그쳤다.

물론 황선우에겐 세계선수권대회가 2년 연속 열리는 '행운'도 있었다. 롱코스(50m) 세계수영선수권은 원래 2년에 한 번씩 열리지만, 2021년 열릴 예정이었던 후쿠오카 대회가 코로나 문제로 거듭 연기돼 작년 부다페스트 대회에 이어 2년 연속 열렸다. 이처럼 코로나라는 특수한 변수로 치르지 못했던 세계선수권을 몰아서 소화하느라 내년 2월 카타르 도하에서 또 대회가 진행될 예정이다.

가수 영탁, '영탁 막걸리' 제조사와 상표권 분쟁 승소

▲ 영탁 (자료 : 밀라그로엔터테인먼트)

트로트 가수 영탁(본명 박영탁)이 전통주 제조사
예천양조와의 상표권 분쟁 1심에서 승소했다.
1심은 '영탁'이라는 표지를 막걸리 포장 및 광고
에 표시해선 안 된다고 판단했다. 7월 30일 법원
에 따르면 서울중앙지법은 7월 14일 영탁이 예천
양조를 상대로 낸 상품표시 사용금지 등 청구 소
송에서 원고 일부 승소로 판결했다.

**재판부는 영탁이라는 표지가 표시된 막걸리 제품
을 생산, 양도, 대여, 수입 등을 해선 안 되고, 막**
걸리 제품 포장 및 광고에 표지를 표시해선 안 된
다고 판단했다. 또, 예천양조에 보관 중인 막걸리
제품에서 영탁이라는 표지를 제거하라고 했다.

예천양조는 지난 2020년 1월 28일 영탁이라는
막걸리 상표를 출원하고 그해 4월 영탁 및 소속
사와 모델 출연 계약을 맺었다. 같은 해 5월부터
는 '영탁 막걸리'를 출시해 판매했다. 하지만 예
천양조는 약 2개월 뒤 특허청으로부터 "영탁 막
걸리는 연예인 예명과 동일하므로 상표등록을 받
을 수 없다"며 등록거절 결정을 받았다.

이후 예천양조는 영탁 측과 출원상표에 대한 승
낙 및 막걸리 판매로 인한 수익 분배 등에 관해
협의했으나 2021년 6월 최종적으로 협상은 결렬
됐다. 예천양조는 영탁이 모델료로 3년간 150억
원이라는 무리한 요구를 했고, 이에 따라 계약이
무산됐다고 주장하면서 양측의 갈등은 수면 위로
드러났다.

영탁 측은 예천양조와의 모델 계약이 종료돼 표
지를 사용할 아무런 권한이 없음에도 계속 막걸
리에 영탁 표지를 사용해 광고했다며 상표를 금
지하고 제품을 모두 폐기해달라는 소송을 낸 것
이다.

1심은 일반 수요자들이 예천양조의 영탁 표지 사
용에 관해 영탁과의 계약 관계가 존재한다고 오
인할 수 있다며 영탁 측 손을 들어줬다. 재판부는
"원고(영탁)가 오디션 프로그램에서 부른 '막걸리
한 잔'이 크게 화제가 돼 여러 막걸리 업체로부터
광고모델 제안을 받았다"며 "영탁 막걸리 출시
이후 2020년 피고(예천양조) 매출액이 전년 대비
42배가량 증가했다"고 짚었다.

김하성, 23·24호 도루...
'한국인 빅리거 신기록'

▲ 김하성 (자료 : 샌디에이고 파드리
스 공식 SNS)

샌디에이고 파드
리스의 ■**김하성**이
한국인 메이저리
거 한 시즌 최다
도루 기록을 갈아
치우며, 13년 묵
은 한국인 빅리거
야수의 역사를 새
로 썼다. 김하성은
8월 5일(한국시간) 미국 캘리포니아주 샌디에이
고의 펫코 파크에서 열리는 LA 다저스와 2023
메이저리그(MLB) 홈 경기에서 1번 타자 겸 2루
수로 출전했다.

이날 샌디에이고는 김하성(2루수)이 최지만(지명
타자)과 함께 선발 라인업에 동반 출격했다. 김하
성은 1회 말 첫 타석부터 2루수 키를 살짝 넘기
는 안타를 만들며 출루에 성공했다. 2번 페르난
도 타티스 주니어가 중견수 호수비에 아웃된 후
3번 후안 소토마저도 풀카운트 승부 끝에 헛스윙
삼진으로 물러났다.

이때 김하성이 2루를 향해 달렸고, 몸을 살짝 틀
어 태그를 피해 2루 베이스에 살아들어갔다. 다
저스 벤치에서 비디오 판독을 신청했으나, 김하
성의 도루는 인정됐다. 이로써 김하성은 시즌
105경기만에 23번째 도루를 성공시켰다.

이는 지난 2010년 추신수(당시 클리블랜드)**가 기
록한 한 시즌 한국인 메이저리거 최다 도루 기록**
(22도루)**을 13년 만에 경신한 기록이다.** 추신수와
김하성, 배지환(피츠버그) 등 3명의 선수가 메이
저리그에서 20도루를 달성한 한국 선수가 됐다.
이대로라면 한국인 최초 30도루도 가능할 것으
로 기대를 모으고 있다.

김하성은 후반기 들어 타율 3할 9푼 2리, 출루율
5할을 기록하며 시즌 타율과 출루율 모두 내셔널
리그 10위권으로 진입했다.

김하성은 8월 10일 시애틀과의 메이저리그 원정
경기에 빅리그 데뷔 후 처음으로 한 경기에서 도
루 3개를 성공시켰다. 이날 25·26·27호 도루에
성공하며 자신이 갖고 있는 한국인 빅리거 한 시
즌 최다 도루 기록을 경신했다.

■**김하성** (金河成, 1995~)
김하성은 KBO 리그에서 2014~2020년까지 키움 히어로즈

소속 유격수로 뛰다 2021년 메이저리그에 진출해 현재 샌디에이고 파드리스 소속 내야수로 활약하고 있다. KBO 리그에서 이종범, 강정호에 이어 유격수로서 30홈런을 기록했다. 포스팅 시스템(국내 프로야구선수가 미국에 진출할 경우 메이저리그 구단 중 최고액을 제시하는 구단에 우선협상권을 주는 비공개 경쟁 입찰 제도)을 통해 메이저 리그로 진출한 5번째 선수이자 3번째 야수이다.

> **➕ 2023 시즌 한국인 메이저리거**
>
> ▲김하성(샌디에이고 파드리스) ▲최지만(샌디에이고 파드리스) ▲배지환(피츠버그 파이리츠) ▲류현진(토론토 블루제이스)

여자축구,
'월드컵 1무 2패로 조별리그 탈락'

한국 여자 축구대표팀이 2023 호주·뉴질랜드 FIFA 여자 월드컵에서 1무 2패, 조 최하위(승점 1)로 탈락하며 대회를 마쳤다. 콜롬비아에 0 대 2, 모로코에 0 대 1로 패한 뒤 마지막 경기에서 FIFA 랭킹 2위 독일에 1 대 1 무승부를 거두며 '조별리그 전패' 역사를 반복하는 건 간신히 면했으나, '월드컵 2연속 조 최하위 탈락'을 하게 됐다.

이번 대회에서 대표팀에 유일한 득점을 안긴 조소현은 8월 5일 입국 현장에서 "아쉬움이 많은 대회였다"며 "아직도 우물 안 개구리라고 생각한다"고 냉정히 말했다.

세계 무대의 벽이 높았던 것과는 별개로, 저변이 좁아 세대교체가 잘 이루어지지 않는 한국 여자 축구의 현실도 고스란히 나타났다. 한국 대표팀의 평균 나이는 28.9세로 이번 대회 본선 32개국 중 가장 높았다. 이번이 **월드컵 세 번째 도전이었던 지소연, 조소현, 박은선 등 일명 '황금세대'가 팀의 주축을 맡았지만 새로운 선수들의 면면을 보기엔 어려웠다.**

현재로선 선수 육성조차 어려운 환경이다. 한준희 쿠팡플레이 해설위원 겸 대한축구협회 부회장은 "한국 여자축구의 경우 초-중-고-대-실업 팀으로 이어지는 구조 자체가 피라미드가 아니라 직사각형에 가깝다"며 "청소년기에 어느 정도 높은 레벨에 이르러 대표팀이 되면 '노장'이 될 때까지 가는 경향이 강하다"고 했다.

저변 부족으로 경쟁이 어려워지면 자연히 선수들의 목표치도 낮아질 수밖에 없다. 한 위원은 "해외파 선수들도 일부 있긴 하지만 WK리그를 종착지로 인식하는 비율이 남자 축구보다 훨씬 높다"고 짚었다. 국내 리그 너머의 목표를 바라볼 수 있도록 문호를 넓히는 게 중요하다는 의미다.

▌2023 FIFA 여자 월드컵 조편성

조	팀
A조	뉴질랜드, 노르웨이, 필리핀, 스위스
B조	오스트레일리아, 캐나다, 나이지리아, 아일랜드
C조	코스타리카, 일본, 스페인, 잠비아
D조	중화인민공화국, 덴마크, 잉글랜드, 아이티
E조	네덜란드, 포르투갈, 미국, 베트남
F조	브라질, 자메이카, 프랑스, 파나마
G조	아르헨티나, 이탈리아, 남아프리카공화국, 스웨덴
H조	대한민국, 모로코, 콜롬비아, 독일

분야별
최신상식

인물
용어

SDV
Software Defined Vehicle

SDV는 **소프트웨어(SW)로 하드웨어(HW)를 제어·관리하는 자동차**를 뜻한다. SW가 자동차의 주행 성능은 물론 편의 기능, 안전 기능, 브랜드의 아이덴티티까지 규정하는 개념이다. 자율주행 등 첨단 기술을 효율적으로 제어하고 관리하기 위해선 자동차의 SW 비중이 확대될 수밖에 없다. 최근 글로벌 자동차 산업의 가장 큰 화두는 SW다. 이동 편의성을 주던 자동차가 SW 기술을 만나 고객의 이동 경험을 새롭게 하는 방향으로 진화하면서 SDV는 현재 전 세계 자동차 업계가 가장 집중하는 핵심 키워드로 자리매김했다.

테슬라는 전기차에 SW를 적용해 자동차 시장의 판도를 바꿨다. 기존 완성차 업체도 SDV 전환에 박차를 가하고 있다. 현대차그룹은 "2025년까지 모든 차종을 'SW가 중심인 자동차'로 전환하겠고 밝혔다. SDV 개발 체제를 위해 2022년 글로벌 SW 센터를 설립했고, 자율주행 SW 및 모빌리티 플랫폼을 개발해 온 스타트업 포티투닷(42dot)을 인수해 SW 기술 개발의 구심점으로 삼았다.

기존의 자동차가 단순히 이동 수단에 불과했다면, SDV는 '도로 위의 스마트폰'이라고 불릴 정도로 불릴 정도로 SDV 기반의 미래 모빌리티 시대가 도래로 혁신적인 이동 경험이 기대되고 있다.

SBTi
Science Based Targets initiative

SBTi(과학기반목표이니셔티브)는 **파리 기후변화 협정(파리협정) 이행을 목적으로 기업·단체 등의 탄소 감축에 대해 과학적 방법에 따른 측정과 계획실행을 요구하는 글로벌 이니셔티브**를 말한다. 파리협정 달성을 위한 탄소중립 운동의 핵심기구인 세계자원연구소(WRI), 탄소정보공개프로젝트(CDP), 유엔 글로벌콤팩트(UNGC), 세계자연기금(WWF) 등이 협력해 만들어졌다.

SBTi는 기업이 최신 기후 과학에 따라 감축 목표를 설정할 수 있도록 온실가스 배출 목표 설정 방법 등을 제공한다. 전 세계적으로 4000개 이상의 기업이 SBTi를 통해 탄소중립 경제 전환을 주도하고 있다. 2023년 5월 기준 2300개 이상의 기업이 SBTi의 과학 기반 탄소중립 목표를 승인받았다. SBTi는 2024년 초에 금융 부문의 과학 기반 탄소중립 목표 설정을 위한 전 세계 최초 표준안을 선보일 예정이다. 한편 지난 8월 2일 한국타이어가 국내 타이어업계 최초로 SBTi로부터 온실가스 감축 목표를 승인받았다. 국내에서는 이날까지 한국타이어를 포함해 15개 기업이 승인을 받았다.

VoNR
Voice over New Radio

VoNR는 5G 이동통신 네트워크를 이용해 음성통화와 데이터 서비스를 모두 제공하는 기술로서 'Vo5G'라고도 한다. 기존 4G 음성통화(VoLTE)와 비교해 고속·고품질의 통화 서비스를 제공할 수 있다. VoNR의 특징은 접속 시간이 짧고 통화 중 데이터 고속 전송이 가능하다는 점이다. 음성통화 도중에도 고사양 게임, 동영상 스트리밍 서비스를 속도 저하 없이 이용할 수 있다. 이처럼 통화와 동시에 5G망을 활용한 고용량 데이터 전송이 가능해지면서 향후 증강현실(AR)·가상현실(VR) 등 메타버스에 접목돼 다양한 응용 서비스 개발이 가속화할 전망이다.

VoNR은 5G 단독규격 인프라를 통해 구현된다. 현재는 5G 단말기도 LTE망을 이용한 음성통화만 가능하다. 고품질 통화가 가능한 VoNR를 위해서는 음성통화를 위한 전용 네트워크를 구축해야 한다. 미국과 중국은 2022년 VoNR를 상용화하는 데 성공한 반면 우리나라는 아직 불투명하다. 국내에서는 KT가 지난 4월 임직원 700여 명을 대상으로 VoNR 서비스 시범 운용을 시작했다. 내부 평가와 피드백을 거쳐 향후 상용 서비스로 선보인다는 계획이다.

뉴로모픽 반도체
neuromorphic semiconductor

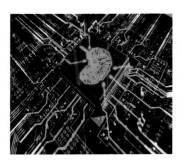

뉴로모픽 반도체란 **인공지능(AI)과 뇌 과학의 원리를 접목한 기술을 구현한 차세대 반도체**로, 인지·추론 등 뇌의 고차원 기능까지 재현하는 것을 궁극적 목표로 삼는다. 뉴로모픽의 사전적 의미는 '신경의 형태를 가진'이다. 뉴로모픽 반도체는 뉴런 신경 회로망의 작동원리를 따라 설계돼 뇌의 학습과 기억 기능처럼 뉴런 간의 연결과 시냅스 강도를 조절하는 방식으로 데이터를 처리한다. 기존 반도체가 **폰노이만 구조**(주기억 장치, 중앙 처리 장치, 입출력 장치 세 가지 구성요소로 이루어진 오늘날 사용하고 있는 대부분의 컴퓨터의 기본 구조)로 나열된 명령을 순차적으로 처리했다면, 뉴로모픽 반도체는 동시다발적으로 연산과 정보 처리가 가능하다.

뉴로모픽 반도체는 아직 연구·개발(R&D) 단계에 있으며 국내에서는 삼성전자와 SK하이닉스가 개발에 속도를 내고 있다. 뉴로모픽 반도체는 빅데이터 시대를 맞아 데이터양과 소비 전력이 급증하는 환경에 대응하는 신기술이 될 것으로 기대된다. 전문가들은 뉴로모픽 반도체가 인간의 뇌 구조를 모방해 설계돼 있어 인간에게 친숙한 인터페이스를 구현하기 쉽고, 향후 의료 진단이나 자율주행 자동차 등 여러 응용 분야에 적용할 수 있을 것으로 전망한다.

D2C
Direct to Consumer

D2C는 **유통상을 통하지 않고 소비자를 바로 자사몰로 유입시켜 소비자에게 직접 판매하는 이커머스 형태**를 말한다. 즉 기업이 소비자와 직접 거래하는 형태의 비즈니스로서 온라인 자사몰이 대표적이다. D2C는 유통단계를 줄여 가격 경쟁력과 수익성을 높일 수 있다. 불필요한 비용을 줄이고 이를 통해 매출과 수익성을 높이는 방식으로 각광받고 있다. 반면 물류와 배송, 재고 등 공급망 관리와 광고비, 각종 서비스 비용 등 모든 과정을 도맡아야 한다는 것이 D2C의 단점이다.

기존 B2C는 'Business to Customer'의 약자로 기업과 소비자 간 전자거래를 의미하며, 일반적으로 인터넷쇼핑몰을 통한 상품의 주문 판매를 뜻한다. 아마존, 쿠팡 등과 같은 유통채널은 B2C에 속한다. 대형 유통업체 매장이나 아마존, 쿠팡 등 플랫폼에 의존하지 않고 공식몰을 강화하는 방식은 이전부터 있었으나 코로나19 확산으로 온라인 시장이 강화되면서 D2C 열풍이 불었다. 대표적으로 글로벌 스포츠 브랜드 나이키는 2019년 아마존 탈퇴를 선언하고 자사몰 이외 온라인·오프라인 유통채널에서 거래를 줄여나간 바 있다.

팁플레이션
tipflation

팁플레이션이란 **팁(tip·봉사료)과 인플레이션(물가 상승)이 결합한 신조어**로, 미국 뉴욕 등 팁 문화가 있는 나라의 대도시 식당을 중심으로 팁이 과도하게 상승한 것을 뜻한다. 최근 미국에서는 대도시 식당에서 종업원이 식대의 20~30%, 심지어 45%까지 팁을 요구하는 일이 빈번해졌다. 보통 팁은 금액의 15% 선에서 책정됐다. 치솟은 팁 금액 탓에 '팁 소름(tip creep)', '팁 피로(tip fatigue)'라는 신조어도 함께 등장했다.

이러한 현상의 원인으로는 신용카드 등 디지털결제 시스템의 확산이 꼽힌다. 과거에는 식사 후에 테이블에 지폐를 남기거나, 식당 계산대에 놓인 유리병에 현금을 넣는 방식으로 팁을 지불했다. 그러나 코로나19 이후 키오스크와 결제 앱이 확산하면서 사업자가 결제 화면에서 팁 금액 가이드라인을 쉽게 설정할 수 있게 됐다. 미 소비자들은 사실상 팁 강요라며 불만을 표하고 있다. 예전 같으면 계산대에 '팁 항아리'를 놓고 원하는 사람에 한해 1달러 안팎을 받던 스타벅스도 결제 화면에서 팁 금액을 선택하도록 정책을 바꾼 바 있다.

기후플레이션
climateflation

기후플레이션이란 기후위기로 인한 폭염 등의 이상기후가 작물의 작황 부진을 이끌어 물가가 치솟는 현상을 의미하는 신조어다. **설탕값이 상승해 다른 식품값이 오른다는 '슈거플레이션', 우윳값이 식품 물가 인상을 이끈다는 '밀크플레이션'** 등이 기후플레이션에 포함된다. 이렇게 오른 식품 물가는 전체 소비자물가도 끌어올린다. 지난해 국제 곡물 가격이 사상 최고 수준으로 오르며, 전체 소비자물가 오름세에 영향을 미쳤다. 유럽중앙은행(ECB) 보고서는 2035년 기후위기가 세계 식품 물가 상승률을 3.0%p, 전체 소비자물가를 1.0%p 높일 것으로 전망했다.

지난 6월 21일 기준 한국농수산식품유통공사의 발표에 따르면 3000~4000원 하던 시금치 한 단(250g)이 7000원, 적상추(200g)는 4000원, 깻잎(30속)은 2000원 정도로 한 달 전에 비해 크게 올랐다. 일조량이 줄고 야채 수확이 감소한 탓이다. 올해는 적도 부근 수온이 올라가는 '엘니뇨' 영향으로 장마는 더 길어지고 강수량도 많았다. 최근 집중호우로 농지가 침수·낙과 등의 피해를 입었는데, 특히 상추와 깻잎의 주산지인 충남 논산·금산의 폭우 피해가 컸다. 전쟁이나 국제 유가 인상은 물론 기후 위기까지 전 세계의 만성적 인플레이션의 원인이 되고 있다.

복켓팅

복켓팅이란 '복숭아'와 '티켓팅'를 합친 신조어로, 복숭아 구하기가 인기 가수 공연 티켓팅처럼 어렵다는 뜻이다. 1인 가구가 늘면서 여름 제철과일인 수박을 대신해 복숭아를 찾는 소비자들이 늘고 있다. 특히 이색 품종인 납작복숭아, 신비복숭아, 개복숭아 등이 SNS에서 인기를 끌며 복켓팅 열풍을 이끌고 있다. 희귀 품종 복숭아는 소량 판매가 많아 품절되기 쉬워 예약을 걸어놓거나 오픈런(매장 개점 전 줄서기)까지 벌어질 정도다.

복숭아 구입 전쟁은 지난해부터 시작됐다. 지난해 일부 대형마트에서 복숭아가 판매량 1위에 오르기도 했다. 특히 납작 복숭아는 복숭아 인기를 견인한 '복숭아계의 스타'다. 도넛처럼 눌린 형태가 특징이다. 국내에서도 이와 비슷한 '대극천' 품종이 주목을 받으며 'K-납작복숭아'로 불렸다. '신비 복숭아'는 겉모양은 천도복숭아지만 속살은 백도처럼 부드럽고 크기가 작아 한입에 먹기 편하다. 특히 1년 중 약 2~3주만 생산하는 한정 제품이다. 이색 품종 복숭아의 인기에는 취향에 맞는 새로운 제품을 찾고, 이를 SNS에 공유하는 MZ세대 트렌드가 반영됐다.

대서양 자오선 역전 순환
AMOC, Atlantic Meridional Overturning Circulation

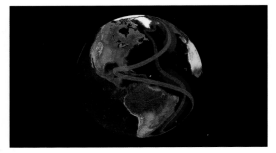

▲ 해수 순환 (자료 : 미국 해양대기청)

대서양 자오선 역전 순환(AMOC)은 멕시코만 부근에서 시작해 북아메리카 동해안을 따라 북동쪽으로 흐르는 걸프 해류를 포함하는 심층 해수 순환이다. 바다에서는 열대의 따뜻한 물이 바다 표층에서 극지로 올라갔다가 차가워지고 가라앉은 뒤 저위도 지역으로 다시 흘러가는 심층 해수 순환이 일어난다. 남반구의 남극 역전 순환과 북반구의 대서양 자오선 역전 순환이 대표적이다. 이러한 해양순환은 적도를 너무 뜨겁지 않게, 극지도 너무 춥지 않게 조절한다. 또한 지구온난화 속도를 늦추고 평균기온도 떨어뜨리는 역할을 한다.

한편, 국제 학술지인 네이처 커뮤니케이션즈는 7월 26일(현지시간) 덴마크 코펜하겐대 페테르·수잔네 디틀레우센 교수 연구팀이 1870~2020년 북대서양 해수면 온도와 해류 흐름을 관측한 결과 AMOC가 빠르면 2025년 거의 사라질 수 있고, 금세기 안에 완전히 멈출 가능성이 높다는 논문을 게재했다. 이러한 변화를 일으키는 원인으로는 대기 중 온실가스 농도를 꼽았고 앞으로 인류가 얼마나 탄소를 배출하느냐에 따라 AMOC의 붕괴 시점이 달라질 수 있을 것으로 봤다.

휘떼
hytte

휘떼는 **노르웨이 사람들이 휴식을 즐기는 통나무로 만들어진 노르웨이의 전통 가옥**이다. 휘떼는 노르웨이어로 오두막, 별장을 뜻한다. 한 달 이상 여름휴가를 즐기는 이가 많은 노르웨이 사람들은 대부분 휘떼에서 주말이나 휴가를 보내는 게 일반적이다. 보통 숲, 호수 등 풍경이 좋은 곳에는 대부분 휘떼가 있다. 노르웨이 전역에 약 44만 개 이상의 휘떼가 있는 것으로 알려져 있다. 보통 개인 소유로 가족들끼리 함께 사용하며, 숙박 예약 등을 통해 대여가 가능한 휘떼도 있다.

수도나 전기 시설이 없어 호숫물을 떠서 요리를 해야 하는 전통 방식의 휘떼, 전기·샤워시설·식기세척기 등이 설치돼 있는 현대식 휘떼도 있다. 휘떼가 집단을 이루며 편의시설이 생겨나고 휴양지가 조성되는 경우도 있다. 한편 UN 산하 자문기관인 SDSN(지속가능발전해법네트워크)이 발표한 2023년도 세계행복지수 보고서에 따르면 노르웨이가 7위를 차지했다. 1, 2, 3위는 각각 핀란드, 덴마크, 아이슬란드이며 미국은 15위, 일본은 47위, 한국은 57위를 차지했다.

뮤지션 아파트

뮤지션 아파트는 **음악(music)과 주택(mansion)을 합성한 말로, 큰 소리로 노래하고 악기를 연주하고 춤까지 출 수 있는 일본의 아파트**다. '방음아파트'라고도 한다. 일본의 한 부동산 업자가 개발해 선풍적 인기를 끌고 있다. 일반 아파트가 층간 소음 문제로 갈등을 빚고 있는 것과 달리 뮤지션 아파트에서는 소리 내는 활동이 자유롭다. 월세는 인근 아파트보다 30% 비싸지만 입주 대기자가 많은 상황이다.

주로 연주자 등 특정 직업군이 선호했지만 코로나19로 집에 머무는 시간이 늘어나면서 일반인들의 수요도 증가했다. 수요가 급증하자 공급 역시 늘리게 됐다. 연주자는 물론 노래 유튜버, 인터넷 방송으로 게임을 생중계하는 진행자 등 입주자 직업군도 다양해졌다. 일본에서 방음 아파트를 지을 때는 'D값'이라는 방음 지수를 산출하는데, 높을수록 방음 기능이 뛰어나다는 뜻이다. 일반적인 아파트의 D값은 50 안팎이며 뮤지션 아파트의 D값은 최소 70 이상이고, 85에 육박하는 곳도 있다.

노동소득분배율
勞動所得分配率

KIEP
대외경제정책연구원
Korea Institute for International Economic Policy

노동소득분배율은 **국민소득 중에서 노동소득이 차지하는 비율을 나타내는 지표다.** 노동의 가격이 자본의 가격보다 높을수록, 전체 취업자 가운데 피용자의 비율이 높을수록 그리고 한 나라의 산업이 노동집약적일수록 그 값이 커지게 된다. 지난 6월 2일 한국은행이 발표한 국민계정 자료에 따르면 2022 노동소득분배율은 68.7%로 전년 대비 1.2%p 상승했다. 코로나19 이후 사회적 거리 두기와 방역 조치 등이 완화되면서 대면서비스 업종을 중심으로 취업 임금노동자와 임금이 함께 늘어난 영향으로 풀이된다.

대외경제정책연구원의 '주요국의 노동소득분배율 결정요인 비교분석' 보고서에 따르면, 국내총생산 대비 무역의존도가 1%p 올라가면 노동소득분배율은 최대 0.13%p 하락하는 것으로 나타났다. 반면 해외 금융투자를 나타내는 국제투자는 노동소득분배율에 별다른 영향을 주지 않았다. 한편 **한국은행은 노동소득분배율을 피용자보수비율로 변경한다**고 2022년 6월 밝힌 바 있다. 현행 노동소득분배율이 자영업자의 노동소득이 포함된 것으로 오해될 소지가 있어 더 명확하게 용어를 바꾸는 것이 목적이다.

티나
TINA

티나(TINA)는 **월가**(미국 금융 시장의 중심지)**에서 다른 투자 자산이 매력을 잃고, 주식이 각광받는 분위기를 가리키는 말**로 쓰인다. 마거릿 대처 전 영국 총리가 자유시장경제 체제를 옹호하기 위해 꺼낸 '더 이상의 대안은 없다(There Is No Alternative)'라는 발언에서 유래했다. 최근 국내 주식시장에서 이차전지주가 급락과 급등을 반복하며 널뛰기를 하고 있지만 수급이 몰리며 주식 외에 대안이 없다는 티나가 거론되는 모양새다.

티나 외에도 주식·채권 등 자산 시장의 동향과 흐름을 설명하기 위해 월가에서는 통용되는 자산 시장 용어들이 있다. ▲타라(TARA)는 '합리적 대안이 존재한다(There Are Reasonable Alternatives)'는 뜻이다. 올 초 미국 펀드매니저들이 주식보단 채권·신흥시장·현금성 자산으로의 투자 포트폴리오를 구성했는데, 미국의 투자은행 골드만삭스는 이를 주식을 대체할 투자 수단이 다방면으로 있는 '타라' 상태로 정의했다. ▲타파스(TAPAS)는 '더 많은 대안이 있는 상황(There Are Plenty of Alternatives)'으로 시장을 보는 것이고, ▲티아라(TIARA)는 '현실적 대안이 있는 상태(There Is A Realistic Alternatives)'로 시장을 규정한다.

인플레이션 나우캐스팅
inflation nowcasting

인플레이션 나우캐스팅은 미국 **클리블랜드 연방준비은행이 제공하는 인플레이션 예측 모델**이다. 최근 미국 인플레이션 추이를 정확하게 예측하며 시장에서 높은 평가를 받았다. 인플레이션 나우캐스팅에 따르면 7월 근원 기준 개인소비지출(PCE, Personal Consumption Expenditure)은 전월 대비 0.34% 오를 것으로 예상됐다. PCE는 일정 기간 개인이 물건이나 서비스에 지출한 모든 비용을 합친 금액으로, 미국 정부가 인플레이션 정도를 파악해 금리 인상이나 인하 유무를 판단하는 주요 지표다.

헤드라인도 전월 대비 0.29% 상승했을 것으로 예상됐다. 전년 대비로는 헤드라인 PCE가 7월에 3.41% 오르고, 근원 PCE는 4.46% 상승했을 것으로 전망했다. 7월 지표상 인플레이션 가속을 예고한 셈이다. 미국의 소비자물가(CPI)가 줄곧 하향 안정세를 나타내자 투자자들 사이에서는 연방준비제도(Fed)의 금리 인상도 끝난 게 아니냐는 기대감이 커지고 있는 상황이다. 하지만 인플레이션 나우캐스팅의 예측대로라면 물가 안정과 경기 연착륙 기대가 얼마 안 가서 되돌려질 수 있다.

타키투스의 함정
Tacitus Trap

▲ 오트리아 빈 의회 앞에 있는 타키투스의 조각상

타키투스의 함정은 **정부가 한 번 신뢰를 잃으면 일을 잘하든 못하든, 진실을 말하든 거짓을 말하든 국민 대중이 이를 믿지 않고 부정적으로 받아들이는 현상**을 말한다. 로마의 역사학자 타키투스는 그의 저서 『타키투스의 역사』에서 "황제가 한 번 사람들에게 원한의 대상이 되면 그가 하는 좋은 일과 나쁜 일 모두 시민의 증오를 불러일으킬 수밖에 없다"라고 적었다. 이는 타키투스의 함정으로 불리며, 사회 병리 현상을 설명하는 용어로 활용되고 있다.

타키투스의 함정은 중국의 위기를 설명할 때 거론된다. 지난 코로나19 확산 및 수습과정이나 남중국해 지역의 영토 분쟁, 동북공정을 둘러싼 한국과의 갈등, 홍콩 사태 등 주변국들과 크고 작은 갈등으로 대내외 신뢰를 회복하지 못하며 중국 정부 스스로 타키투스의 함정에 빠지고 있다. 타키투스의 함정 외에도 패권국과 도전국 사이의 전쟁 발발 위험을 가리키는 투키디데스의 함정(Thucydides Trap), 값싼 노동력에 의지해 성장하던 국가가 고부가가치 산업국으로 전환하지 못하는 현상인 중진국의 함정(middle-income trap) 등이 중국이 빠질 수 있는 위기로도 거론되고 있다.

터치 교사단
TOUCH, Teachers who Upgrade Class with High-tech

▲ 이주호 교육부 장관이 디지털 교육 비전에 대해 발표하고 있다.
(자료 : 교육부)

터치 교사단은 교육부가 선발하는 **디지털 기반 교육혁신의 철학을 이해하고 디지털 기술에 대한 전문성을 갖추었으며 수업혁신의 의지가 강한 교사 집단**이다. 첨단 기술을 바탕으로 맞춤 교육을 구현하고, 학생들과의 인간적인 연결을 통해 학생들의 성장을 이끈다. 지난 2월 교육부가 발표한 '디지털 기반 교육혁신 방안'에 터치 교사단과 관련된 내용이 포함됐다. 디지털 대전환 시대에 대응하여 교육 분야도 변화와 혁신이 필요하다는 인식에 따라 마련된 것이다.

교육부는 17개 시·도 교육청, 한국교육학술정보원과 함께 디지털 기반 수업 혁신을 이끌 '터치(T.O.U.C.H.) 교사단' 402명을 선발했다고 7월 23일 밝혔다. 학교급별로는 초등이 222명, 중등 177명, 특수 3명으로 집계됐다. 민관 협력으로 운영되는 집중 연수를 통해 터치 교사단은 교과서 활용방안과 수업 지도안을 연구한다. 터치 교사단은 2학기부터 디지털 선도학교 운영을 주도하고 동료 교원을 위한 연수 강사로 활동한다.

후방연쇄효과
backward linkage effect

후방연쇄효과란 **어떤 산업의 발전이 그 산업에 투입될 중간 투입재를 생산하는 다른 산업의 발전을 유발하는 효과를 말한다.** 미국의 경제학자 허쉬만이 1985년 산업 간 연쇄효과(어떤 한 산업의 발전이 여타산업에 미치는 경제적 효과로서 전방연쇄효과·후방연쇄효과로 구분)를 나타내기 위해 사용한 용어다. 한 산업이 발전하고 생산량이 증가하면서 그에 필요한 연관 산업들이 함께 발전하고 생산량이 늘어나는 경제적 효과를 설명할 수 있다.

예컨대 자동차 산업이 발전하면 자동차의 재료를 공급해 주는 철강 산업이 발전할 수 있다. 또한 자동차에 필요한 엔진, 타이어 등의 생산을 유발하게 해 이러한 자동차 수요에 따른 생산유발 정도를 전 산업 평균으로 나누면 후방연쇄효과의 정도를 구할 수 있다. 주로 철강, 전기, 전자, 건설 및 부동산 산업이 다른 산업의 생산을 유발하는 경우가 많아 후방연쇄효과가 큰 분야로 통한다. '오징어 게임'을 비롯한 넷플릭스의 한국 콘텐츠가 전 세계적 인기를 끌면서 드라마 원작 웹툰의 인기가 치솟거나, 외국에서 드라마 배경인 조선 시대에 대한 관심이 급증했듯이 콘텐츠 산업 생태계에서도 후방연쇄효과를 볼수 있다.

밀란 쿤데라
Milan Kundera, 1929~2023

▲ 고(故) 밀란 쿤데라

밀란 쿤데라는 프랑스로 망명한 체코 출신의 세계적인 작가다. **대표작으로 전 세계적인 베스트셀러인『참을 수 없는 존재의 가벼움』이 꼽힌다.** 지난 7월 12일(현지시간) 별세했다. 향년 94세. 대중적으로 큰 인기를 얻은 첫 작품은 1967년 발표한 첫 장편소설『농담』으로 공산주의 정권에 대한 통렬한 묘사를 담았다. 그는 공산체제였던 체코슬로바키아에서 교수 등으로 활동했다. 1963년 이래 체코의 민주화 운동인 '프라하의 봄'에 참여했던 쿤데라는 저서가 압수되고 집필과 강연 활동에 제한을 받는 등 외압에 시달렸다. 결국 1975년 공산당의 탄압을 피해 체코를 떠나 프랑스로 망명했다. 1979년 체코슬로바키아 국적을 박탈당했다가 지난 2019년에서야 국적을 회복했다.

1984년 출간된 대표작『참을 수 없는 존재의 가벼움』으로 명실공히 세계적인 작가로 자리매김했다. 이후『생은 다른 곳에』,『불멸』등의 작품을 썼고 메디치상, 클레멘트 루케상, 유로파상, 체코작가상, 커먼웰스상, LA타임스 소설상 등 전 세계 유수의 문학상을 받았다. 매년 노벨문학상의 유력 후보로 거론되기도 했다.

토니 베넷
Tony Bennett, 1926~2023

▲ 토니 베넷

토니 베넷은 20C 중반의 위대한 재즈 보컬리스트 중 한 명으로 평가되는 뮤지션이다. 지난 7월 21일(현지시간) 별세했다. 향년 96세. **'아이 레프트 마이 하트 인 샌프란시스코(I left my heart in San Francisco)'라는 대표곡**으로 잘 알려진 그는 20C 중반부터 70년 넘게 활동하며 팝과 재즈 보컬로 명성을 떨쳤다. 재즈풍의 달콤한 사랑 노래로 큰 인기를 끌며 생전에 70장 넘는 앨범을 냈다. 평생공로상을 합쳐 수상한 그래미만 20개에 이른다. 이중 18개를 60대 이후에 수상할 만큼 오랫동안 음악 활동을 펼쳤다.

그는 비틀스의 폴 매카트니, 엘튼 존, '솔의 여왕' 어리사 프랭클린 등과 거의 아흔에 가까운 나이까지 꾸준히 듀엣 활동을 하며 노익장을 과시했다. 특히 88세가 되던 2014년 레이디 가가와 앨범을 내고 이듬해 콘서트 투어를 함께하는 등 돈독한 관계를 유지했다. 지난 2021년 초 알츠하이머 진단을 받은 사실을 고백한 후에도 음반 녹음을 멈추지 않았으나, 결국 올해 8월 뉴욕 라디오 시티 공연을 마지막으로 무대를 떠났다.

흑해 곡물 협정
Black Sea Grain Initiative

흑해 곡물 협정은 **러시아·우크라이나 전쟁으로 중단된 흑해 항로를 통한 우크라이나의 곡물 수출을 보장하기 위한 협정**이다. 지난 2022년 7월 22일 유엔과 튀르키예의 중재 아래 체결됐다. 우크라이나는 '유럽의 빵 바구니'로 불리는 곡물 수출 대국이다. 전쟁으로 우크라이나산 농산물 수출이 사실상 중단되자 세계적으로 인플레이션 우려가 심화됐다. 이에 전쟁 중에도 우크라이나 곡물 수출을 보장하기 위해 흑해 곡물 협정이 체결된 것이다. 협정 덕분에 우크라이나는 전쟁 중에도 2023년 5월까지 총 3300만 톤의 곡물·식료품을 수출했고 이는 국제 곡물 가격을 낮추는 데 크게 기여했다.

이 협정은 3차례 연장됐지만 러시아가 7월 17일(현지시간) 사실상 종료를 발표하면서 연장이 무산됐다. 러시아는 자국 농산물과 비료의 수출 보장 약속이 이행되지 않는다며 곡물 협정의 종료를 선언했다. 흑해 곡물 협정의 만료로 세계 식량 위기가 재연될 것이란 우려가 나오고 있다. 미국 등 서방 국가들은 러시아가 또다시 식량을 무기 삼고 있다고 비판하고 있다.

용의 이빨
Dragon's teeth

▲ 우크라이나 군용 차량이 '용의 이빨'로 진격하다 참호에 부딪히는 장면 (SNS 캡처)

용의 이빨은 러시아가 우크라이나 점령지에 구축한 방어선으로, 콘크리트와 철근으로 된 뿔 모양의 탱크 저지용 구조물이다. 러시아군은 우크라이나 점령지 전선 지역 수백km에 걸쳐 용의 이빨을 구축했다. 세 겹으로 배치됐으며 콘크리트 선 양쪽에는 전차가 빠질만한 크기의 참호도 파두었다. 우크라이나군의 진입을 원천 차단하기 위한 것이다. 지난 7월 28일(현지시간) 우크라이나 군대가 러시아의 핵심 방어선 '용의 이빨'까지 진격한 영상이 처음으로 공개됐다.

미국 CNN은 러시아 소셜미디어에 유포된 영상에서 우크라이나 군용 차량 한 대가 '용의 이빨'을 향해 들판을 내달리는 장면이 포착됐다고 보도했다. CNN은 영상 촬영지가 자포리자주의 작은 마을 노베와 카르코베의 동쪽 지역으로 파악됐다고 했다. CNN은 이 영상만으로는 정확한 판단은 어렵지만 분명한 것은 우크라이나 남부에서 우크라이나군이 최근 며칠 사이 눈에 띄는 성과를 거뒀다는 점이라고 짚었다.

올드머니룩
old money look

올드머니룩은 집안 대대로 내려오는 유산으로 오랫동안 부를 축적한 상류층이나 귀족 가문에서 즐겨 입을 법한 패션 스타일이란 뜻이다. **고급스러운 소재에 노트럴톤, 모노톤 등 절제된 색감을 활용하고 로고를 전면에 드러내지 않는 게 특징이다.** 승마, 테니스, 요트, 골프 등 서구 상류층이 즐기는 스포츠에서 디자인의 영감을 받은 부분도 있다. 대표적인 올드머니룩 아이템으로 트위드(tweed : 양모사 또는 기타 모사를 섞어 촘촘하고 거친 느낌으로 짠 천) 재킷, 벨벳 코트, 옥스퍼드 셔츠, 리넨(linen : 아마의 섬유로 짠 직물) 팬츠, 옥스퍼드 슈즈 등이 꼽힌다.

최근 패션업계에 따르면 은은하면서도 고급스러움을 나타내는 올드머니룩이 주목을 받고 있다. 각종 검색어 순위에 올드머니룩이 올랐다. 국내 온라인 셀렉트숍(여러 브랜드 제품을 모아 판매하는 편집숍)인 29CM에 따르면 한여름에도 캐시미어, 트위드 등 겨울철 의류에 주로 쓰이는 고급 소재에 대한 상품 구매가 늘었다. 올드머니룩은 로고가 부각되지 않고 수수한 분위기를 연출하는 스텔스패션(stealth fashion) 트렌드와도 일맥상통한다.

후지와라 효과
Fujiwhara effect

후지와라 효과는 2개의 태풍이 인접한 곳에 위치했을 때 서로의 이동 경로나 세력에 영향을 미치는 현상을 말한다. 보통 열대성 저기압 2개가 1000~1200km 정도의 거리를 두고 만날 경우 발생하는 현상이다. 1921년 이 현상을 처음 설명한 일본 기상학자 후지와라 사쿠헤이의 이름에서 유래했다. 태풍 2개가 서로 간섭하는 경우는 드물지만 후지와라 효과가 발생하면 두 태풍이 서로 반시계 방향으로 회전하거나 함께 이동하는 등 다양한 운동 형태를 나타낸다.

우리나라에 나타난 후지와라 효과 사례로는 2012년 8월 발생한 14호 태풍 덴빈과 15호 볼라벤을 들 수 있다. 당시 필리핀 북쪽 해상에서 발생한 덴빈이 북상할 때 뒤에 발생한 볼라벤의 영향으로 경로가 틀어지면서 반시계 방향으로 역회전했고 결국 볼라벤이 한반도에 먼저 상륙했다. 이후 소멸할 것으로 예측됐던 덴빈이 다시 북동진해 한반도에 상륙하는 등 태풍 진로와 세력 예측이 힘들었다. **지난 8월 10일 제6호 태풍 카눈이 이례적으로 더딘 진행 속도를 보인 이유를 두고 뒤따라 북상한 제7호 태풍 란이 카눈과 후지와라 효과를 일으켰기 때문이란 분석**이 제기됐다.

지역사랑카드

▲ 지역사랑카드 (자료 : 안동시)

지역사랑카드(카드형 지역사랑상품권)는 지역사랑 상품권을 실물카드로 발급받아 사용하는 것이다. 지방자치단체가 발행하고 해당 지방자치단체 가맹점에서만 사용가능한 상품권인 지역사랑상품 권은 종이 상품권, 모바일 앱, 실물카드로 발급받을 수 있다. 가맹점 스티커가 붙어있는 곳이라면 어디든 현금처럼 사용가능하다. 지역 내 가맹점에서 사용하면 최대 10% 할인 또는 캐시백 혜택을 받을 수 있다. **가맹점 수수료가 없어 소상공인 지원효과가 있으며, 지역 내 소비증가 및 자금의 역외유출 방지 효과**를 볼 수 있다.

운영사의 정책에 따라 지역사랑카드 사용 시 자체 혜택을 주기도 한다. 하나은행·하나카드가 운영하는 대전광역시 지역사랑상품권 '온통대전' 카드의 경우 전월 이용액이 일정 한도가 넘으면 편의점, 커피숍 등에서 이 카드를 쓸 때마다 이용액의 5%를 현금처럼 쓸 수 있는 온라인 포인트를 적립해 준다. 이 외에도 국민카드가 운영하는 제주도 지역사랑상품권 '탐나는전 카드', 대구은행이 발급하는 대구행복페이 카드 등 다양한 지역사랑카드가 운영 중이다.

파라인플루엔자 감염증
Parainfluenza infection

파라인플루엔자 감염증은 파라인플루엔자 바이러스로 인해 감염되는 질환으로, 소아에게 **급성 폐쇄성 후두염**(크룹·croup)을 유발하고, 성인에게 면역 저하를 일으키며, 환자에게 심한 폐렴을 일으킬 수 있는 질환이다. 파라인플루엔자 감염증에 걸린 환자의 콧물 등이 호흡기를 통해 직간접적으로 전파되거나, 환자의 주변 환경 접촉을 통해서 전파된다. 코로나19 확진자가 증가하는 가운데 파라인플루엔자 바이러스도 유행해 보건 당국이 호흡기 질환 예방을 당부했다.

파라인플루엔자는 일반적으로 4~8월에 유행해 여름감기로 알려졌으나 코로나19 확산 기간에 자취를 감췄다가 2021년 9월 유행이 확인됐다. 지난해에도 10월부터 검출되는 등 기존 발생 양상과 다른 경향을 보였다. 올해에는 코로나19 발생 이후 처음으로 7월에 다시 크게 유행해 호흡기 바이러스 발생 경향 변화에 따른 지속적인 감시와 주의가 요구된다고 보건환경연구원은 전했다. 이외에도 연중 발생하는 리노, 아데노 바이러스도 계속해서 발견되고 있어 여름철 코로나19뿐만 아니라 호흡기 바이러스 유행에 맞서 개인위생이 더욱 강조되고 있다.

WebM

web▶m

WebM(웹엠)은 **로열티 비용이 없는 개방형 고화질 영상 압축 형식의 포맷으로, 파일 확장자는 '.WEBM'이다.** 구글에서 만든 컨테이너 형식으로, 2010년 오픈소스(무상으로 공개된 소스코드 또는 소프트웨어)화됐다. WebM 파일은 일반적으로 다른 비디오 형식의 파일보다 작아 인터넷을 통해 더 빠르게 전달할 수 있다. 비디오 스트리밍을 위해 HTML5 웹 사이트에서 사용되기 때문에 대부분의 웹브라우저에서 지원된다. 미디어를 웹 페이지에 배치하는 데 널리 사용되고 있으며 휴대전화에서도 대부분 지원된다.

널리 사용되고 있는 MP4와 비교했을 때 MP4와 WebM은 모두 HTML5에서 지원되고 최소 파일 크기로 압축되지만, WebM의 용량이 MP4보다 훨씬 작다. WebM의 경우 인터넷 스트리밍을 위해 제작됐기 때문이다. 품질의 경우 WebM의 압축률이 MP4보다 큰 경우가 많아 MP4가 WebM보다 더 높은 품질을 가진 것으로 알려졌다. 특히 WebM은 배경이 투명한 동영상을 만들 수 있다는 장점이 있다.

스위프트노믹스
Swiftonomics

▲ 테일러 스위프트

스위프트노믹스는 미국 팝스타 테일러 스위프트와 경제(이코노믹스)를 합성한 것으로, **테일러 스위프트의 경제적 영향력을 지칭하는 신조어다.** 테일러노믹스(Taylornomics)라고도 한다. 스위프트는 3월부터 미국 20여 개 도시를 도는 '더 에라스 투어'를 벌이고 있는데, 공연 때마다 모여든 관광객들로 호텔과 음식점 등도 호황을 맞고 있다. 미국 연방준비제도(Fed)가 지난 7월 경기동향 보고서에서 스위프트 콘서트가 지역 경제에 미치는 효과를 언급하며, 스위프트의 콘서트가 창출한 경제적 가치에 주목했다.

시장 분석업체 퀘스천프로는 스위프트의 이번 투어로 전 세계에서 50억달러의 경제 부양 효과가 발생할 것이라며 이는 50개 넘는 국가의 국내총생산(GDP)보다 많은 수치라고 분석했다. 스위프트는 8월 24일부터 멕시코시티를 시작으로 일본, 싱가포르, 호주, 프랑스 등 본격적인 월드투어에 나선다. '더 에라스 투어'는 총 146회의 공연을 하게 되는데, 그 수익은 약19억달러(한화 약2조 5047억원)을 넘어설 것으로 보인다.

브로켄의 요괴
Brocken spectre

▲ 브로켄 현상

브로켄의 요괴란 **사람·사물 뒤에서 비치는 태양광이 구름이나 안개에 퍼져 보는 사람의 그림자 주변에 무지개 같은 빛의 띠가 나타나는 일종의 대기광학 현상**이다. 무지개와 유사한 원리로 생긴다. 독일의 브로켄 산에서 처음 발견돼 이러한 이름이 붙여졌고, 그 모습이 요괴와 같아서 브로켄의 요괴라고 불린다. 과거에는 기상현상인지 몰라 요괴나 귀신으로 오해했다고 한다. 현재는 행운을 상징하는 신비로운 현상으로 받아들여진다. 이 현상은 주로 산 정상에서 나타나며 현대에도 관측이 쉽지 않고, 특정한 조건이 갖춰져야 형성된다.

지난 8월 3일 제주 한라산국립공원에서 기상광학현상인 브로켄 현상이 목격됐다. 이날 오전 한 등산객이 백록담 정상에서 브로켄 현상을 목격했다. 기상청은 동풍 계열 바람이 한라산 정상에 유입돼 구름이 몰렸고 태양빛이 더해지면서 이날 브로켄 현상이 나타난 것으로 보고 있다. 제주기상청 관계자는 "매우 드물다고는 할 수 없으나 쉽게 관측되는 현상은 아니다"라고 했다.

비추이즘
Bitzu'ism

▲ 이스라엘의 실질적 수도인 텔아비브

비추이즘은 '어떤 일이든 이루고 말겠다'는 이스라엘식 실용주의를 뜻한다. 비추이즘은 인구 900만 명밖에 되지 않은 작은 나라인 **이스라엘을 인구당 스타트업 수 1위 창업 국가로 만든 이스라엘 스타트업의 정신**을 나타낸다. 이스라엘은 1990년대 중동사태 이후 심각한 재정 위기와 고용 위기를 창업으로 극복했다. 청년 실업문제를 창직과 창업을 통해 돌파구를 마련한 것이다. **창업국가 이스라엘을 대표하는 단어는 비추이즘 외에도 후츠파**(Chutzpah : 놀라운 용기), **다브카**(Davca : '그럼에도 불구하고'란 뜻으로 실패하더라도 책임을 묻거나 비난하지 않음)가 있다.

예를 들어 '스토어닷'은 비추이즘 정신으로 탄생한 이스라엘의 대표적 스타트업이다. 이 회사는 5분만 충전해도 종일 달릴 수 있는 전기차 배터리를 제조하는 회사다. 전기차의 치명적 약점인 충전 시간을 획기적으로 줄여 게임 체인저가 될 것으로 기대된다. 2013년 삼성벤처스가 초기 단계 투자에 참여하며 국내에 알려지기도 했다.

짐 켈러
James B. Keller, 1958

▲ 전설적 칩 설계자 짐 켈러

짐 켈러는 반도체 설계 분야 권위자로 인정받는 인물로, 현재 캐나다 토론토에 본사를 두고 있는 인공지능(AI) 반도체 스타트업 텐스토렌트의 최고경영자(CEO)다. 그는 애플 아이폰의 'A칩', AMD의 PC용 CPU '라이젠', 테슬라의 자율주행 반도체 등을 설계한 인물이다. '천재 반도체 설계자', '반도체 마법사' 등의 별명이 붙는다. 인텔에서 수석부사장, AMD에서 부사장과 수석설계자를 지냈으며, Apple과 테슬라 등에서도 중책을 역임한 바 있다.

현대자동차그룹은 8월 3일 짐 켈러의 텐스토렌트에 5000만달러(642억원)를 투자했다는 소식을 전했다. 최근 현대차그룹은 인공지능(AI), 반도체, 자율주행 등 소프트웨어 분야에 투자를 점차 넓혀가고 있다. 전기차로 전환기를 맞아 자동차 산업에서 점차 반도체의 중요성이 커지고 있는 변화에 선제적으로 대응키 위한 것이다. 대표적으로 **자율주행을 하기 위해선 높은 수준의 반도체 기술이 필요**하다. 도로에서 벌어지는 여러 상황을 자동차가 순식간에 수집해 해석하고 즉시 결정해야 하는 복잡한 연산 과정이 필요하기 때문이다.

시네이드 오코너
Sinead O'Connor, 1966~2023

▲ 고(故) 시네이드 오코너

시네이드 오코너는 아일랜드 출신의 여성 싱어송라이터 겸 활동가다. 7월 26일(현지시간) 뉴욕타임스 등 외신은 오코너의 사망 소식을 전했다. 향년 56세로 사망 원인은 알려지지 않았다. 오코너는 1990년 팝스타 프린스의 곡 '낫씽 컴페어즈 투 유(Nothing Compares 2 U)'로 빌보드 메인 싱글 차트 '핫100' 1위에 올라 세계적 스타가 됐다. 해당 노래가 담긴 음반으로 이듬해 그래미 어워즈에서 베스트 얼터너티브 퍼포먼스 수상자에 지목됐지만 오코너는 그래미 어워즈가 과도하게 상업적이라며 해당 시상식을 보이콧했다.

오코너의 트레이드마크는 '삭발'과 '저항정신'이었다. 로이터통신은 삭발에 고통스러운 표정의 오코너가 90년대 초 음악계에서 여성의 이미지를 바꿨다고 평했다. 그는 종교, 성, 페미니즘, 전쟁 등에 관한 뚜렷한 견해를 밝히며 음악 외적으로도 이목을 끌었다. 미국 유명 예능 프로그램 '새터데이 나이트 라이브' 출연 당시 로마 가톨릭교회의 성적 학대에 대한 저항의 의미로 교황 요한 바오로 2세의 사진을 찢는 돌발 행동도 했다.

퇴림환경

退林還耕

퇴림환경은 '**숲을 갈아엎고 논밭으로 만든다**'는 **중국의 식량안보 정책이다.** 중국은 지난해부터 식량 위기 대비를 위해 퇴림환경을 시행하고 있다. 지난 3월 중국 리커창 당시 총리는 전국인민대표대회에서 "경작지를 확대해 식량 5000만톤을 증산하겠다"는 목표를 밝혔다. 중국은 이미 퇴림환경 정책의 일환으로 342억위안(약 6조억 원)을 들여 조성한 쓰촨성 청두 외곽의 생태공원을 뒤엎어 농경지로 만들고 있다. 곡물 재배를 위해 허난성의 숲과 과수원 평지를 갈아엎었다.

중국은 1990년대 후반부터 황사 피해를 줄이고, 도시 노동력 확보를 위해 대대적인 녹화 사업을 벌였다. 하지만 최근 주요 곡물을 공급하는 미국과의 패권 경쟁 심화, 기후변화로 쌀 생산량이 감소하면서 식량 자급이 위태로워졌다. 또한 코로나19 대유행과 러시아·우크라이나 전쟁 등으로 식량 자원의 중요성이 더욱 부각됐다. 시진핑 중국 국가 주석은 '식량 안보'를 올해 6대 국가 최우선 과제로 삼았다. 중국 농업농촌부가 최근 발표한 보고서에 따르면 중국은 2032년까지 식량 수요의 90% 이상을 자국 내에서 생산하는 것을 목표로 하고 있다.

몽탄 신도시

▲ 몽골 국기

몽탄 신도시란 **몽골 수도 울란바토르의 별칭으로, 거리 모습이 경기도의 '동탄 신도시'와 비슷해서 붙여졌다.** 울란바토르 곳곳에는 국내 편의점 브랜드인 'CU'와 'GS25', 한국식 카페 등이 들어섰다. 간판까지 한글로 된 경우가 많다. 대통령 집무실이 있는 수흐바타르 광장 인근엔 한국의 길거리 간식을 파는 노점도 늘어섰다. 한국 대형 마트 이마트는 울란바토르에서만 3호점이 오픈했다. 울란바토르 시내에 한국 건설사가 지은 아파트 단지는 10여 곳이나 되는데 새로 건설하는 아파트 단지 경관도 한국 아파트 단지와 유사하다.

이처럼 몽골에 한국 문화가 유행하게 된 이유는 한국과의 인적교류 덕분이다. 몽골 전체 인구 340만 명 중 10%가량인 30만 명이 유학, 일자리를 위해 한국에 다녀왔다고 한다. 1990년 몽골 민주화 이후 한국은 몽골에서 가장 가까운 자본주의, 시장경제 체제 국가였기에 당시 몽골인들 사이에서 한국에서 공부하고 취업하려는 유학생이 크게 늘었다. 드라마 돌풍도 한몫했다. 1990년 한·몽 양국 수교 이후 몽골 방송에선 '모래시계(1998년)', '겨울연가(2002년)', '대장금(2003년)' 등이 방영돼 한국 문화에 대한 관심이 증가했다.

두리안 외교
durian diplomacy

▲ 두리안

두리안 외교란 중국이 두리안 수출 허가증을 활용해 동남아시아 지역에서 영향력을 확대하려는 모습을 빗댄 신조어다. 두리안은 '천국의 맛, 지옥의 냄새'로 불리는 열대과일로, 경조사 선물로도 인기를 끄는 등 중국에서 날개 돋친 듯 팔리고 있다. 중국은 두리안 소비량의 대부분을 수입에 의존한다. 중국이 지난해 사들인 두리안은 82만 4000톤에 달하며 금액으로는 약 5조원 규모다. 중국이 전 세계 두리안 소비의 80%를 차지한다는 통계도 있다.

그간 두리안 수요 대부분을 태국에서 조달하던 중국은 급증하는 수요를 따라잡지 못해 지난해 7월과 올해 1월부터 각각 베트남과 필리핀에도 수출 문을 개방했다. 중국 덕에 이 나라의 두리안 매출이 급성장했다. 전문가들은 **중국이 국경 무역을 전략적 영향력 행사 도구로 활용하는 것 아니냐**고 지적한다. 중국에 대한 수출량이 증가할수록 중국 의존도는 높아질 수밖에 없고, 중국과의 관계를 해치지 않기 위해 노력할 것이기 때문이다.

스포츠테크
sports tech

스포츠테크란 **스포츠 분야에 인공지능(AI)과 사물인터넷(IoT), 빅데이터, 정밀센서, 메타버스 등의 첨단기술이 결합한 것**을 말한다. 지난 2022 카타르 월드컵 조별리그 경기에서 역전골을 넣고 유니폼을 벗는 세리머니를 펼친 황희찬 선수가 브라톱을 연상시키는 검정 조끼를 착용해 주목받았다. 전자퍼포먼스추적시스템(EPTS, Electronic Performance and Tracking Systems)이 장착된 이 조끼는 선수들의 활동량과 위치 데이터를 모아 코칭스태프가 경기 전략을 짜는 데 도움을 준다.

이처럼 경기 전략이 중요한 축구와 야구에서 데이터를 활용한 기술이 널리 활용되고, 골프 스윙 자세를 교정하는 기술이 개발되기도 했다. 스포츠테크는 부상으로 어려움을 겪던 선수의 재활이나 선수들의 잠재력을 끌어내 신기록을 작성하는 데 도움을 준다. 오판 논란이 끊이지 않는 스포츠에서 정확한 판정으로 경기 수준을 끌어올리는 역할도 해낸다. 경기 중계를 할 때도 데이터 시각화가 고도화되면서 팬들의 경기 몰입도를 높이는 데도 IT 기술이 큰 역할을 하고 있다. 세계 스포츠테크 시장 규모는 2027년엔 418억달러(약 54조원)로 커질 전망이다.

SNS 톡! 톡!

해야 할 건 많고, (이거 한다고 뭐가 나아질까) 미래는 여전히 불안하고 거울 속 내 표정은 (정말 노답이다) 무표정할 때!
턱 막힌 숨을 조금이나마 열어 드릴게요. "톡!톡! 너 이 얘기 들어봤니?" SNS 속 이야기로 쉬어가요.

#이 정도는 알아야 #트렌드남녀

흥분한 누리꾼들...'초전도체 밈' 확산

▲ 초전도체로 세빛둥둥섬이 공중에 뜰 것
이라는 상상도 (온라인 커뮤니티 캡처)

'꿈의 물질'로 불리는 상온·상압 초전도체인 LK-99를 세계 최초로 개발했다는 국내 연구진의 주장에 각종 커뮤니티와 SNS에 온갖 밈이 쏟아졌다. 진위 단계임에도 흥분한 누리꾼들은 LK-99의 성공을 응원하며 상상의 나래를 펼쳤다. 세빛둥둥섬이 공중에 뜨고 한국의 기술 패권 장악으로 미국은 한국의 아홉째 아메리카도(道)로 편입될 것이란 내용도 있었다.

@ 밈 (meme)
모방의 형태로 인터넷을 중심으로 전파되는 생각, 스타일, 유행어, 이미지, 영상 등을 총칭하는 말. 본래는 '문화적 유전자'

#흥분_실망_반전 #본격_국민_과학_엔터테인먼트

20년 갇혔던 사순이, 꼭 죽여야 했나

▲ 암사자 사순이 (자료 : 경북소방본부)

경북 고령군의 한 사설 목장에서 탈출한 암사자 '사순이'가 사살된 것에 대해 SNS에서 동정 여론이 일었다. 사순이는 8월 14일 사설 목장에서 관리인이 실수로 잠그지 않은 우리 문을 빠져나가 목장 바로 옆 숲속 그늘에 앉아 있었다. 신고를 받고 출동한 경찰과 소방본부는 인명 피해를 우려해 포획이 아닌 사살을 선택했다. 새끼 때부터 20년을 좁은 우리에 살던 사순이의 처음이자 마지막 세상 구경이었다.

@ 동물원수족관법
동물원·수족관을 등록제에서 허가제로 전환하고 전시 동물 복지를 제고하는 법으로 2022년 국회 통과

#인간이 #미안해

서울시 새 브랜드에 누리꾼들 '호불호'

▲ 서울시 새 브랜드 (자료 : 서울시)

서울시가 공개한 새 도시 브랜드 로고인 'Seoul, My Soul'(서울, 마이 소울)에 누리꾼들의 평가가 엇갈렸다. 오세훈 시장은 8월 16일 시청에서 새 도시 브랜드를 발표했다. 새 브랜드는 'SEOUL'을 전면에 배치하고 마음(하트)·경험(느낌표)·즐거움(스마일)을 의미하는 그림문자인 픽토그램을 넣어 주목도를 높였다. SNS와 커뮤니티에서 "귀엽고 예쁘다"라는 의견과 "색이 촌스럽다"라는 의견이 대립했다.

@ 픽토그램 (pictogram)
'그림(picture)'과 '전보(telegram)'의 합성어로 사물, 시설, 행태, 개념 등을 일반 대중들이 쉽게 알아볼 수 있도록 상징적인 그림으로 나타낸 일종의 그림문자

#I♥NY처럼 #오래가는__브랜드가_되길

K드라마 최고 제작비 '무빙'...OTT 화제성 1위

디즈니+의 오리지널 시리즈 '무빙'이 8월 2주 차 굿데이터 TV-OTT 드라마 화제성 부문 1위에 올랐다. '무빙'은 초능력을 숨긴 채 현재를 살아가는 아이들과 아픈 비밀을 감춘 채 과거를 살아온 부모들의 이야기를 그린 휴먼 액션 시리즈로 역대 한국 드라마 사상 최고 제작비(약 500억원)가 들어갔다. 온라인 커뮤니티와 SNS에서는 '무빙' 영상을 편집한 '짤'이 큰 인기를 모았다. 국내에서 넷플릭스에 밀려 위축된 디즈니+가 '무빙'으로 제2의 '오징어게임' 효과를 볼 수 있을지 주목된다.

@ 짤
'짤(잘)림 방지'의 줄임말인 '짤방'을 더 줄인 말로, 일부 게시판에서 글의 삭제를 방지하기 위해 올리는 내용과 무관한 사진이나 동영상을 뜻하다가 내용에 첨부되는 이미지를 통칭하는 의미로 확장

#볼_것은_많고 #구독료도_늘고

페이스북에서 이벤트도 참여하세요.

• **페이스북**
facebook.com/
eduwillnet

• **에듀윌 도서몰**
book.eduwill.net

• **시사상식 App**
에듀윌 시사상식

구글 플레이스토어 or 애플 앱스토어에서 에듀윌 시사상식을 검색하세요.

* **Cover Story**와 분야별 **최신상식**에 나온 중요 키워드를 떠올려보세요.

01 전북 군산시, 김제시, 부안군에 걸쳐 있는 국내 최대 규모의 간척지는?   p.8

02 경찰은 2022년 1월부터 묻지마 범죄의 명칭을 무엇으로 정하고 통계를 기록하기 시작했는가?   p.14

03 3급 이상 공무원 등의 직무관련 범죄에 대해 수사, 공소 제기 등의 업무를 수행하는 대한민국의 수사기관은?   p.29

04 하중을 지탱하는 수평구조 부재인 대들보(beam) 없이, 건물의 하중을 지탱하는 수직재의 기둥(코어)에 슬래브(slab)가 바로 연결된 형식은?   p.30

05 생산가능인구 100명당 부양인구 수를 나타내는 지표는?   p.47

06 주문하지 않은 상품을 무작위로 발송해 매출 순위를 올리는 사기 수법은?   p.48

07 경제력과 군사력을 바탕으로 무력과 보복 등 공세적인 외교를 지향하는 중국의 달라진 외교 방식을 가리키는 말은?   p.58

08 전쟁 포로는 어떤 때에도 인도적으로 대우받아야 하며 인간적 존엄성이 손상돼서는 안 된다는 협정은? p.69

09 기업이 불법행위를 통해 영리적 이익을 얻은 경우 이익보다 훨씬 더 큰 금액을 손해배상액이나 과징금으로 부과하는 방식은? p.76

10 1950년대 미국에서 공산주의자·좌익 척결 광풍을 몰고 온 극우 이념 정책은? p.79

11 물질이 초전도 상태로 전이되면서 물질의 내부에 침투해 있던 자기장이 외부로 밀려나는 현상은? p.81

12 통상적인 판단 기준으로 식별할 수 없는 정체불명의 비행 물체 또는 확인된 식별자가 없는 비행 현상은? p.87

13 미국 시카고를 본거지로 1991년부터 매년 여름에 개최되는 북미의 대표적 종합 뮤직 페스티벌은? p.89

14 노르웨이 사람들이 휴식을 즐기는 통나무로 만들어진 노르웨이의 전통 가옥은? p.101

정답 **01**. 새만금 **02**. 이상동기 범죄 **03**. 고위공직자수사처 **04**. 무량판 구조 **05**. 인구 부양비 **06**. 브러싱 스캠 **07**. 전량외교 **08**. 제네바 협약 **09**. 징벌적 손해배상 **10**. 매카시즘 **11**. 마이스너 효과 **12**. 미확인비행현상(UAP) **13**. 롤라팔루자 **14**. 휘떼

말로 갈 수도,
차로 갈 수도,
둘이서 갈 수도,
셋이서 갈 수도 있다.
하지만 맨 마지막 한 걸음은
자기 혼자서 걷지 않으면 안 된다.

– 헤르만 헤세(Hermann Hesse)

에듀윌, '공인중개사 필살키' 교재 6종 신규 출간

종합교육기업 에듀윌은 '공인중개사 필살키' 교재 6종을 신규 출간하고, 예약 판매와 함께 온라인서점 예스24에서 8월 2주 베스트셀러 1위부터 상위권을 모두 차지했다고 8월 16일 밝혔다.

에듀윌은 시험에 꼭 나오는 필수 이론과 핵심 유형 100문항을 수록한 1차 및 2차 과목별 필살키 교재를 올해 34회 공인중개사 시험을 약 70일 앞두고 출간했다. 수험생들이 해당 교재를 통해 시험 전까지 부족한 부분의 내용을 정리 및 회독해보고, 시험장에도 가져갈 수 있도록 콤팩트하게 제작한 것이 특징이라고 전했다.

에듀윌에 따르면 해당 교재는 ▲부동산학개론 이영방 필살키 ▲민법 및 민사특별법 심정욱 필살키 ▲공인중개사법령 및 중개실무 임선정 필살키 ▲부동산공법 오시훈 필살키 ▲부동산공시법 김민석 필살키 ▲부동산세법 한영규 필살키 등 총 6권으로 출간됐으며, 모두 주별 베스트셀러에 올라 있다.

에듀윌 관계자는 "그동안에는 이론 공부와 기출 문제풀이에 집중했다면, 시험을 두 달 앞둔 현 시점에서는 시험에 꼭 나오는 최종 핵심 이론과 빈출 필수 유형 문제들로 마무리 학습을 해야 한다"며, "수년간 에듀윌 오프라인 학원 수강생들 사이에서 시험 적중률이 높다고 입소문 났던 에듀윌 공인중개사 일타 교수진의 '마무리 100선'을 드디어 온·오프라인 서점에서도 만나볼 수 있게 됐다"고 말했다.

한편, 에듀윌은 공인중개사 1차 단원별 기출문제집을 필두로 전 교재 라인업이 온라인서점 베스트셀러에 13년간 꾸준히 오르며 콘텐츠 파워를 자랑해왔다. 최근 출간한 심정욱 민법 암기노트와 오시훈 합격서 등이 예약 판매와 동시에 베스트셀러에 오르며 출간하는 교재마다 화제를 모으고 있다.

PART
03

취업상식
실전TEST

취업문이 열리는 실전 문제 풀이

최근 출판된 에듀윌 자격증·공무원·취업
교재에 수록된 문제를 제공합니다.

01 학생인권조례에 포함되지 <u>않은</u> 내용은?

① 체벌 전면 금지
② 강제 야간자율학습 금지
③ 성 정체성 및 성적 지향의 자유
④ 두발과 복장의 개성 존중 및 두발 길이 규제 금지

해설 학생인권조례는 학생의 존엄과 가치, 자유, 권리를 보장하기 위한 조례로 경기도에서 최초로 2010년 10월 5일 공식 선포했고 광주, 서울, 전북, 충북, 제주 등에서 공포해 시행 중이다. 학생인권조례에 성 정체성 및 성적 지향의 자유는 논란 끝에 포함되지 않았다.

🗁 서이초 교사 사망 사건에 '학생인권조례' 손 본다

서울 서초구 서이초등학교에서 근무하던 한 교사가 지난 7월 18일 학내에서 스스로 목숨을 끊은 사건을 두고 고인이 평소 학부모들의 이른바 '갑질'에 시달려왔다는 의혹이 불거졌다. 경찰은 숨진 교사의 휴대전화를 확보하고 갑질 의혹 당사자로 지목된 학부모에 대한 조사에 나섰다. 교사들의 분노는 들끓었다. 3대 교원단체인 한국교원단체총연합회(교총)·전국교직원노동조합(전교조)·교사노동조합연맹(교사노조)은 이번 사건에 대한 정부의 진상 조사를 촉구했다.

정부 여당은 7월 26일 대한 교권 침해 행위를 학교생활기록부에 기재하는 교원지위향상법 개정안, 교사의 생활 지도에 아동학대 면책권을 부여하는 초·중등교육법 및 아동학대처벌법 개정안 처리 등 교권 회복을 위한 법 개정에 나서기로 했다. 또한 정부 여당은 진보 성향 교육감들의 주도로 7개 시·도 교육청에서 도입된 학생인권조례 개정을 추진하겠다고 밝혔다.

정답 ③

02 헌법에 명문화된 선거의 4대 원칙이 아닌 것은?

① 보통선거
② 평등선거
③ 직접선거
④ 자유선거

해설 선거의 4대 원칙으로 ▲보통선거(제한 없이 일정 연령에 달한 모든 국민에게 선거권을 인정) ▲평등선거(1인 1표) ▲직접선거(중간선거인 없이 직접 대표자를 선출) ▲비밀선거(투표 내용이 공개되지 않는 원칙)를 꼽는다. 자유선거는 선거인이 외부 간섭 없이 자유롭게 선거권을 행사할 수 있는 원칙으로서 헌법에 명문화되어 있지는 않으나 자유민주주의 체제에서 당연히 요청되는 법 원리다.

🗁 헌재 "준연동형 비례제 합헌...입법자 재량"

2020년 총선에서 도입돼 '비례대표용 위성정당'을 양산하고 거대 양당의 '의석 나눠먹기'를 초래한 준연동형 비례대표제가 헌법에 어긋나지 않는다는 판결이 나왔다. 헌법재판소는 6월 20일 준연동형 비례대표제를 규정한 공직선거법 189조 2항 등에 대해 허경영 국민혁명당 명예대표와 일반 유권자들이 낸 헌법소원 심판 청구를 재판관 전원일치 의견으로 기각했다.

헌재는 "입법자가 국회의원 선거제도를 형성하는 데 헌법이 명시한 보통·평등·직접·비밀선거 원칙과 자유선거 등 국민의 선거권이 부당하게 제한되지 않는 한 헌법에 위반된다고 할 수 없다"고 밝혔다. 다만 헌재는 위성정당 논란에 대해 "선거의 비례성을 확보하려면 연동을 차단하는 거대 정당의 선거전략을 효과적으로 통제할 수 있는 제도를 마련하는 것이 필요하다"고 지적했다.

정답 ④

03 국내 4대 금융지주에 포함되지 않는 것은?

① KB 금융지주
② NH 금융지주
③ 신한 금융지주
④ 우리 금융지주

해설 국내 4대 금융지주는 자산 규모, 총자본, 영업이익, 고객 수 등의 기준을 종합적으로 고려해 국내에서 가장 규모가 크고 안정적인 ▲KB 금융지주 ▲신한 금융지주 ▲하나 금융지주 ▲우리 금융지주를 꼽는다.

📂 4대 금융지주 상반기 순이익 사상 첫 9조 돌파

4대 금융지주가 올해 상반기 순이익 9조원을 돌파하며 반기 기준 사상 최대 실적을 올렸다. 올해 금리가 안정세를 보이며 가계·기업대출이 늘면서 이자로 벌어들인 수익이 증가했다. 다만 4대 지주의 은행 의존도가 지난해보다 늘어나 포트폴리오 다변화는 여전히 과제로 남게 됐다.

7월 28일 금융권에 따르면 KB·신한·하나·우리 등 4대 금융지주의 올해 상반기 당기순이익은 9조1824억원으로 집계됐다. 반기 기준 역대 최고치다. 지난해 상반기(8조8473억원) 대비 3.6% 늘어났다. '리딩뱅크' 자리를 지킨 KB금융지주는 상반기 2조9967억원의 당기순이익을 기록했다. 신한금융이 2조6262억원으로 2위를 차지했고 하나금융 2조209억원, 우리금융 1조5386억원 순이었다.

정답 ②

04 2022년 기준 국내 총인구 중 내국인 수는?

① 약 4894만 명
② 약 4994만 명
③ 약 5084만 명
④ 약 5184만 명

해설 통계청이 발표한 인구주택총조사 결과에 따르면 2022년 11월 기준 우리나라 총인구는 5169만2000명이었고 이 가운데 내국인 수는 2021년 같은 기간보다 14만8000명(0.3%) 줄어든 4994만 명을 기록했다. 이는 2018년 이후 4년 만에 다시 4000만 명대로 내려앉은 수치다.

📂 지난해 총인구 2년 연속 감소…내국인 5000만 붕괴

통계청이 7월 27일 발표한 인구주택총조사(등록센서스 방식 : 가구 방문 대신 주민등록부, 건축물대장 등 행정 자료를 이용해 인구 통계를 생산하는 방식) 결과에 따르면 지난해 우리나라 총인구가 1949년 통계 작성 이래 처음으로 2년 연속 감소세를 보였다. 15세 미만 유소년 인구가 처음으로 500만 명대를 밑돌았고 65세 이상 고령 인구는 5%대의 가파른 상승세를 이어갔다.

2022년 11월 기준 우리나라 총인구는 5169만2000명으로 2021년의 5173만8000명보다 4만6000명(0.1%) 줄었다. 총인구 중 내국인 수는 전년보다 14만8000명(0.3%) 줄어든 4994만 명을 기록했다. 내국인 수가 4000만 명대로 내려앉은 것은 2018년 이후 4년 만이다. 이와 달리 외국인 인구는 지난해보다 10만2000명(6.2%) 증가한 175만2000명을 나타냈다.

정답 ②

05 전자상거래에서 판매자 평가 점수를 올리기 위해 사용되는 사기 수법은?

① 인포 스캠
② 브러싱 스캠
③ 로맨스 스캠
④ 다크 패턴

해설 브러싱 스캠(brushing scam)은 털어버린다는 의미의 브러싱(brushing)과 사기를 뜻하는 스캠(scam)의 합성어로서 주문한 적도 없는 물건을 털어버리듯 무작위로 발송해 판매 실적을 부풀리는 수법을 말한다. 해외 인터넷 쇼핑몰 업체들이 구매량이 많고 구매 후기가 많을수록 소비자들이 더 선호할 것이란 심리를 이용해 가짜 후기를 쓰고 평점을 높이기 위한 마케팅 사기의 일종이다.

정체불명 괴소포에 전국 긴장...경찰 "위험 물질은 없어"

▲ 중국에서 최초 발송된 것으로 알려진 정체불명의 국제 우편물 (자료 : 경찰청)

정체불명의 국제우편물 관련 신고가 이어지며 전국이 혼란에 빠졌다. 7월 28일 경찰청에 따르면 대만 등지에서 수상한 소포가 배송됐다는 112 신고가 7월 20일부터 이날까지 3000여 건 접수됐다. 경찰청에 따르면 국방과학연구소는 전날 우편물을 검사한 결과 위험물질은 없는 것으로 결론 냈다. 앞서 국방과학연구소는 화학·생물·방사능 검사에서 위험물질이 없는 것으로 확인했지만 일부 수령자들이 구토와 어지럼증을 호소하자 검사를 추가로 진행했다.

경찰은 해외발 우편물이 주문하지 않은 물건을 아무에게나 보내 판매실적을 조작하는 브러싱 스캠이라고 판단하고 개인정보 무단수집 등 혐의를 적용할 수 있는지 검토하고 있다. 아울러 우편물이 중국에서 발송돼 대만을 거쳐 국내로 들어온 사례가 많은 만큼 중국 공안에 수사 협조도 요청했다.

정답 ②

06 다음 중 국내 형벌제도에 대한 설명으로 옳지 않은 것은?

① 살인죄에는 공소시효가 없다.
② 한국은 사실상 사형제 폐지 국가다.
③ 유기징역의 상한선은 가중 시 50년이다.
④ 무기징역을 받으면 평생 가석방될 수 없다.

해설 무기징역·무기금고의 경우 20년, 유기징역·유기금고의 경우 형기의 3분의 1을 경과한 후 행정처분으로 수형자를 가석방할 수 있다. 현재 한국은 실질적 사형제 폐지 국가이므로 사형을 대체할 수 있는 '가석방 없는 종신형' 도입이 필요하다는 논의가 있다.

'신림동 칼부림' 피의자 신상정보 공개

<주민등록증 사진>

<CCTV 영상 사진>
▲ 신림동 칼부림 피의자 조선
(자료 : 서울경찰청)

경찰이 서울 신림동 칼부림 사건 피의자 33세 남성 조선의 신상정보를 공개했다. 서울경찰청은 7월 26일 신상공개위원회를 열고 조 씨의 이름과 나이, 얼굴을 공개하기로 결정했다. 조선은 7월 21일 오후 2시 7분 신림역 인근 상가골목에서 20대 남성을 흉기로 여러 차례 찔러 살해한 뒤 30대 남성 3명에게도 흉기를 휘두른 혐의(살인 등)로 7월 23일 구속됐다.

이번 사건을 계기로 사형제를 옹호하는 여론이 다시 확산했다. 반사회적 흉악범죄자는 죗값을 치러야 한다는 게 국민 법 감정이지만 법조계에서는 그간의 판례 등을 봤을 때 조선에 대한 사형 선고 가능성은 낮다는 관측이 나온다. 법원은 일반적으로 피해자가 1명인 살인 사건의 경우 사형을 선고하지 않는 등 엄격한 입장을 유지하고 있다.

정답 ④

07 북한에서 전승절이란 무엇인가?

① 8·15 광복절
② 천안함 피격 사건 발생일
③ 6·25 전쟁 휴전협정 체결일
④ 김정일이 국가원수로 취임한 날

해설 전승절(戰勝節)은 전쟁에서 이긴 날을 기념하는 날이란 뜻인데 북한에서는 6·25 전쟁의 휴전협정 체결일인 7월 27일을 전승절로 부르고 있다. 6·25 전쟁은 북한 김일성이 한반도 적화통일을 노리고 일으킨 전쟁으로서 대한민국 국군과 유엔군의 반격으로 북한은 목적을 달성하지 못했고 가까스로 휴전했다. 그러나 북한은 이 전쟁을 이겼다고 선전하고 있다.

🗁 **푸틴, 김정은에 전승절 축전 "서방 맞서 결의"**

블라디미르 푸틴 러시아 대통령이 7월 27일(현지시간) 북한이 '전승절'이라고 부르는 6·25전쟁 정전협정체결일 70주년을 맞아 김정은 북한 국무위원장에게 축전을 보냈다고 크렘린궁이 밝혔다. 러시아 외신에 따르면 푸틴 대통령은 이날 축전에서 "북한의 러시아 '특별군사작전'에 대한 지지 및 러시아와 연대는 서방 정책에 맞서기 위한 공동의 이해와 결의를 보여준다"고 밝혔다.

푸틴 대통령은 6·25전쟁 당시 옛 소련군이 적의 패배에 상당한 기여를 했다면서 전우애의 역사적 경험이 양국의 정치·경제·안보 관계 발전에 든든한 버팀목이 되고 있다고 밝혔다. '전승절' 행사에서 김정은 국무위원장은 중국·러시아 대표단과 함께 주석단에서 열병식을 지켜봤다. 조선중앙통신은 열병식에서 "대륙간탄도미사일 화성-17형과 화성-18형은 물론 새로 개발 생산된 전략무인정찰기와 다목적 공격형무인기가 상공을 선회했다"고 전했다.

정답 ③

08 38년간 독재자로 군림한 캄보디아의 정부 수반은?

① 훈센
② 리셴룽
③ 쁘라윳 짠오차
④ 민 아웅 흘라잉

해설 훈센은 킬링필드 대학살을 자행한 크메르 루주 정권을 베트남과 함께 1978년 무너뜨리고 캄보디아 인민공화국 수립을 주도해 1985년 32세의 나이에 정부 수반 자리에 올랐다. 이후 철저한 언론 통제와 정적 탄압, 부정 선거로 2023년 현재까지 38년간 집권했다.

🗁 **세계 최장기 집권 독재자 "아들에 총리직 이양"**

▲ 훈센 캄보디아 총리

현존하는 세계 최장기 집권 지도자로 꼽히는 훈센 캄보디아 총리가 오는 8월 사임하고 장남인 훈마넷에게 권력을 승계하겠다고 7월 26일 밝혔다. 그는 이날 국영TV 방송에 나와 "총리직에서 물러날 방침이며 훈마넷이 8월 7일 국왕에 의해 총리에 지명된 뒤 8월 22일 국회 표결을 거쳐 새로운 총리가 될 것"이라고 말했다.

훈센 총리의 권력 승계 선언은 앞서 치러진 총선에서 그가 이끄는 캄보디아인민당(CPP)이 부정 선거 논란 속에 전체 125석 중 120석을 차지하는 압승을 거두면서 예상됐던 바다. 훈센은 5년 동안 집권 연장이 가능한 상황이다. 훈센은 부자 권력 세습을 겨냥한 비판에 대해 "훈마넷이 총선 출마해 당선됐으므로 법적 문제가 없다"고 일축했다. 훈센은 훈마넷이 집권하더라도 막후에서 권력을 행사하며 사실상 섭정(攝政 : 임금을 대신해 통치함)에 나설 것으로 보인다.

정답 ①

09 방송통신위원회에 대한 설명으로 옳지 않은 것은?

① 대통령 직속 합의제 기구이다.
② 윤석열 대통령은 방통위원장으로 이동관을 지명했다.
③ 방송 및 인터넷콘텐츠의 내용 심의를 담당한다.
④ 위원 5인 중 위원장을 포함한 2인은 대통령이 지명한다.

해설 방송 및 인터넷콘텐츠의 내용 심의를 담당하는 곳은 민간 독립기구인 방송통신심의위원회다. 방송통신위원회는 인·허가 등 방송통신 정책과 규제를 담당하는 중앙행정기관이다.

🗁 이동관 방통위원장 내정에 야권 반발

윤석열 대통령이 7월 28일 이동관 대통령 대외협력특별보좌관을 방송통신위원장으로 지명하자 야권이 반발했다. 야권에서는 이명박 정부에서 청와대 대변인, 홍보수석 등을 역임한 이동관 특보를 이명박 정부의 언론 장악을 주도한 인물로 평가한다. 이재명 더불어민주당 대표는 "이동관이라는 분은 MB 정권 때 방송 탄압의 상징 인물"이라며 윤 대통령의 이 특보 지명은 "국민을 주인이 아닌 폭력적 지배 대상으로 여기는 태도"라고 비판했다.

국민의힘은 이 특보에 대해 "지난 정권에서 편향과 불공정으로 일관하며 국민의 외면을 자초했던 방송을 정상화시킬 인물"이라고 밝혔다. 이 특보는 과거 언론 장악 논란 이외 아들의 학교폭력 문제까지 불거져 청문회에서 야당의 집중 질타를 받았다. 다만 야당의 반대로 청문회가 통과되지 않더라도 대통령은 방통위원장을 임명할 수 있다.

정답 ③

10 다음 중 미국 정부가 미확인 항공 현상을 포괄해 사용하는 용어는?

① UFO
② IFO
③ USO
④ UAP

해설 UAP는 미확인비행현상(Unidentified Aerial Phenomena)의 줄임말로서 미국에서 UFO(Unidentified Flying Object·미확인비행물체) 출현 등 이상 현상을 포괄하는 공식적 용어로 사용된다.

🗁 전직 美 정보요원 "정부가 UFO·외계인 유해 보관 중"

최근 미국 의회에서 열린 청문회에서 미 정부가 UFO(미확인비행물체)와 외계인 유해를 보관하고 있으며 이에 대한 연구도 진행됐다는 주장이 나왔다. 뉴욕타임스(NYT), AP통신 등 미 주요 언론의 7월 26일(현지시간) 보도에 따르면 미확인비행현상(UAP)을 조사했던 데이비드 그루쉬 전 미 국가정찰국장은 이날 UAP 관련 청문회에서 "수십 년에 걸친 국방부의 UAP 추락물과 역설계 프로그램을 알게 됐으나 접근이 거부됐다"고 말했다.

역설계란 기계 장비를 해체해 설계 기법과 작동 원리를 알아내는 방식이다. 그루쉬 전 국장은 "나는 정부가 UAP 잔해와 인간이 아닌 존재의 유해를 보관하고 있다고 절대적으로 믿고 있다"고 말했다. 이어 "수집한 자료를 토대로 한 정보를 상관, 청문감사관들에게 보고하기로 결심했고 이 때문에 사실상 내부고발자가 됐다"며 "정부는 시민은 물론 의회에게 정보를 숨기고 있다"고 주장했다.

정답 ④

11 사용자가 모바일 상태에서 필요로 하는 대부분의 기능이 하나로 통합된 앱은?

① 웹앱
② 슈퍼앱
③ 네이티브앱
④ 하이브리드앱

해설 슈퍼앱은 소셜미디어 기능과 뉴스, 엔터테인먼트 소비는 물론 결제, 금융, 교통, 배달 등 여러 서비스를 원스톱으로 제공하는 애플리케이션을 말한다. 중국의 위챗이 대표적이다. 슈퍼앱은 편리하지만 해커의 표적이 될 수 있고 해킹 피해도 클 수 있다는 문제점을 지닌다.

📁 **트위터 파랑새 로고 사라졌다...X로 교체**

지난해 트위터를 인수한 일론 머스크가 최근 선언한 것처럼 7월 28일(현지시간) 트위터가 X로 이름이 바뀌었다. 트위터를 상징했던 파랑새 로고 또한 X 로고로 변경됐다. 머스크는 트위터를 전면 개편해 모든 것의 앱으로 바꾸겠다고 선언했다. 현재 트위터의 문자 기반 소셜미디어 기능을 넘어 비디오, 오디오, 메시징, 은행 및 결제 등 다양한 산업군의 기능을 모은 슈퍼앱으로 만들겠다는 뜻이다.

그러나 머스크의 의도대로 될지는 미지수다. 전문가들은 트위터의 상징이었던 파랑새 로고를 없앤 것이 수조원대의 브랜드 가치를 없앤 자충수가 될 수 있다고 보았다. 트위터는 인수된 후 머스크가 마음대로 좌우하는 소셜미디어란 인식이 굳어지면서 광고주들이 대거 이탈한 바 있다. 여기에 메타플랫폼스가 시작한 문자 기반 소셜미디어 스레드가 돌풍을 일으키고 있어 트위터의 이용자 이탈이 계속되고 있다.

정답 ②

---

12 다음 중 맨체스터 시티가 지난 시즌 우승컵을 차지한 대회가 <u>아닌</u> 것은?

① 잉글랜드 리그컵
② FA컵
③ 잉글랜드 프리미어리그(EPL)
④ 유럽축구연맹(UEFA) 챔피언스리그

해설 잉글랜드 프리미어리그(EPL) 구단인 맨체스터 시티는 지난 시즌 EPL, UEFA 챔피언스리그, FA컵에서 우승하며 트레블(treble : 단일 시즌 주요 3개 대회 우승)을 달성했다. 잉글랜드 리그컵(EFL컵)은 FA컵의 하위 대회와 같은 성격으로서 대회 스폰서 명칭을 붙여 이름을 부르고 있는데 지난 시즌 명칭은 카라바오컵이었다. 카라바오컵 우승은 맨체스터 유나이티드가 차지했다.

📁 **상암벌 달군 맨시티-AT 마드리드 '빅 매치'**

▲ 맨시티 공격수 엘링 홀란

7월 30일 상암 서울월드컵경기장에서 열린 쿠팡플레이 시리즈에서 아틀레티코 마드리드(이하 AT 마드리드)가 맨체스터 시티(이하 맨시티)에 2 대 1로 승리했다. 이번 경기는 지난 시즌 트레블을 달성한 세계 최강팀 맨시티와 스페인 프리메라리가 명문팀 AT 마드리드가 새 시즌을 앞두고 가진 친선전이다.

이날 폭염과 함께 급작스러운 폭우가 쏟아져 경기가 30분 지연됐지만 UEFA 챔피언스리그에서나 볼 수 있는 명문 클럽 간 빅매치를 관전할 수 있다는 기대감에 6만여 관중들이 자리를 가득 메웠다. 프리시즌답지 않게 두 팀은 시종일관 치열한 대결을 펼쳤다. 후반 맨시티의 엘링 홀란을 비롯한 주축 선수들이 대거 교체된 후 3골이 터지며 AT 마드리드가 맨시티에 2 대 1로 승리했으나 승패는 크게 중요하지 않았다. 축구팬들은 궂은 날씨 속에서 최선을 다한 양 팀 선수들에게 아낌없는 박수를 보냈다.

정답 ①

01 다음 중 미필적 고의에 관한 설명으로 옳지 <u>않은</u> 것은?

① 확실히 인식하고 그 결과를 적극적으로 의욕하는 행위자의 내심상태를 말한다.

② 범죄 결과의 발생 가능성을 불확실한 것으로 표상하면서 이를 용인하고 있는 경우를 가리킨다.

③ 범죄사실의 발생 가능성에 대한 인식이 있음은 물론 나아가 범죄사실이 발생할 위험을 용인하는 내심의 의사가 있어야 한다.

④ 결과의 발생, 행위의 대상 등을 확실하게 결정하지 않은 상태에서 결과 발생을 인용하거나, 불특정 대상에 대해 결과가 발생하기를 의욕하는 경우에 포함된다.

해설 미필적 고의는 자기의 행위로 인하여 어떤 범죄 결과의 발생 가능성을 인식(예견)하였음에도 불구하고 그 결과의 발생을 인용(認容)한 심리상태로 불확정적 고의에 포함된다. 확정적 고의는 확실히 인식하고 그 결과를 적극적으로 의욕하는 행위자의 내심상태를 말한다.

정답 ①

02 다음 중 국민이 인간다운 생활을 하기 위하여 필요한 사회적 보장책을 국가에 요구할 수 있는 권리는?

① 사회권
② 참정권
③ 자연권
④ 청원권

해설 사회권(社會權)은 국민이 인간다운 생활을 하기 위하여 필요한 사회적 보장책을 국가에 요구할 수 있는 권리이다. 개인의 인간다운 생활을 보장할 책임이 국가 및 사회에 있다는 사상에서 발생한 권리로서 사회적 기본권, 생존권적 기본권, 사회권적 수익권, 생활권적 기본권이라고도 불린다.

정답 ①

03 다음 중 사회의 일반적인 소비성향에 영향을 받아 개인의 소비행동이 타인의 소비행동을 모방하려는 사회적 현상을 나타내는 용어는?

① 기저효과
② J-커브효과
③ 외부경제효과
④ 전시효과

해설 전시효과(demonstration effect)는 신문, 영화, TV 등 매스미디어 영향에 크게 좌우된다. 전시효과가 강해지면 소비지출이 늘고 상대적으로 저축률이 감소하므로, 개발도상국에서 자본축적을 저해하는 요인이 되기도 한다.

정답 ④

04 다음 중 힘의 3요소가 <u>아닌</u> 것은?

① 힘의 크기
② 힘의 방향
③ 힘의 작용점
④ 힘의 저항

해설 물리적인 힘을 표시하기 위한 3가지 요소에는 힘의 크기, 힘의 방향, 힘의 작용점이 있다. 힘은 일반적으로 화살표로 표현하는데 화살표의 길이가 힘의 크기, 화살표가 가리키는 방향이 힘의 방향, 화살표가 시작되는 지점이 힘의 작용점이다.

정답 ④

05 다음 중 마케팅믹스의 4P에 해당하지 <u>않는</u> 것은?

① Project
② Place
③ Price
④ Promotion

해설 마케팅믹스(marketing mix)란 기업이 계획한 마케팅 목표를 이루기 위하여 여러 가지 전략, 전술을 종합적으로 실시하는 일로, 마케팅믹스의 4P는 ▲상품(Product) ▲장소(Place) ▲가격(Price) ▲판촉(Promotion)을 말한다.

정답 ①

06 다음 중 제품수명주기에서 성숙기의 특성에 해당하지 <u>않는</u> 것은?

① 최대 이익 산출
② 과점상태의 경쟁
③ 원가 절감의 중요성
④ 공격 전략적 경쟁 형태

해설 제품수명주기(product life cycle theory)에서 최대 이익을 산출하는 시기는 성장기이다. 성숙기에는 산업 수요가 거의 포화상태가 되어 신규 수요 대신 대체 매입 수요가 대부분을 차지하며, 이익률의 감소 경향이 여전하여 원가 절감의 중요성이 커지는 단계이다. 또한 소비자들의 구매율이 감소하기 때문에 기업 간 경쟁이 치열하다고 할 수 있다.

정답 ①

07 **1919년 발행한 우리나라 최초의 순수문예동인지는?**

① 소년
② 폐허
③ 개벽
④ 창조

해설 우리나라 최초의 순수문예 동인지 『창조』는 구어체와 사실주의 문학을 개척하는 동시에 우리나라 최초의 근대 자유시인 주요한의 '불놀이'를 수록하는 등 자유시의 발전에 기여했다.
① 소년 : 최남선이 1908년 발간한 우리나라 최초의 월간 잡지
② 폐허 : 1920년 발간된 퇴폐적 낭만주의 성향의 문예동인지
③ 개벽 : 1920년 천도교를 배경으로 창간된 월간 종합지. 후에 카프(KAPF)의 기관지가 됨

정답 ④

08 **아날로그 신호와 디지털 신호 사이의 신호 변환 장치를 무엇이라고 하는가?**

① 패킷
② 코덱
③ 라우터
④ 게이트웨이

해설 코덱(CODEC, COder-DECoder)에 대한 설명이다. 코덱은 음성 또는 영상의 신호를 디지털 신호로 변환하는 코더(coder)와 그 반대로 변환시켜주는 디코더(decoder)의 합성어이다.
① 패킷(packet) : 네트워크를 통해 전송하기 쉽도록 나눈 데이터 전송 단위
③ 라우터(router) : 최적의 IP 경로를 설정하여 서로 다른 네트워크를 중계해주는 장치
④ 게이트웨이(gateway) : 근거리통신망(LAN)에서 데이터를 받아들이거나 내보낼 때 중개 역할을 하는 장치

정답 ②

09 **다음 중 콘클라베에 대한 설명으로 옳지 않은 것은?**

① 가톨릭교회에서 교황을 선출하는 선거 시스템이다.
② 추기경들이 바티칸 내 시스티나 성당에서 투표한다.
③ 3분의 2의 다수결이 나올 때까지 비밀투표가 계속된다.
④ 투표 종료 후 굴뚝에서 검은 연기가 나면 새 교황이 탄생했다는 뜻이다.

해설 콘클라베(conclave)는 외부와 차단된 교황 선거이다. 콘클라베 종료 후 투표용지를 태운 연기 색깔로 결과를 알린다. 지붕 위 굴뚝에서 검은 연기가 나면 미결, 흰 연기가 나면 새 교황이 탄생했다는 뜻이다.

정답 ④

10 다음 중 서해 5도에 속하지 <u>않는</u> 섬은?

① 백령도

② 연평도

③ 실미도

④ 우도

11 다음 중 몬순기후에 대한 설명으로 옳은 것은?

① 건기와 우기의 경계가 없다.

② 여름에는 서늘하고, 겨울엔 온난하다.

③ 겨울에는 계절풍이 대양에서 대륙을 향하여 분다.

④ 인도·동남아시아에서 전형적으로 나타난다.

12 영국 런던에 있는 극장 밀집 지역으로서 뮤지컬의 명소로 불리는 곳은?

① 브로드웨이

② 웨스트엔드

③ 애비로드

④ 노팅힐

2023 한국일보

01 우회전 교통 관련 법규로 옳지 않은 것은?

① 운전자는 우회전 신호등이 적색 신호일 때 반드시 멈춰야 한다.
② 우회전 교통 법규를 위반할 시 승용차는 범칙금 6만원과 벌점 10점이 부과된다.
③ 운전자는 우회전 신호등이 설치되지 않은 곳에서 차량 신호등이 적색 신호이고 보행자가 없으면 서행할 수 있다.
④ 운전자는 우회전 신호등이 설치된 곳에서는 우회전 신호등 신호에 따라 녹색 화살표 신호에만 우회전할 수 있다.

해설 우회전 신호등이 설치되지 않은 곳에서 차량 신호등이 적색일 때는 반드시 일시정지한 뒤 우회전해야 한다. 이는 아무리 급해도 일시정지 후 보행자가 있는지 확인하라는 의미로 일시정지를 하지 않으면 단속 대상이다.

02 자산의 지분을 작게 나눈 뒤 블록체인 기술로 발행한 증권은?

① 토큰 증권 ② 유틸리티 토큰
③ 지분 증권 ④ STO

해설 토큰 증권(ST, Security Token)은 자산의 지분을 작게 나눈 뒤 블록체인 기술을 활용해 토큰 형태로 발행한 증권이다. 블록체인 기술로 자본시장법상 증권을 디지털화한 것이다. 토큰증권을 발행·유통하는 것은 ④ STO(Security Token Offering) 사업이라고 한다. 토큰증권은 일반적인 증권의 특징을 가지며 주식이나 채권과 유사한 권리를 표현한다. 주식·채권·부동산·미술품·음원 등 거의 모든 자산을 증권화할 수 있고, 분산원장과 스마트 계약 기술 등을 활용하기 때문에 위·변조 위험이 적다.
② 유틸리티 토큰(utility token) : 독립적인 블록체인이 존재하지 않고 특정 플랫폼 블록체인에서 생성·관리되는 가상자산(암호화폐)으로서 특정 서비스 목적으로 사용된다.
③ 지분 증권 : 회사, 조합 또는 기금 등의 순자산에 대한 소유지분을 나타내는 유가증권(예 : 보통주, 우선주, 수익증권 또는 자산유동화출자증권)을 말한다. 일정 금액으로 소유지분을 취득할 수 있는 권리(신주인수권, 콜옵션)나 처분할 수 있는 권리(풋옵션)를 나타내는 유가증권도 지분 증권에 포함된다.

03 다음 중 경제 관련 통계에 대한 설명으로 옳지 않은 것은?

① 무역수지가 적자여도 경상수지가 흑자가 될 수 있다.
② 해외 송금이나 무상 원조와 관련된 수지는 이전소득수지다.
③ 국제수지는 크게 경상수지와 자본수지, 금융계정으로 구분된다.
④ 무역수지는 한국은행이 매월 발표하는 경상수지 항목 중 하나이다.

해설 무역수지는 관세청이 매월 발표하는 통관 기준 수출입 차액이며 상품수지는 한국은행이 매월 발표하는 국제수지 통계의 경상수지 항목 중 하나이다. 통관 기준으로 수출은 본선인도조건(FOB, Free On Board) 가격으로 평가하며 수입은 운임·보험료포함조건(CIF, Cost, Insurance and Freight) 가격으로 평가한다.
수출업자가 수출품을 수입업자가 지정한 선박까지 운반하고 그 이후 수입업자에게 인도될 때까지의 운임과 보험료를 수입업자가 부담하는 것을 FOB 조건이라고 하고, 운임과 보험료까지 수출업자가 부담하는 것을 CIF 조건이라고 하는데 동일한 상품이라면 FOB 조건보다 CIF 조건의 상품가격이 더 높다. 상품수지는 수출입 모두 FOB 가격을 기준으로 하므로 무역수지와 차이가 난다.

❖ **국제수지의 구성**

국제수지는 한 나라와 외국과의 사이에 일어난 모든 경제적 거래를 체계적으로 기록한 통계표이다. 국제수지는 주로 ▲경상수지와 ▲자본수지를 일컫는다.
경상수지는 상품과 서비스 등을 수출·수입한 경상거래의 결과를 기록한 것이다. 경상수지는 다시 ▲상품수지 ▲서비스수지 ▲본원소득수지 ▲이전소득수지로 구분된다. 상품수지는 우리나라의 총상품 수출 금액에서 수입 상품액을 뺀 것을 의미한다. 서비스수지는 외국과 여행, 보험, 항공 등과 같이 서비스를 주고받는 과정에서 발생한 수입과 지출의 차이를 말한다. 본원소득수지는 외국인 근로자에게 지급되거나 내국인 해외 근로자가 받는 급료 및 임금의 차다. 이전소득수지는 상거래를 목적으로 하지 않고 아무런 대가 없이 주고받는 거래로서 정부 간의 무상원조, 기부금 등의 수지다.
자본수지는 경상수지에서 다루는 제품이나 서비스 거래를 다루지 않고 국내 기업 및 금융기관과 외국 기업 및 금융기관이 서로 거래하는 금전관계를 통해 발생하는 수입과 지출의 차를 말한다.

04 남미 핑크타이드 국가와 정상을 연결한 것으로 옳지 않은 것은?

① 브라질 – 이나시우 룰라 다시우바
② 베네수엘라 – 니콜라스 마두로
③ 엘살바도르 – 나이브 부켈레
④ 아르헨티나 – 알베르토 페르난데스

해설 핑크타이드(pink tide)는 중남미에서 좌파가 잇따라 정권을 잡는 현상을 말한다. 나이브 부켈레 엘살바도르 대통령은 중도우파 성향이다. 부켈레 대통령은 1981년생으로 2019년 대통령에 취임했다. 그는 취약한 엘살바도르 경제 구조를 혁신하겠다며 비트코인을 법정화폐로 지정했다.

05 〈보기〉는 어떤 조약에 대한 설명인가?

─── 보기 ───

이 조약은 1963년 1월 22일 당시 샤를 드골 프랑스 대통령과 서독(독일)의 콘라트 아데나워 총리 주도로 체결됐다. 세계대전의 앙금을 갖고 있던 양국은 이 조약에서 수뇌부가 정기적으로 회합을 갖고 외교·방위·교육의 부문에서 긴밀한 협력관계를 가지기로 했다. 양국은 이 조약이 수 세기에 걸쳐 내려온 적대의식을 버리고 양 국민이 우호관계를 맺은 획기적인 사건이라고 선언했다. 이를 계기로 두 나라의 협력 관계가 이어졌다.

① 엘리제 조약
② 베르사유 조약
③ 베르됭 조약
④ 프랑크푸르트 조약

해설 엘리제 조약(Élysée Treaty)에 대한 설명이다. 윤석열 정부는 한일 관계 정상화 모델로 프랑스와 독일이 적대 관계를 청산하며 맺었던 엘리제 조약을 검토한 것으로 알려졌다.

06 미국 인플레이션감축법(IRA)에 포함된 내용이 아닌 것은?

① 의료 보험 보조금 확대
② 법인세 최소 세율 15% 적용
③ 에너지 안보 및 기후 변화 대응
④ 북핵 및 미사일 대응 관련 전략 물자 통제

해설 인플레이션감축법(IRA, Inflation Reduction Act)이란 미국 조 바이든 행정부의 정책인 BBB(Build Back Better)에 포함되는 가족계획의 수정안으로서 2022년 발생한 인플레이션을 해결하고자 정부 지출을 줄이려는 취지로 제안됐다.
IRA의 주요 내용으로는 ▲에너지 안보 및 기후 변화 대응 ▲의료 보험 보조금 확대 ▲서부 주 가뭄 피해 지원 ▲약값 개혁 ▲법인세 최소 세율 15% 적용 ▲자사주 매입에 대해 1% 소비세 부과 ▲기타 세금 증세 등을 꼽는다. IRA는 특히 미국에서 생산되는 전기차에만 혜택을 주는 내용이 포함돼 한국차 기업이 피해를 보았다.

07 2023년 8월 현재 중국 공산당 정치국 상무위원이 아닌 사람은?

① 시진핑
② 리커창
③ 리창
④ 자오러지

해설 리커창은 중국 제7대 국무원 총리로 2013년 취임해 10년간 시진핑 국가주석에 이어 중국 권력의 '2인자' 자리를 지켰고 2023년 3월 11일 후임자로 리창이 선출되며 총리직에서 퇴임했다. 이에 따라 리커창은 중국 공산당 최고위 수뇌부(일종의 내각)인 정치국 상무위원에서도 빠졌다.
2022년 10월 열린 공산당 중앙위에서 선출된 정치국 상무위원은 ▲시진핑(국가 주석) ▲리창(국무원 총리) ▲자오러지(전국 인민대표회의 상무위원장) ▲왕후닝(전국 인민정치협상회의 주석) ▲차이치(중앙서기처 서기) ▲딩쉐샹(중앙기율검사위 서기) ▲리시(국무원 당조 부서기) 등 7명이다.

정답 01 ③ 02 ① 03 ④ 04 ③ 05 ① 06 ④ 07 ②

08 다음 중 대통령 거부권(법률안거부권)에 대한 설명으로 옳은 것은?

① 대통령은 법률안의 일부에 대한 재의 또는 법률안을 수정하여 재의를 요구할 수 있다.
② 대통령은 법률안에 이의가 있을 경우에는 10일 이내에 이의서를 국회로 보내어 그 재의를 요구할 수 있다.
③ 재의 요구가 있을 때에는 국회는 재의에 붙이고 과반수의 출석과 출석의원 과반수의 찬성으로 의결하면 그 법률안은 법률로서 확정된다.
④ 권력분립의 원칙에 입각해 억제와 균형을 실현하는 기능을 담당하고 있으며, 정부의 실효성 있는 국회에 대한 투쟁의 수단이다.

해설 ① 일부 거부나 수정 거부는 인정되지 않는다.
② 대통령은 15일 이내에 이의서를 국회로 보내어 그 재의를 요구할 수 있다.
③ 과반수의 출석과 출석의원 3분의 2 이상의 찬성으로 의결하면 법률로서 확정된다.

09 〈보기〉에 들어갈 말을 순서대로 연결한 것은?

| 보기 |

수소는 눈에 보이지 않는 무색 기체이나 산업계에서는 생산 방식에 따라 색깔로 구분한다. (㉠)는 포집·활용·저장(CCUS) 기술을 적용해 탄소배출을 최소화한 공정을 통해 생산된 수소를 말한다. 풍력·태양광 등 신재생 전력 기반으로 만들어 탄소 배출이 거의 없는 것은 (㉡), 화석 연료에 고온·고압 공정을 거치는 것은 (㉢)라고 한다.

	㉠	㉡	㉢
①	블루 수소	그레이 수소	레드 수소
②	블루 수소	그린 수소	그레이 수소
③	그린 수소	블루 수소	그레이 수소
④	블루 수소	그린 수소	레드 수소

해설 각각 ㉠ 블루 수소, ㉡ 그린 수소, ㉢ 그레이 수소에 대한 설명이다.

10 2022년 개최 예정이었으나 코로나19 확산으로 2023년 9월 23일 개최로 연기된 제19회 아시안게임의 개최지는?

① 나고야 ② 아이치
③ 항저우 ④ 리야드

해설 항저우 하계 아시안게임은 2022년 개최 예정이었으나 중국 내 코로나19 확산 때문에 2023년 9월 23일 개최 일정으로 변경됐다.
하계 아시안게임은 2023년 항저우에 이어 2026년 일본 아이치·나고야, 2030년 카타르 도하, 2034년 사우디아라비아 리야드에서 개최될 예정이다.
동계 아시안게임은 지난 2021년 대회 유치를 희망하는 나라가 없어 무산됐고 2025년 중국 하얼빈, 2029년 사우디아라비아 네옴시티에서 개최될 예정이다.

11 향정신성의약품(마약)으로 지정되지 않은 것은?

① 프로포폴 ② 에탄올
③ 졸피뎀 ④ 메트암페타민

해설 에탄올은 술의 주성분으로서 마약으로 지정되지 않았다.

12 스토킹 처벌에 대한 설명으로 옳은 것은?

① 스토킹 행위가 지속적 또는 반복적으로 행해질 우려가 있을 때 신고자의 요청으로 긴급응급조치를 1개월까지 취할 수 있다.
② 긴급응급조치 중에는 스토킹 행위의 상대방이나 그 주거 등으로부터 500m 이내 접근이 금지된다.
③ 스토킹 피해자의 의사에 반해서 스토킹 가해자를 처벌하지 않는다.
④ 스토킹 범죄를 저지른 사람은 5년 이하의 징역 또는 5000만원 이하의 벌금에 처한다.

② 긴급응급조치 중에는 스토킹 행위의 상대방이나 그 주거 등으로부터 100m 이내 접근이 금지된다.

③ 스토킹 피해자의 의사에 반해서 스토킹 가해자를 처벌하지 않는다는 반의사 불벌죄 조항은 2023년 6월 21일 스토킹 처벌법 개정안에 따라 삭제됐다.

④ 스토킹 범죄를 저지른 사람은 3년 이하의 징역 또는 3000만원 이하의 벌금에 처한다.

13 다음 중 기후변화의 영향으로 보기 어려운 것은?

① 스마트팜 확산 본격화
② 동해안에 참치 떼 출몰
③ 학교에서 우유 급식 폐지
④ 폭염특보 기준을 습도를 반영한 체감온도로 운영

해설 학교 우유 급식 폐지는 2022년 3월부터 시행됐다. 정부는 우유 급식 폐지 이유로 우유를 싫어하는 학생들의 권리를 보호하고 학생들의 다양한 취향을 존중하기 위한 것이라고 했다. 따라서 학교 우유 급식 폐지는 기후변화의 영향으로 보기 어렵다.

14 2023년 7월 기준 제2급 감염병이 <u>아닌</u> 것은?

① 결핵
② 에이즈
③ 코로나
④ 홍역

해설 현재 에이즈(AIDS·후천성면역결핍증)는 제3급 감염병으로 지정돼 있다. 코로나19는 2023년 8월 중으로 기존 제2급에서 독감, 수족구와 같은 제4급 감염병으로 하향 지정이 논의됐으나 보류됐다.

❖ 감염병의 분류 및 종류 (2023년 3월 29일 이후 기준·자료 : 질병관리청)

구분	특성	종류
제1급 (17종)	생물테러감염병 또는 치명률이 높거나 집단 발생 우려가 커서 발생 또는 유행 즉시 신고, 음압 격리와 같은 높은 수준의 격리가 필요한 감염병	·가. 에볼라바이러스병 ·나. 마버그열 ·다. 라싸열 ·라. 크리미안콩고 출혈열 ·마. 남아메리카 출혈열 ·바. 리프트밸리열 ·사. 두창 ·아. 페스트 ·자. 탄저 ·차. 보툴리눔독소증 ·카. 야토병 ·타. 신종감염병증후군 ·파. 중증급성호흡기 증후군(SARS) ·하. 중동호흡기증후군 (MERS) ·거. 동물인플루엔자 인체감염증 ·너. 신종인플루엔자 ·더. 디프테리아
제2급 (23종)	전파가능성을 고려하여 발생 또는 유행 시 24시간 이내에 신고하고 격리가 필요한 감염병	·가. 결핵 ·나. 수두 ·다. 홍역 ·라. 콜레라 ·마. 장티푸스 ·바. 파라티푸스 ·사. 세균성이질 ·아. 장출혈성대장균 감염증 ·자. A형간염 ·차. 백일해 ·카. 유행성이하선염 ·타. 풍진 ·파. 폴리오 ·하. 수막구균 감염증 ·거. b형헤모필루스 인플루엔자 ·너. 폐렴구균 감염증 ·더. 한센병 ·러. 성홍열 ·머. 반코마이신내성 황색포도알균 (VRSA) 감염증 ·버. 카바페넴내성 장내세균속균종 (CRE) 감염증 ·서. E형간염 * 감염병예방법 제2조제3호 질병관리청장이 보건복지부장관과 협의하여 지정하는 감염병의 종류 ·가. 코로나바이러스감염증-19 ·나. 엠폭스

구분	특성	종류
제3급 (26종)	발생을 계속 감시할 필요가 있어 발생 또는 유행 시 24시간 이내에 신고하여야 하는 감염병	·가. 파상풍 ·나. B형간염 ·다. 일본뇌염 ·라. C형간염 ·마. 말라리아 ·바. 레지오넬라증 ·사. 비브리오패혈증 ·아. 발진티푸스 ·자. 발진열 ·차. 쯔쯔가무시증 ·카. 렙토스피라증 ·타. 브루셀라증 ·파. 공수병 ·하. 신증후군출혈열 ·거. 후천성면역결핍증(AIDS) ·너. 크로이츠펠트-야콥병(CJD) 　및 변종크로이츠펠트-야콥병 　(vCJD) ·더. 황열 ·러. 뎅기열 ·머. 큐열 ·버. 웨스트나일열 ·서. 라임병 ·어. 진드기매개뇌염 ·저. 유비저 ·처. 치쿤구니야열 ·커. 중증열성혈소판 감소증후군 　(SFTS) ·터. 지카바이러스 감염증
제4급 (23종)	제1급~제3급 감염병 외에 유행 여부를 조사하기 위하여 표본감시 활동이 필요한 감염병	·가. 인플루엔자 ·나. 매독 ·다. 회충증 ·라. 편충증 ·마. 요충증 ·바. 간흡충증 ·사. 폐흡충증 ·아. 장흡충증 ·자. 수족구병 ·차. 임질 ·카. 클라미디아감염증 ·타. 연성하감 ·파. 성기단순포진 ·하. 첨규콘딜롬 ·거. 반코마이신내성 장알균(VRE) 감염증 ·너. 메티실린내성 황색포도알균(MRSA) 감염증 ·더. 다제내성녹농균(MRPA) 감염증 ·러. 다제내성아시네토박터바우마니균(MRAB) 감염증 ·머. 장관감염증 ·버. 급성호흡기감염증 ·서. 해외유입기생충 감염증 ·어. 엔테로바이러스 감염증 ·저. 사람유두종 바이러스 감염증

※ 주관식 단답형 (15~28)

15 게임을 하면서 얻은 아이템이나 재화를 가상 화폐로 교환해 수익을 창출할 수 있는 방식은?

_____

16 미국이 주도하는 안보협의체인 쿼드(Quad)의 소속 국가는?

_____

17 제품 가격은 올리지 않고 제품의 크기·수량을 줄이거나 품질을 낮춰 실질적으로 가격을 인상하는 것은?

_____

18 〈보기〉의 빈칸에 들어갈 말은?

┤ 보기 ├

전쟁으로 맺어진 혈맹 '한미동맹'이 (㉠) 주년을 맞이한 2023년 올해, 윤석열 대통령과 조 바이든 미 대통령은 지난 4월 정상회담에서 한국에 대한 미국의 확장억제 강화 방안을 담은 (㉡) 선언을 채택했다. 이 선언의 핵심은 한미 간 확장억제 협의체인 (㉢)을(를) 신규 창설한다는 것이다.

㉠ : _____

㉡ : _____

㉢ : _____

19 신약 라이선스 계약 과정에서 전임상-임상-제품화 등 성공 단계별로 대가를 보장하는 것은 무슨 계약이라고 하는가?

20 첩보 정보의 유형 중 인공위성, 정찰기, 이지스함 등 첨단 전자 장비를 통해 수집하는 신호정보를 일컫는 말은?

21 〈보기〉에서 설명하는 작곡가는 누구인가?

| 보기 |

임윤찬은 2022년 미국 반 클라이번 국제 피아노 콩쿠르 우승 당시 결승에서 이 작곡가의 피아노 협주곡 3번을 연주해 극찬을 받았다. 낭만주의의 마지막 세대로 불리는 이 러시아 출신 작곡가는 키가 190cm가 넘고 손 크기도 거대해 한 손으로 12도 음정을 넉넉히 잡을 수 있었다.

22 중국이 최초로 자체 설계해 건조한 사출형(캐터펄트) 항공모함의 함명은?

23 쿼드(Quad), IPEF, AUKUS 회원국의 수를 모두 더한 숫자는?

24 미국 대통령이 지명할 수 있는 연방정부 공직 리스트를 의미하며 정식 명칭이 '미국 정부 정책 및 지원 직책'인 것은?

25 비디오 판독 시스템(VAR)은 무엇의 약자인가?

26 17년간 늘지 않은 현재 국내 의대 정원은 몇 명인가?

27 후쿠시마 제1원전 사고로 발생한 오염수를 처리하기 위해 일본 정부가 가동하고 있는 다핵종 제거설비의 줄임말은?

28 태백산 이후 7년 만에, 전국에서 23번째 국립공원으로 지정된 산은?

01 (가) 시대의 생활 모습으로 옳은 것은?

김해 구산동의 무게 350톤 규모의 초대형 고인돌에서 매장 주체부가 발굴되어 무덤으로 확인되었습니다. 이 고인돌은 그 규모와 출토 유물을 통해서 사유 재산과 계급이 발생한 **(가)** 시대의 모습을 살펴볼 수 있는 중요한 유적으로 평가되고 있습니다.

김해의 초대형 고인돌, 무덤으로 확인

① 소를 이용한 깊이갈이가 일반화되었다.
② 주로 동굴이나 강가의 막집에서 살았다.
③ 반달 돌칼을 사용하여 곡식을 수확하였다.
④ 실을 뽑기 위해 가락바퀴를 처음 사용하였다.
⑤ 주먹도끼, 찍개 등의 뗀석기를 만들기 시작하였다.

해설 자료의 '고인돌', '사유 재산과 계급 발생' 등을 통해 (가) 시대가 청동기 시대임을 알 수 있다. 청동기 시대에 농경이 본격화되면서 조, 수수, 콩, 보리 등을 경작하였고, 일부 저습지에서는 벼농사를 시작하였다. 청동기 시대에는 생산력이 높아짐에 따라 사유 재산이 발생하고 계급이 나타났다. 청동기 시대의 지배 세력은 고인돌을 조성하고, 청동 거울 등으로 자신들의 권위를 과시하였다.
③ 청동기 시대에는 반달 돌칼을 사용하여 농작물 수확에 활용하였다.

[오답 피하기]
① 철기 시대에는 소를 이용한 깊이갈이가 일반화되었다.
② 구석기 시대에는 주로 동굴이나 강가의 막집에서 거주하였다.
④ 신석기 시대에는 가락바퀴를 이용하여 실을 뽑았다.
⑤ 구석기 시대에는 주먹도끼, 찍개, 찌르개 등의 뗀석기가 제작되었다.

02 (가) 인물에 대한 설명으로 옳은 것은?

연호 정개(正開)가 새겨진 편운화상 승탑

전북 남원 실상사 조계암 터에 있는 이 승탑에는 '정개 10년 경오(正開十年庚午)'가 새겨져 있어 건립 연도를 알 수 있다. '정개'는 백제의 원한을 풀겠다고 선언하며 완산주에 나라를 세운 **(가)** 이/가 사용한 연호이다.

편운화상 승탑

① 공산 전투에서 고려군을 크게 무찔렀다.
② 귀순한 김순식에게 왕씨 성을 하사하였다.
③ 폐정 개혁을 목표로 정치도감을 설치하였다.
④ 청해진을 근거지로 해상 무역을 전개하였다.
⑤ 광평성을 설치하고 광치나, 서사 등의 관원을 두었다.

해설 자료의 '백제의 원한', '완산주에 나라를 세운'을 통해 (가) 인물이 견훤임을 알 수 있다.
견훤은 전라도 일대의 군사력과 호족 세력을 토대로 완산주(전주)에 도읍을 정하고 후백제를 세웠다(900). 신라에 적대적이던 견훤은 금성(경주)을 침략하여 경애왕을 살해하였고, 공산에서 고려군을 격파하였다. 그러나 고창 전투에서 고려에 패배하였고, 견훤의 후계를 둘러싼 내분이 빚어져 견훤은 아들인 신검에 의해 유폐되었다. 이후 탈출한 견훤은 고려에 귀순하였고, 고려는 일리천 전투에서 후백제군을 격파한 후 삼국 통일을 완수하였다(936).
① 견훤은 공산 전투(927)에서 고려군을 격파하였다.

[오답 피하기]
② 고려 태조 왕건은 김순식에게 왕씨 성을 하사하였다.
③ 고려 충목왕은 정치도감을 설치하여 사회 모순과 폐단을 시정하고자 하였다.
④ 신라 말 장보고는 청해진을 설치하고 해상 무역을 전개하였다.
⑤ 후고구려의 궁예는 광평성을 두어 내정을 총괄하도록 하였다.

03 (가)에 해당하는 문화유산으로 옳은 것은?

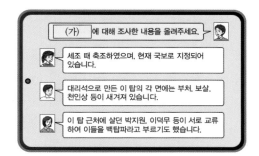

> (가) 에 대해 조사한 내용을 올려주세요.
>
> 세조 때 축조하였으며, 현재 국보로 지정되어 있습니다.
>
> 대리석으로 만든 이 탑의 각 면에는 부처, 보살, 천인상 등이 새겨져 있습니다.
>
> 이 탑 근처에 살던 박지원, 이덕무 등이 서로 교류 하여 이들을 백탑파라고 부르기도 했습니다.

①  ②   ③

④   ⑤

해설 자료의 '세조 때 축조', '대리석 탑' 등을 통해 (가) 문화유산이 서울 원각사지 10층 석탑임을 알 수 있다.

조선 전기를 대표하는 석탑인 서울 원각사지 10층 석탑은 대리석으로 만들어진 탑으로, 고려의 개성 경천사지 10층 석탑을 계승하였다.

① 세조 때 축조된 서울 원각사지 10층 석탑은 조선 전기를 대표하는 석탑이다.

오답 피하기

② 백제의 익산 미륵사지 석탑이다.

③ 신라의 경주 불국사 다보탑이다.

④ 백제의 부여 정림사지 5층 석탑이다.

⑤ 발해의 영광탑이다.

04 (가) 인물에 대한 설명으로 옳은 것은?

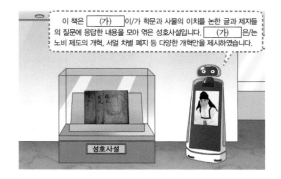

> 이 책은 (가) 이/가 학문과 사물의 이치를 논한 글과 제자들의 질문에 응답한 내용을 모아 엮은 성호사설입니다. (가) 은/는 노비 제도의 개혁, 서얼 차별 폐지 등 다양한 개혁안을 제시하였습니다.
>
> 성호사설

① 이벽 등과 교류하며 천주교를 받아들였다.

② 북한산비가 진흥왕 순수비임을 고증하였다.

③ 동호문답에서 수취 제도의 개혁 등을 제안하였다.

④ 가례집람을 지어 예학을 조선의 현실에 맞게 정리하였다.

⑤ 곽우록에서 토지 매매를 제한하는 한전론을 주장하였다.

해설 자료의 '성호사설', '노비 제도 개혁' 등을 통해 (가) 인물이 이익임을 알 수 있다. 이익은 조선 후기의 실학자로, 『성호사설』에서 노비제, 과거제 등 나라를 해치는 6가지 폐단을 비판하였고, 『곽우록』에서 토지에 영업전을 설정하고 토지 매매를 제한하는 한전론을 주장하였다.

⑤ 이익은 자영농을 육성하기 위해서 토지 매매를 제한하는 한전론을 실시해야 한다고 주장하였다.

오답 피하기

① 이승훈은 중국에서 세례를 받고 천주교를 수용하였으나, 신유박해 (1801) 때 처형되었다.

② 김정희는 『금석과안록』에서 북한산비가 진흥왕 순수비임을 고증하였다.

③ 이이는 『동호문답』에서 수취 제도의 개혁 등 다양한 개혁 방안을 제시하였다.

④ 김장생은 『가례집람』을 지어 예학을 집대성하였다.

정답 **01** ③ **02** ① **03** ① **04** ⑤

05 (가) 종교에 대한 설명으로 옳은 것은?

외무부 장관께
　몇 달 전부터 서울에서는 　(가)　 교도들에 대한 이야기밖에 없습니다. …… 사흘 전 이들의 대표 21명이 궁궐 문 앞에 모여 엎드려 절하고 상소를 올렸으나 국왕은 상소 접수를 거부하였습니다. 교도들은 처형된 교조 최제우를 복권하고 　(가)　 을/를 인정해 줄 것을 정부에 청원하였습니다. …… 그러나 이는 조선 국왕이 들어줄 수 없는 사안들이었습니다.
조선 주재 프랑스 공사 H. 프랑댕

① 정혜쌍수와 돈오점수를 주장하였다.
② 포접제를 활용하여 교세를 확장하였다.
③ 박중빈을 중심으로 새생활 운동을 추진하였다.
④ 중광단을 조직하여 항일 무장 투쟁을 전개하였다.
⑤ 제사와 신주를 모시는 문제로 정부의 탄압을 받았다.

해설 자료의 '처형된 교조 최제우를 복권' 등을 통해 (가) 종교가 동학임을 알 수 있다.
동학은 몰락 양반 출신인 최제우가 1860년에 유교·불교·도교와 민간 신앙을 종합하여 창시하였다. 동학은 '인내천'을 강조하며 조선의 신분제 질서를 부정하였다. 이에 최제우는 처형되었지만, 2대 교주 최시형의 노력에 힘입어 교세가 크게 확장되었다. 동학교도들은 교조 신원 운동을 전개하여 최제우의 복권과 동학에 대한 탄압 중지를 호소하였다.
② 동학은 포접제를 바탕으로 광범위한 조직을 갖추게 되었다.

오답 피하기

① 고려의 승려 지눌은 정혜쌍수와 돈오점수를 주장하였다.
③ 원불교는 박중빈을 중심으로 새생활 운동을 전개하였다.
④ 대종교도들은 중광단을 조직하고 항일 무장 투쟁을 전개하였다.
⑤ 천주교는 제사와 신주를 모시는 문제로 조선 정부의 탄압을 받았다.

06 (가)의 활동으로 옳은 것을 보기에서 고른 것은?

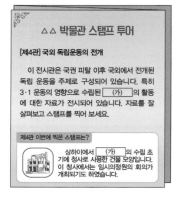

△△ 박물관 스탬프 투어

[제4관] 국외 독립운동의 전개

　이 전시관은 국권 피탈 이후 국외에서 전개된 독립 운동을 주제로 구성되어 있습니다. 특히 3·1 운동의 영향으로 수립된 　(가)　 의 활동에 대한 자료가 전시되어 있습니다. 자료를 잘 살펴보고 스탬프를 찍어 보세요.

제4관 이번에 찍은 스탬프는?
　상하이에서 　(가)　 의 수립 초기에 청사로 사용한 건물 모양입니다. 이 청사에서는 임시의정원의 회의가 개최되기도 하였습니다.

─ 보기 ─
ㄱ. 민족 교육을 위해 대성 학교를 설립하였다.
ㄴ. 광주 학생 항일 운동에 진상 조사단을 파견하였다.
ㄷ. 외교 독립 활동을 위해 구미 위원부를 설치하였다.
ㄹ. 임시 사료 편찬회를 두어 한일 관계 사료집을 간행하였다.

① ㄱ, ㄴ　　② ㄱ, ㄷ　　③ ㄴ, ㄷ
④ ㄴ, ㄹ　　⑤ ㄷ, ㄹ

해설 자료의 '3·1 운동의 영향으로 수립', '상하이' 등을 통해 (가)가 대한민국 임시 정부임을 알 수 있다. 3·1 운동을 계기로 국내외 민족 운동이 활성화되면서 상하이에서 대한민국 임시 정부가 수립되었다. 국내 비밀 행정 제도인 연통제를 시행하고, 국내와의 연락을 위한 통신 기관인 교통국을 설치하였으며, 독립 공채를 발행하여 군자금을 마련하기도 하였다.
ㄷ. 대한민국 임시 정부는 미국에 구미 위원부를 설치하여 외교 활동을 전개하였다.
ㄹ. 대한민국 임시 정부는 임시 사료 편찬회를 두고 『한·일 관계 사료집』을 간행하기도 하였다.

오답 피하기

ㄱ. 신민회는 대성 학교, 오산 학교를 설립하여 민족 교육에 힘썼다.
ㄴ. 신간회는 광주 학생 항일 운동이 일어나자 진상 조사단을 파견하여 지원하였다.

07 다음 자료를 활용한 탐구 주제로 가장 적절한 것은?

> **송수만 등 체포 경위 보고**
>
> 송수만은 보안회라는 것을 설립하여 그 회장이 됨. 종로 백목전 도가에서 날마다 회원을 모집하여 집회·논의하고 있는 자임. 오늘 경부와 순사 두 사람이 출장하여 송수만에게 공사관으로 동행하기를 요구하였음. …… 이때 회원과 인민들 약 200명 정도가 떠들썩하게 모여들어 송수만의 동행을 막음.

① 시전 상인의 상권 수호 운동
② 급진 개화파의 정치 개혁 운동
③ 백정들의 사회적 차별 철폐 운동
④ 농촌 계몽을 위한 브나로드 운동
⑤ 일본의 황무지 개간권 요구에 대한 반대 운동

해설 자료의 '보안회'가 제시된 점을 통해 보안회와 관련된 내용을 골라야 함을 알 수 있다.

보안회는 1904년에 서울에서 조직된 애국 계몽 운동 단체이다. 러·일 전쟁 이후 일본의 내정 간섭이 심화되자, 지식인들을 중심으로 애국 계몽 운동이 전개되었다. 이들은 교육과 산업을 진흥하고, 언론을 통해 국민을 계몽하여 국권을 수호하고자 하였다. 보안회는 러·일 전쟁 중 일본이 한국 정부에 황무지 개간권을 요구하자 대중 집회를 열어 일본의 요구를 철회시켰다.

⑤ 보안회는 대중 집회를 열어 일본의 황무지 개간권 요구를 철회시켰다.

오답 피하기
① 시전 상인들은 외국 상인들의 내륙 진출에 대항하여 철시 투쟁을 전개하였다.
② 김옥균 등의 급진 개화파는 1884년 일본의 지원을 약속 받고 갑신정변을 일으켰다.
③ 백정들은 1923년부터 형평 운동을 전개하여 백정에 대한 사회적 차별을 철폐하고자 하였다.
④ 동아일보는 1931년~1934년에 브나로드 운동이라는 이름으로 농촌 계몽 운동을 펼쳤다.

08 밑줄 그은 '이 시기'에 있었던 사실로 옳은 것을 보기에서 고른 것은?

> **상세 정보**
>
> 이 포스터는 국민 총력 조선 연맹에서 만든 것으로, 기름을 짤 각종 씨앗까지 모아서 내라고 독려하는 내용이다. 국민 총력 조선 연맹은 국가 총동원법이 시행되던 이 시기에 조직되어 일제가 전쟁에 필요한 인력과 물자를 수탈하는 데 앞장섰다.

| 보기 |

ㄱ. 미곡 공출제가 시행되었다.
ㄴ. 황국 신민 서사의 암송이 강요되었다.
ㄷ. 회사 설립을 허가제로 하는 회사령이 실시되었다.
ㄹ. 유상 매수, 유상 분배를 규정한 농지 개혁법이 제정되었다.

① ㄱ, ㄴ
② ㄱ, ㄷ
③ ㄴ, ㄷ
④ ㄴ, ㄹ
⑤ ㄷ, ㄹ

해설 자료의 '국가 총동원법', '전쟁에 필요한 인력과 물자 수탈' 등을 통해 밑줄 그은 '이 시기'가 1938년 이후임을 알 수 있다.

중·일 전쟁(1937)을 계기로 일제는 내선일체를 강조하고, 황국 신민 서사 암송과 신사 참배를 강요하는 등 황국 신민화 정책을 본격적으로 추진하였다. 한편 일제는 전선이 확대되자 국가 총동원법을 제정하였으며, 국민 징용령을 발동하고, 일본군 '위안부'를 강제 동원하는 등 강제적으로 인적·물적 자원을 수탈하였다.

ㄱ. 일제는 국가 총동원법 공포 이후 미곡 공출제를 실시하여 식량을 강제로 빼앗아 갔다.
ㄴ. 일제는 1930년대 이후 황국 신민 서사 암송을 강요하는 등의 정책을 추진하였다.

오답 피하기
ㄷ. 회사령은 1910년부터 시행되어 1920년에 폐지되었다.
ㄹ. 농지 개혁법은 1949년에 제헌 국회에서 제정되었다.

정답 **05** ② **06** ⑤ **07** ⑤ **08** ①

01 문맥상 〈보기〉의 빈칸에 공통으로 들어갈 말의 기본형으로 적절한 것은?

───── 보기 ─────

ⓐ 그 아이는 발랑 _____ 접시 같은 아이였다.

ⓑ 그 사람은 늘 뻣뻣한 어깨에 _____ 가슴팍으로 사뭇 남을 압박하는 듯하다.

ⓒ 그는 약간 _____ 차림이긴 해도 나쁜 사람은 아니다.

ⓓ 아직 어린애가 지나치게 당돌하고 어지간히 _____.

① 괄괄하다 ② 설명하다 ③ 해사하다
④ 되바라지다 ⑤ 부리부리하다

해설 고유어

④ 모든 문맥에 어울리는 것은 '되바라지다'이다. '되바라지다'는 다섯 가지의 뜻을 가지고 있다.

1) 그릇이 운두가 낮고 위가 벌어져 쉽사리 바닥이 드러나 보이다. – ⓐ의 의미

2) 튀어져 나오고 벌어져서 아늑한 맛이 없다. – ⓑ의 의미

3) 사람됨이 남을 너그럽게 감싸 주지 아니하고 적대적으로 대하다.

4) 차림이 얌전하지 않아 남의 눈에 잘 띄다. – ⓒ의 의미

5) 어린 나이에 어수룩한 데가 없고 얄밉도록 지나치게 똑똑하다. – ⓓ의 의미

정답 ④

02 밑줄 친 한자어의 쓰임이 적절하지 않은 것은?

① 교차로의 교통 신호 체계(體系)를 변경하였다.

② 그는 많은 재산을 복지 단체에 사철(捨撤)했다.

③ 이 기술은 실재(實在) 종을 제작하는 데 적용되었다.

④ 그의 중개(仲介)로 우리는 미국과의 거래를 성사시켰다.

⑤ 그 나라는 극심한 정치적 혼돈(混沌)으로 국민 복지에 신경 쓸 겨를이 없다.

해설 한자어

실재(實在)가 아니라 실제(實際)로 써야 한다.

·실재(實在) : 실제로 존재함.   ·실재의 인물.

·실제(實際) : 사실의 경우나 형편.   ·실제 모습.

정답 ③

03 〈보기〉의 (   ) 안에 공통적으로 들어갈 수 있는 단어의 기본형은?

───── 보기 ─────

• 본문에 각주를 (   ).

• 기관차에 객차를 (   ).

• 오늘 술값은 장부에 (   ) 두세요.

① 넣다   ② 달다   ③ 매다
④ 쓰다   ⑤ 적다

해설 어휘

② 〈보기〉의 빈칸에 들어갈 단어의 기본형은 '달다'이다. '달다'는 각각 '달다03 [1] 「4」 글이나 말에 설명 따위를 덧붙이거나 보태다. [1] 「8」 물건을 잇대어 붙이다. [1] 「6」 장부에 적다.'라는 의미로 사용되었다.

정답 ②

04 〈보기〉에 제시된 규정을 바르게 적용한 것은?

───── 보기 ─────

[한글 맞춤법 제38항] 'ㅏ, ㅗ, ㅜ, ㅡ' 뒤에 '-이어'가 어울려 줄 적에는 준 대로 적는다.

① 틔여   ② 뉘여   ③ 띠여
④ 쌔여   ⑤ 뵈어

해설 어법

⑤ 보이어 → 뵈어 / 보여

① 트이어 → 틔어 / 트여

② 누이어 → 뉘어 / 누여

③ 뜨이어 → 띄어 / 뜨여

④ 싸이어 → 쌔어 / 싸여

정답 ⑤

05 문장의 중의성을 해소한 것으로 적절하지 <u>않</u>은 것은?

① 그는 모자를 쓰고 있다. → 그는 모자를 쓰는 중이다.

② 회원들이 모임에 다 안 왔다. → 회원들이 모임에 다 오지 않았다.

③ 용감한 그의 아버지가 도둑을 잡았다. → 그의 용감한 아버지가 도둑을 잡았다.

④ 오늘은 큰형이 누나와 동생을 돌보았다. → 오늘은 큰 형과 누나가 동생을 돌보았다.

⑤ 현채는 영희보다 나를 더 좋아한다. → 현채는 영희가 나를 좋아하는 것보다 더 나를 좋아한다.

해설 어법
② 고친 문장 역시 중의적으로 해석된다. 중의성을 해소하려면 '회원들이 모임에 다는 오지 않았다.'와 같이 표현해야 한다.

정답 ②

06 단어를 발음할 때, 〈보기〉에서 설명하는 음운 변동 현상이 모두 일어나는 것은?

┤ 보기 ├

• 국어의 음절 끝에는 'ㄱ, ㄴ, ㄷ, ㄹ, ㅁ, ㅂ, ㅇ'의 7개의 자음만이 발음될 수 있다. 그래서 여기에 속하지 않는 자음이 음절 끝에 놓이면 대표음으로 바뀌 발음해야 한다.

• 'ㄱ, ㄷ, ㅂ'이 비음 'ㄴ, ㅁ, ㅇ' 앞에서 비음으로 바뀌는 현상

① 갖다   ② 신라   ③ 밥물
④ 잇몸   ⑤ 맏이

해설 어법
④ 잇몸[읻몸 → 인몸] : 음절의 끝소리 규칙, 비음화
① 갖대[갇다 → 갇따] : 음절의 끝소리 규칙, 된소리되기
② 신래[실라] : 유음화
③ 밥물[밤물] : 비음화
⑤ 맏이[마지] : 구개음화

정답 ④

자주 출제되는 고유어		외래어 순화	
고유어	뜻	순화 대상어	순화어
실팍하다	사람이나 물건 따위가 보기에 매우 실하다.	고수부지	둔치
해포	한 해가 조금 넘는 동안.	납득	이해
갈치잠	비좁은 방에서 여럿이 모로 끼어 자는 잠.	수순	순서, 절차, 차례
쑤다	곡식의 알이나 가루를 물에 끓여 익히다.	쿠사리	핀잔, 면박
박작거리다	많은 사람이 좁은 곳에 모여 매우 어수선하게 자꾸 움직이다.	핀트	초점

01 밑줄 친 부분에 들어갈 말로 가장 적절한 것은?

> A : Can I ask you for a favor?
> B : Yes, what is it?
> A : I need to get to the airport for my business trip, but my car won't start. Can you give me a lift?
> B : Sure. When do you need to be there by?
> A : I have to be there no later than 6:00.
> B : It's 4:30 now. ＿＿＿＿＿＿.
>   We'll have to leave right away.

① That's cutting it close

② I took my eye off the ball

③ All that glitters is not gold

④ It's water under the bridge

유형 **회화**

어휘 That's cutting it close (상황이) 아슬아슬하다, 절약하다 / take one's eye off the ball 방심하다, 한눈을 팔다 / All that glitters is not gold 반짝인다고 모두 금은 아니다 / water under the bridge 지나간 일

해설 A가 공항에 도착해야 하는 시간은 6시인데, B가 지금 시간은 4시 30분이고 빈칸 이후에 지금 당장 출발해야겠다고 답하고 있으므로 빈칸에 가장 적절한 말은 시간과 관련된 표현인 ① That's cutting it close(아슬아슬하네요)이다.

해석 A : 부탁 하나만 해도 될까요?
B : 네, 뭔가요?
A : 출장 때문에 공항에 가야 하는데, 차가 시동이 걸리지 않아요. 저 좀 태워줄 수 있으세요?
B : 물론이죠. 언제까지 그곳에 도착해야 하나요?
A : 늦어도 6시까지는 도착해야 해요.
B : 지금이 4시 30분이에요. ① 아슬아슬하네요. 지금 당장 출발해야겠어요.

① 아슬아슬하네요

② 제가 방심했어요

③ 반짝인다고 다 금은 아니에요

④ 이미 다 지나간 일이에요

정답 ①

02 다음 글의 제목으로 가장 적절한 것은?

Over the last years of traveling, I've observed how much we humans live in the past. The past is around us constantly, considering that, the minute something is manifested, it is the past. Our surroundings, our homes, our environments, our architecture, our products are all past constructs. We should live with what is part of our time, part of our collective consciousness, those things that were produced during our lives. Of course, we do not have the choice or control to have everything around us relevant or conceived during our time, but what we do have control of should be a reflection of the time in which we exist and communicate the present. The present is all we have, and the more we are surrounded by it, the more we are aware of our own presence and participation.

① Travel : Tracing the Legacies of the Past

② Reflect on the Time That Surrounds You Now

③ Manifestation of a Hidden Life

④ Architecture of a Futuristic Life

유형 **독해**

어휘 the minute ～하자마자 / manifested 명시된, 분명한 / surrounding 인근 환경, 주변 환경 / collective 집단의, 공동의 / consciousness 자각, 의식 / conceive 생각하다, 상상하다 / reflection 반영; 숙고, 반성 / presence 존재 / legacy 유산 / reflect on ～을 깊게 생각하다, 반성하다 / manifestation 징후, 표명 / futuristic 초현대적인, 미래의

해설 글의 중반부 We should live～ 부터 우리는 과거의 것이 아닌 현재 우리를 둘러싼 것들과 더불어 살아야 한다는 주장이 드러난다. 현재는 우리가 가진 모든 것이라는 내용으로 글을 마무리 하고 있으므로 본문 전체의 내용을 아우를 제목으로 가장 적절한 것은 ② Reflect on the Time That Surrounds You Now이다.

해석 지난 수년간의 여행 동안, 나는 우리 인간들이 얼마나 과거에 살고 있는지를 관찰해왔다. 어떤 것이 나타나자마자 그것이 과거인 점을 고려할 때 과거는 항상 우리 주변에 존재한다. 우리의 주변, 우리의 집, 우리의 환경, 우리의 건축물, 우리의 물건들 모두 과거의 구조물이다. 우리는 우리의 시간과 집단 의식의 일부인 것들, 우리가 사는 시간 동안에 창조된 것들과 더불어 살아야 한다. 물론, 우리는 우리가 사는 시간 동안 우리와 관련 있거나 상상했던 우리 주변의 모든 것들에 대한 선택권이나 통제력은 가지고 있지 않지만, 우리가 통제력을 갖는 것은 우리가 존재하고, 현재와 소통하는 시간의 반영이어야 한다. 현재는 우리가 가진 모든 것이고, 우리가 그것에 더 많이 둘러싸여 있을수록, 우리는 우리 고유의 존재와 참여를 더 자각하게 된다.
① 여행 : 과거의 유적을 쫓는 것
② 현재 당신을 에워싼 시간에 대해 깊게 생각해 보라
③ 숨겨진 삶의 표명
④ 초현대적인 삶의 건축

정답 ②

자 / 료 / 해 / 석

[01~02] 다음은 근로유형별 근로장려금 지급 현황을 조사한 자료이다. 주어진 자료를 바탕으로 질문에 답하시오.

[표] 근로유형별 근로장려금 지급 현황   (단위: 천 가구, 억)

구분		전체	상용	일용	복합	사업소득 기타
2016년	가구	1,570	390	509	114	557
	금액	11,416	3,248	2,795	962	4,411
2017년	가구	1,694	416	544	119	615
	금액	12,808	3,568	3,166	1,027	5,047
2018년	가구	4,102	1,100	1,011	449	1,542
	금액	45,049	11,393	9,775	5,912	17,969
2019년	가구	4,215	1,136	1,062	436	1,581
	금액	43,836	11,617	10,072	4,870	17,277

01 다음 설명 중 옳지 않은 것을 고르면?

① 2016년 근로유형별 근로장려금 지급 가구 수는 일용이 상용보다 더 많지만 지급 금액은 상용이 더 크다.

② 2016년부터 2019년까지 전체 근로장려금 지급 금액 중 사업소득 기타가 차지하는 비중이 매년 가장 높았다.

③ 2019년 근로장려금 지급 가구 수가 가장 많은 근로유형과 지급 금액이 가장 큰 근로유형은 같다.

④ 2017년부터 2019년까지 근로장려금 지급 가구 수는 매년 전년 대비 꾸준히 증가하였으며, 지급 금액 또한 매년 전년 대비 증가하였다.

⑤ 2018년 상용과 일용 근로자의 근로장려금 지급 가구 수의 차이는 전년 대비 감소했지만 지급 금액의 차이는 증가했다.

해설 2017년부터 2019년까지 근로장려금 지급 가구 수는 매년 전년 대비 꾸준히 증가하였지만, 지급 금액은 2019년에 전년 대비 감소했다.
① 2016년 근로유형별 근로장려금 지급 가구 수는 일용이 상용보다 더 많지만 지급 금액은 상용이 더 크다.
② 2016년부터 2019년까지 근로유형별 근로장려금 지급 금액은 사업소득 기타가 매년 가장 높으므로 비중 또한 매년 가장 높다.
③ 2019년 사업소득 기타 유형이 근로장려금 지급 가구수가 가장 많으며, 지급 금액 또한 가장 크다.
⑤ 2018년 상용과 일용 근로자의 근로장려금 지급 가구 수의 차이는 1,100−1,011=89(천 가구)이고 2017년은 544−416=128(천 가구)로 전년 대비 감소했고, 지급 금액 차이는 2018년 11,393−9,775=1,618(억 원), 2017년 3,568−3,166=402(억 원)으로 전년 대비 증가했다.

정답 ④

02 2019년 근로장려금 지급 가구 1천 가구당 지급 금액을 고르면?

① 9.6억 원
② 10.4억 원
③ 10.9억 원
④ 11.4억 원
⑤ 11.9억 원

해설 2019년 근로장려금 지급 가구는 4,215천 가구이며, 근로장려금 지급 금액은 43,836억 원이다. 따라서 2019년 근로장려금 지급 가구 1천 가구 당 지급 금액은 43,836÷4,215=10.4(억 원)이다.

정답 ②

수 / 리 / 능 / 력

[01~02] 다음 [그래프]와 [표]는 서민 맞춤 대출 공급 실적에 대한 자료이다. 이를 바탕으로 질문에 답하시오.

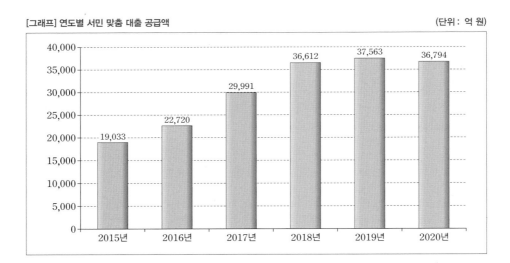

[그래프] 연도별 서민 맞춤 대출 공급액 (단위 : 억 원)

[표] 연도별 서민 맞춤 대출 공급 목표액 및 상반기 공급액 (단위 : 억 원)

구분	2015년	2016년	2017년	2018년	2019년	2020년
공급 목표액	19,148	24,440	30,180	33,005	33,010	34,010
상반기 공급액	9,464	11,578	13,900	17,788	19,480	18,897

01 다음 [보기]에서 주어진 자료에 대한 설명으로 옳은 것의 개수를 고르면?

──── 보기 ────

ⓐ 공급액이 공급 목표액을 초과한 해에 초과 달성액의 합은 11,000억 원 이상이다.
ⓑ 조사 기간에 서민 맞춤 대출 공급 목표액과 공급액은 모두 매년 꾸준히 증가하고 있다.
ⓒ 2016~2019년 중 공급액이 전년 대비 가장 많이 증가한 해는 2017년이다.
ⓓ 2020년 공급액은 2016년 대비 60% 이상 증가하였다.

① 0개

② 1개

③ 2개

④ 3개

⑤ 4개

해설 ⓐ 공급액이 공급 목표액을 초과한 해는 2018년, 2019년, 2020년이고, 이때 초과 달성액은 각각 36,612−33,005=3,607(억 원), 37,563−33,010=4,553(억 원), 36,794−34,010=2,784(억 원)이므로 그 합은 3,607+4,553+2,784=10,944(억 원)이다.
ⓑ 조사 기간에 서민 맞춤 대출 공급 목표액은 매년 증가하고 있지만 서민 맞춤 대출 공급액은 2020년에 전년 대비 감소하였다.
ⓒ 2016~2019년 중 공급액이 전년 대비 가장 많이 증가한 해는 29,991−22,720=7,271(억 원)인 2017년이다.
ⓓ 2020년 공급액은 2016년 대비 $\frac{36,794-22,720}{22,720} \times 100 ≒ 62.0(\%)$ 증가하였다.

정답 ③

02 주어진 자료에서 2015년 서민 맞춤 대출 하반기 공급액은 (㉠)억 원이고, 2020년 하반기 공급액의 공급 목표액 달성률을 소수점 첫째 자리에서 버림하면 (㉡)%이다. 이때 빈칸 ㉠, ㉡에 들어갈 값이 바르게 짝지어진 것을 고르면?

㉠	㉡
① 9,569	51
② 9,684	51
③ 9,569	52
④ 9,684	52
⑤ 9,951	53

해설 ㉠ 2015년 서민 맞춤 대출 하반기 공급액은 19,033−9,464=9,569(억 원)이다.
㉡ 하반기 공급액은 36,794−18,897=17,897(억 원)이고 2020년 공급 목표액은 34,010억 원이므로 하반기 공급액의 공급 목표액 달성률은 $\frac{17,897}{34,010} \times 100 = 52.62\%$이고 소수점 첫째 자리에서 버림하면 52%이다.

정답 ③

행 / 정 / 학

01 행정에 관한 설명으로 옳지 <u>않은</u> 것은?

① 공익을 지향하며 공공문제의 해결이라는 공공 목적을 달성한다.

② 공공서비스를 생산하고 공급하며 배분하는 모든 활동을 의미한다.

③ 오늘날에는 정부가 공공서비스의 생산 및 공급을 독점한다.

④ 참여와 협력이라는 거버넌스 개념을 지향해 가고 있다.

⑤ 공공서비스의 생산·분배 과정에서 국민의 의견을 존중하고 국민에 대해 책임을 다해야 한다.

해설 오늘날에는 정부가 공공서비스의 생산 및 공급을 독점하지 않는다. 즉 행정의 수행은 정치권력을 배경으로 하지만 공공서비스의 생산 및 공급은 정부가 독점하지 않는다.

핵심이론 [행정의 개념]

·규범적으로 행정은 공익을 지향한다.

·행정은 공공서비스의 생산, 공급, 분배와 관련된 모든 활동을 의미한다.

·행정의 수행은 정치권력을 배경으로 하지만 공공서비스의 생산 및 공급은 정부가 독점하지 않는다.

·행정은 정치과정과 밀접하게 연계되어 있다.

정답 ③

02 진보주의 정부관에 관한 설명으로 옳지 <u>않은</u> 것은?

① 효율과 공정에 대한 자유시장의 잠재력 인정

② 공익목적의 정부규제 강화 강조

③ 조세를 통한 소득 재분배 강조

④ 소외집단을 위한 정부정책 선호

⑤ 소극적 자유 선호

해설 진보주의는 적극적 자유를 선호한다. 정부로부터 소극적 자유를 선호하는 것은 보수주의 정부관이다.

핵심이론 [진보주의와 보수주의]

구분	진보주의	보수주의
인간관	경제인관 부정 욕구, 협동, 오류 가능성 여지가 있는 인간관	합리적이고 이기적인 경제인관
가치판단	적극적 자유를 열렬히 옹호, 평등을 증진시키기 위해 실질적인 정부 개입 허용	정부로부터 소극적 자유 강조
시장과 정부에 관한 평가	효율과 공정, 번영과 진보에 대한 자유시장 잠재력 인정, 시장결함과 윤리적 결여 인정, 시장실패는 정부 치유 책에 의해 수정 가능	자유시장에 대한 신념, 정부 불신, 정부는 개인 자유를 위태롭게, 경제조건을 악화시키는 전제적 횡포
선호하는 정책	소외집단을 위한 정책, 공익목적의 정부규제, 조세제도를 통한 소득 재분배	소외집단의 지원정책 비선호, 경제적 규제완화, 시장지향정책, 조세 감면 및 완화
비고	복지국가, 혼합자본주의, 규제된 자본주의, 개혁주의	자유방임적 자본주의

정답 ⑤

03 **정치·행정 일원론과 정치·행정 이원론에 관한 설명으로 옳은 것은?**

① 정치·행정 이원론은 행정의 정치적 기능을 강조한다.
② 과학적 관리론은 정치·행정 일원론의 발전에 기여하였다.
③ 정치·행정 일원론은 정치와 행정을 엄격히 구분한다.
④ 정치·행정 이원론은 엽관주의의 폐해를 극복하기 위하여 대두되었다.
⑤ 윌슨(Wilson)은 정치·행정 일원론의 입장을 견지하였다.

해설 정치·행정 이원론은 엽관주의의 폐해(비능률성)를 극복하기 위하여 (정당)정치로부터의 행정의 독립을 위해 등장하였다.
① 정치·행정 일원론은 경제대공황으로 인한 뉴딜정책과 연관성이 깊으며, 행정의 정치적 기능(정책결정 기능)을 강조한다.
② 과학적 관리론은 정치·행정 이원론(공·사 행정 일원론)의 발전에 기여하였다.
③ 정치·행정 이원론은 정치(정책결정)와 행정(정책집행)을 엄격히 구분한다.
⑤ 윌슨(Wilson)은 정치·행정 이원론(공·사 행정 일원론)의 입장을 견지하였다.

핵심이론 [정치·행정 이원론과 정치·행정 일원론]
· 정치·행정 이원론(= 공·사 행정 일원론) 행정=정책집행
· 정치·행정 일원론(=공·사 행정 이원론) 행정 =정책결정＋집행
※ 정치·행정 이원론과 정치·행정 일원론에서 말하는 정치는 서로 다른 의미를 내포하고 있다. 정치·행정 이원론에서의 정치는 '정당정
　치', 정치·행정 일원론에서의 정치는 '정책형성기능'을 의미한다.

정답 ④

의료 불균형 해소와 의대 증원 논쟁

의사 수 당장 늘릴 길 없어 – 의사들의 집단 이기주의

🔵 이슈의 배경

우리나라 의사의 소득 수준은 다른 나라 의사와 비교해도 세계 최상위권이다. 대학 입시에서 의과대학 쏠림 현상이 갈수록 두드러진다. 최근 한 사교육 업체의 조사에 따르면 초등학생 5명 중 1명이 의대 진학을 목표로 공부한다고 한다. 국내 의대를 못 가 몽골·서인도제도 의대를 준비하는 사교육 업체까지 생겨났다.

우수한 이공계 인재를 의대가 싹쓸이하지만 국민들이 누리는 의료 보건 서비스는 우수하다고 보기 어렵다. 수도권과 지방 소도시 간 의료 접근성부터 크게 차이가 난다. 지방 소도시에 거주하는 환자들이 수백 km를 이동해 대도시에서 '원정 진료'를 받는 경우도 많다. 청주의 한 종합병원은 10억원 연봉을 제시하고 심장 전문의 채용 공고

를 냈지만 1년째 지원자가 없다.

복지부가 공개한 '경제협력개발기구(OECD) 보건통계 2023'에 따르면 2021년 한의사를 포함한 국내 임상 의사 수는 인구 1000명당 2.6명으로 OECD 평균(3.7명)보다 낮고 멕시코에 이어 두 번째로 적었다. 이에 반해 병상수는 1000명당 12.8개로 OECD 국가 중 가장 많았고 국민들이 1년에 받는 외래 진료 건수도 평균 15.7회로 가장 많았다. 의료 서비스 이용률은 높지만 대부분 수도권에 쏠린다는 게 문제다.

응급환자는 거리를 떠돌다 골든아워(golden hour : 외상을 입었을 때 죽음에 이르는 것을 방지할 가능성이 큰 시간대)를 놓친다. 지난 7월 대전에서는 초등학교에서 뇌출혈 증세를 보이며 의식을 잃고 쓰러졌던 6학년 A 양이 입원할 병원을 찾지 못해 세종시까지 이송됐다가 수술 후 2주 만에 사망했

다. A 양은 구급차를 타고 대전 관내 서너 군데를 돌았지만 모든 병원으로부터 수용이 불가능하다는 답을 들었고 구급차에서 1시간 동안 '뺑뺑이'를 돌아야 했다.

서울도 사정은 비슷하다. 지난 5월 다섯 살 B 군이 급성 폐쇄성 후두염으로 구급차를 탔지만 80분간 10곳의 병원을 표류했다. 결국 치료는 받았지만 입원이 거부됐고 이튿날 B 군은 사망했다. 의사들이 보상은 적고 의료사고 발생 시 부담이 크다는 이유로 **필수의료** 분야를 기피하면서 소아 응급 체계가 붕괴했다는 지적이 나온다.

총체적인 의료 불균형 현상의 근본적 해결책으로 의사 수를 늘려야 한다는 여론이 우세하다. 의대 정원은 2000년 의약 분업에 반발한 의사단체의 요구를 받아들여 정부가 2006년 3058명으로 감축한 이후 18년째 동결 상태다. 정부가 의대 정원을 늘리려 할 때마다 의료계는 강력하게 반발하며 파업 예고로 맞섰고, 의료 공백을 우려한 정부가 물러서는 상황이 반복됐다.

필수의료 (必須醫療)

필수의료란 국민의 생명과 건강에 직결된 분야로서 적절한 조치를 취하지 아니하면 생명을 보존할 수 없거나 심신에 중대한 위해가 발생할 가능성이 있는 의료서비스를 통칭한다. 의료계에서 통상적으로 필수의료는 ▲내과 ▲외과 ▲산부인과 ▲소아청년과를 뜻하는 의미로 쓰인다. 법적으로도 300병상을 초과하는 종합병원 이상의 의료기관에는 이들 4개 과 중 3개 과를 의무적으로 설치하도록 하고 있다. 그러나 사회적 이슈가 나올 때마다 흉부외과, 신경외과, 비뇨기과 등이 필수의료로 지정되기도 하고 정부 지원을 받기 위해 여러 개별 과에서 경쟁적으로 필수의료임을 자처하고 있어 정확한 정의가 모호한 실정이다.

● 이슈의 논점

"의사 수 당장 늘릴 길 없어...나중에는 공급 과잉"

의료 서비스 수요는 다양한 변수가 작용하므로 쉽게 예측할 수 없다. 수요가 많다고 단순히 공급을 확대해서 해결할 수 있는 문제가 아니다. 갑자기 지방이나 필수의료 분야에서 근무하겠다는 의사들이 많아지면 의료 불균형을 해소할 수 있겠지만 그럴 가능성은 현재로서 낮다.

의대 정원을 늘린다고 해도 의과대학 6년, 군의관 복무 시 3년, 전문의 과정 3~4년, 전임의 과정 등을 더하면 약 15년이 소요된다. 당장 필수의료 붕괴 현상을 막을 대안이 필요한데 정부는 15년 후에나 효과가 나타날 대책을 논의하고 있는 것이다.

한국 출산율은 세계 최저 수준이다. 2020년 5184만 명으로 정점을 찍은 뒤 인구절벽(핵심 생산·소비 계층인 15세에서 64세까지의 인구 비율이 급감하는 현상)이 나타나기 시작했다. 통계청에 따르면 향후 10년간 한국 인구가 연평균 6만 명 안팎씩 줄어들면서 2030년쯤에는 인구절벽을 넘어 인구지진(인구 감소 현상이 자연 재앙인 지진보다 훨씬 큰 파괴력을 나타내는 현상) 위기에 직면할 가능성이 큰 것으로 예측된다.

의대 정원 증가 없이 현재 의사 정원을 유지하더라도 머지않아 우리나라 의사 수가 OECD 평균 의사 수를 초과할 것이란 예측도 있다. 섣불리 의대 정원을 늘렸다가 의사 공급 과잉이 될 수 있다. 그래도 의사 수가 많아지면 의료 불균형 해소에 도움이 되지 않겠느냐는 주장도 있겠지만, 이는 국민들의 의료비 증가로 이어질 수밖에 없다.

우리나라에서 의료기관은 의료보험이 강제로 지정돼 있다. 의사 수가 늘어날수록 건강보험공단의 지출도 늘어나고 국민의 건강보험료는 증가한다. 생산가능인구 감소 추세를 고려하면 건강보험료 증가 폭이 더 커질 것이다. 대한의사협회 의료정책연구원은 의대 정원을 350명 늘릴 경우 2040년 요양급여비용 총액은 현상 유지 때보다 7조원 증가하며 2000명, 3000명 증원 시 각각 36조원, 55조원 더 늘어난다고 추산했다.

의사 수를 늘린다고 해도 정부의 의도대로 필수의료 인력으로 재배치되지는 않을 것이다. 실제로 상급년차 전공의 모집은 외과·산부인과·소아청소년과 등 의사들이 기피하는 과만 포함돼 있어 무의미하게 진행되고 있다. 의료계에 따르면 지난 7월 말 마무리된 하반기 상급년차 전공의 충원에서 총 전체 병원의 모집 공고 606명 중 지원자는 단 3명뿐이었다. 이른바 빅(big)5로 불리는 유명 대학병원(▲서울대병원 ▲서울아산병원 ▲세브란스병원 ▲삼성서울병원 ▲가톨릭중앙의료원)에서는 지원자가 한 명도 없었다.

의사들이 기피하는 필수 과는 국민 생명을 위해 꼭 필요한 의료를 담당하고 있어 진료 항목 상당수가 건강보험 체계 안에 들어가 있다. 즉 개원을 해도 건강보험이 정한 수가만 받을 수 있어 상대적으로 돈을 못 번다는 뜻이다.

전문의 시험을 포기하고 돈 되는 피부·미용 클리닉에서 일하는 의사는 늘고 있다. 돈 되는 과의 핵심은 비급여 진료(환자가 비용 전액 부담)다. 정부가 수가를 정한 보험 진료와 달리 비급여 항목은 의사의 자율성이 인정된다. 피부과의 미용 시술이나 안과의 라식·라섹 수술, 미용성형 수술 등이 대표적이다.

이러한 의사들의 행태를 고려하면 의사 수를 늘리기보다 필수의료 분야 및 소규모 지역·오지 복무 시 유인책을 주는 방식으로 의료 불균형을 줄여나가는 것이 적합하다. 이와 함께 필수의료 시 불가항력으로 발생하는 의료사고에 대해서도 국가가 책임을 지게 한다면 의료 불균형 해소에 도움이 될 것이다.

"의사들의 집단 이기주의...정원 확대·정책 개선 병행해야"

국민소득 증가, 인구 증가와 고령화, 건강보험의 보장성 확대 등으로 인해 의료 수요가 폭증했음에도 의사 공급이 절대적으로 부족한 상황은 수도권 의사 쏠림과 지역 간 건강 수준 격차 확대, 의료 부문 간 의사 수급 불균형, 공공 및 필수의료 인프라 부실화, 진료 보조 인력의 편법·불법 운용 등 숱한 문제점을 양산했다.

우리나라는 현재 인구 대비 의사 수는 물론이고 미래의 의사가 될 의대 졸업자 또한 형편없이 부족하다. 보건복지부에 따르면 2021년 기준 우리나라의 10만 명당 의대 졸업자 수는 7.3명으로 OECD 국가 중 세 번째로 적었다. 인구 대비 의대 졸업자가 줄어들고 있는 나라는 한국을 포함해 네 나라뿐이었다. 현재 의사 수가 부족하고 미래에도 다른 나라에 비해 더 부족해진다면 의대 정원을 늘리는 게 자연스러운 수순이다.

의사들은 2000년 의약 분업에 반대해 의료 총파업 사태를 벌이며 의대 정원 감축을 얻어냈다. 지난 2020년 코로나19 팬데믹 상황에서 정부가 공공의대 신설과 의대 정원 증원을 논의하자 의사들은 집단 진료거부에 나섰다. 2023년 5월 간호인력의 자격과 업무 범위, 처우 개선 등을 담은 간호법이 국회에서 통과될 때도 집단 실력 행사로 대통령의 간호법 거부권 행사를 이끌었다. 국민 대다수에게도 의사들은 환자 생존권보다 밥그릇에 집착하는 이기주의 집단으로 비친다.

현 정부의 의대 정원 확충 정책에 대해서도 의사들은 부정적인 반응을 보였다. 국민 여론을 살피며 집단 진료 거부까지는 나서지 못하고 있지만, 대신 '의대 정원 확충 무용론'이란 논리를 내세우고 있다. 의사를 늘려봤자 돈 잘 버는 피부미용이나 성형하는 의사만 늘 것이고 필수의료나 의사가 부족한 지방으로 유입되지는 않을 것이란 주장이다.

그러나 의대 정원 확대를 통해 의사 총량이 늘어나면 비중이 적더라도 낙수효과로 인해 필수의료와 지방 의사 또한 증가할 수밖에 없다. 성형외과·피부과 또한 제한된 수요 안에서 무한정 규모가 늘 수 없다.

2020년 기준 통계에 따르면 전국에 성형외과 1000여 개가 있는데, 이 중 400여 개가 서울 강남구에 몰려 있다. 비급여 진료를 주로 하는 인기과도 계속 늘어나면 수요와 공급의 법칙에 따라 언젠가 레드오션(red ocean : 경쟁률이 매우 높고 치열한 시장)이 될 가능성이 크다.

물론 정부가 의사 수만 늘리고 아무것도 하지 않

는다면 의사들의 주장대로 의료 불균형 해소에 큰 효과를 내기 어려울 것이다. 따라서 의료 정책 개선이 병행돼야 한다. 윤석열 정부는 필수의료 국가책임제를 공약하며 기존 수가 이외 정부 지원으로 필수의료 문제를 해결하겠다고 했지만 아직 달라진 것은 없다. 종합병원이 지금처럼 필수의료 전문의를 늘리는 만큼 낮은 수가로 손해를 본다면 인기 과 편중 현상을 막을 수 없다.

'구급차 뺑뺑이 사태' 역시 응급 수술과 치료를 할 의사와 병상을 늘리면서 환자와 병원을 이어줄 시스템을 개선하여 해결해야 한다. 이송 전 단계와 신고 체계를 이원화하고 병원 간 유기적인 협력 체계를 구축함으로써 경증환자의 대형병원 응급실 이용을 원천적으로 차단하고 중증환자를 위한 병실은 언제나 비워둘 수 있어야 한다.

아울러 수도권과 대도시 의료 쏠림 현상 해소를 위해 '지역 의사제' 도입도 검토해 볼 만하다. 지역 의사제는 의대에서 해당 지역 출신 인원을 선발하고, 졸업 후엔 일정 기간을 의무적으로 지역 병원에서 복무하도록 하는 제도다. 일본에서는 2010년부터 지역 의사제를 도입해 입시 때 일정 기간 특정 지역에서 특정 진료과를 진료하는 것을 조건으로 학생을 선발하고 있다.

의사들은 직업 선택 자유와 이동권을 제한할 수 있다며 지역 의사제에도 반대하고 있다. 그러나 지방 개원 비용 및 운영비나 인건비 지원, 의료 취약지 복무 시 건강보험 수가에 차등 적용 등 충분한 인센티브가 제공되고 지역 의료 인재들이 호응한다면 이 제도를 도입하지 않을 이유가 없다.

⏳ 연습문제

의료 불균형 현상을 해소하기 위해 의대 정원을 확대해야 하는가? (1000자, 50분)

※ 논술 대비는 실전연습이 필수적입니다. 반드시 시간을 정해 놓고 원고지에 직접 써 보세요.

200

400

600

800

1000

8년간 이어진 제주 제2공항 갈등

'포화 상태' 공항 안전 우려 – 공항보다 제주가 포화 상태

➕ 배경 상식

제주도는 국내 최대의 관광 도시다. 휴가철이나 명절 성수기에 제주도행 항공권을 구하기란 쉽지 않다. 제주국제공항이 늘 붐비면서 공항 주변과 시가지는 과밀 현상과 교통난을 겪는다. 이 때문에 제주에 공항을 하나 더 지어야 한다는 주장이 예전부터 있었다. 제주 제2공항 건설을 둘러싼 갑론을박은 8년간 이어졌지만 여전히 결론이 나지 않았다. 그러던 중 최근 제주도가 제2공항 건설에 사실상 찬성을 전제로 한 의견을 국토교통부에 제출하면서 찬반 격론이 재점화 됐다. 국토부의 제주 제2공항 개발사업 기본계획안과 관련해 제주도는 7월 31일 "제주도가 공항 수요 예측 등 적정성을 검증하고 공항 운영에 도민이 참여할 수 있도록 해야 한다"는 도민 의견을 제출했다.

제주도는 도민 의견을 전달하며 ▲항공수요 예측 적정성 ▲조류충돌 위험성과 법정보호종 문제 ▲조류 등 서식 지역 보전 ▲숨골(지표수가 지하로 스며드는 일종의 싱크홀)의 보전가치 ▲제2공항 부지 내 용암동굴 분포 가능성에 대해 환경영향평가에서 철저한 검증을 요구했다. 그러나 제2공항 반대 측은 제주도가 국토부에 전달한 도민 의견 가운데 반대 측이 지속적으로 요구한 주민 투표 요구가 빠진 것에 크게 반발했다. 제주 제2공항 강행저지 비상도민회의는 8월 1일 오영훈 제주지사에게 다시 한번 국토부에 주민투표를 요구할 것을 촉구하면서 "도민의 자기결정권을 가장 확실하게 보장할 수 있는 기회를, 가장 민주적으로 제2공항 갈등을 해소할 기회를 날려버린 것"이라고 지적했다.

제주 제2공항 찬성1 '포화 상태' 공항 안전 우려

제주국제공항은 늘 포화상태로서 도민과 관광객의 안전과 이동권 확보와 같은 편의를 심각하게 위협하고 있다. 제주공항에 따르면 지난해 전체 제주공항 항공기 이용객수는 약 3000만 명으로 집계됐다. 2020~2021년 코로나 펜데믹으로 공항 이용객이 다소 주춤했지만 2022년부터 다시 한계를 초과했다.

제주공항에서는 1~2분에 한 대꼴로 항공기가 이·착륙하고 연간 2만4000여 건이 지연 운항된다. 활주로 혼잡은 자칫 대형 사고로 이어질 수 있다. 제2공항 건설은 포화상태에 이른 제주공항의 수용 능력을 분산하고 자칫 발생할 수 있는 안전사고를 막을 수 있는 유일한 대안이다.

제주 제2공항 찬성2 제주 균형 발전에 도움

제주도는 지역 내 쏠림 현상이 심각하다. 행정·교육·의료·관광·교통 등 다양한 시설이 제주시에 집중돼 있어 제주시와 서귀포시의 격차가 날로 벌어지고 있다. 지난해 통계에 따르면 제주도 내 양대 행정시 중 제주시가 총 인구의 72.5%를 차지했고 서귀포시는 27.5% 수준이었다. 특히 제주 동부 지역은 개발에서 소외되며 상대적으로 낙후됐다는 지적이 나온다.

국토부 계획대로 제주 동부의 서귀포시 성산읍 신산리·온평리 일대에 제2공항이 들어선다면 지역 균형 발전에 도움이 될 것이다. 이는 더 많은 관광객을 효율적으로 분산하며 들어와 제주 전체의 경제 성장에도 보탬이 될 것이다.

제주 제2공항 반대1 공항보다 제주가 포화 상태

최근 세계 유명 관광지는 오버투어리즘(over-tourism:관광객이 수용 가능한 범위를 넘어설 정도로 몰려들어 지역 주민의 삶을 파괴하는 현상)으로 몸살을 앓고 있다. 이에 대응하고자 프랑스는 루브르 박물관 일일 방문객 수를 제한하기도 했다. 제주도 역시 세계적인 오버투어리즘 대상지로 환경오염도 심해졌다.

대규모 관광 개발 결과 제주도의 1인당 하루 평균 쓰레기 배출 양은 2kg으로 전국 1위다. 제주도가 현지 주민의 삶과 생태계를 지키려면 오히려 밀려드는 관광객을 제한할 방안을 찾아야 한다. 제2공항 건설은 제주도 포화 상태를 더욱 악화할 것이다.

제주 제2공항 반대2 수요 없어 예산 낭비 우려

항국공항공사가 관리하는 전국 14개 공항 중 10곳은 적자에 시달리고 있다. 크지 않은 국토에 수요가 없을 것이 뻔히 보이는데도 중앙·지방정부의 치적 쌓기용으로 많은 공항이 난립하고 있다. 국토부는 2055년 제주에서 4000만 명의 항공 수요를 예측하고 있지만 이는 지나치게 낙관적인 예측이다.

역대 제주공항 최대 이용자 수는 2019년 3131만 명, 2022년 2970만 명이었는데 여기에는 중국인들이 다수 포함돼 있다. 2010년대 사드 파동이나 2020년대 코로나19 봉쇄처럼 중국 관련 이슈로 하늘길이 막힌다면 제주 제2공항은 예산 낭비가 될 가능성이 크다.

합격 확률을 높이는 고사실 '1분 전략'

NCS 필기시험을 응시하면, 시험지를 배부한 후에 1분이라는 시간을 준다. 일명 파지 확인용 시간인데, 이 시간을 기가 막히게 잘 활용하는 시험이 있다. 바로 TOEIC 시험이다. 실전 시험에서 주어지는 1분이라는 시간 동안 누군가는 문법 문항을 공략하기도 하고, 누군가는 듣기 평가의 선택지를 최대한 읽어두기도 한다. 주어진 시간 동안 최대의 효율을 낼 수 있는 것들을 모조리 하고 있다. 애초에 학원이나 스터디에서도 이 1분조차도 활용한 수업과 연습은 이 순간에도 이뤄지고 있다. 그러나 생각보다 NCS 필기시험에서는 이 귀한 1분을 어떻게 활용하면 좋을지 잘 모르는 수험생들이 있어 합격 확률을 높일 수 있는 이 '1분 활용법'을 말해보고자 한다.

1분 동안 문항을 풀자니, 못 본 페이지에서 파지가 있을까 두렵기도 하고…
특정 페이지에 오래 머무는 것처럼 보이면 부정행위로 보일까 걱정도 되고…
주어진 자료가 짧은 모듈형 시험이라면 1문제 정도는 풀 수 있을 것도 같은데, 또 PSAT형 시험이라면 1분 동안 풀지도 못하고 시간만 날리는 것은 아닌가 걱정도 된다.
또한 감독관도 특이행동을 하는 사람을 집중적으로 살펴볼 수 있기 때문에 튀는 행동을 군이 할 필요는 없는 게 아닐까? 이런 생각이 들기도 한다.

그렇다면 도대체 '1분 활용법'이란 무엇일까?
파지 확인용 1분 동안 합격 전략 짜기
파지 여부를 확인하는 모든 장의 문항을 살핀다.
① 평소 자신 있게 풀었거나 틀리지 않았던 유형

의 문항들이 있는지 여부를 확인한다.
② 특히 어렵다고 느끼거나, 시간이 많이 걸리는 유형의 문항들의 위치를 확인한다.
보통은 1분 동안 전체의 문항을 살핀다면 이 정도까지 할 수 있다. 더 나아가서 여유가 된다면 다음의 과정을 함께 생각해보자.
③ 절대 풀지 말아야하는 빈출 오답 유형 문항을 과감하게 걸러낸다.
④ 시간이 2분 정도 걸리더라도 시간만 충분히 투자하면 풀 수 있는 유형의 문항도 함께 체크해둔다.
실제 시험장에서는 시험 시작 전 시험지에 낙서할 수 없기 때문에 눈으로 파악해두는 정도에 그치는 것이 좋다.

물론 이 같은 전략을 짜는 것은 시험 당일 하기에는 무리가 있을 수 있다. 이 또한 연습을 해 두는 것이 도움이 되는데, 실전모의고사를 풀 때 스톱워치로 시험시간만 재는 것이 아니라, 1분을 별도로 체크해 보는 연습을 하길 권한다.
그리고 이 때에 문항 번호 앞에 나름의 체크표시를 해 두는 것이 좋은데, 실전 연습할 때에만 문제집 또는 모의고사에 체크해 두라는 것이다. 실전에서는 부정행위로 간주될 수 있으니 말이다.
어떤 체크표시인지 예를 들어 보겠다.
① 평소 틀리지 않았던 유형 : ○
② 어렵거나, 시간이 많이 걸리는 유형 : △
③ 절대 풀지 말아야하는 빈출 오답 유형 : X
④ 시간만 충분히 투자하면 풀 수 있는 유형 : V
1분 동안 대략 파악이 되는지 확인해 보고, 만약 시간이 부족했다면 가능한 만큼이라도 해보는 것

을 권한다. 문항의 성격을 ①~④까지 파악했다면 다음 단계는 무엇일까?

나만의 문항 푸는 순서 잡기

물론 실제 시험장에서는 모든 문항을 순서대로 풀라고 안내하기도 하고, 순차적으로 풀지 않으면 불이익이 있을 수 있다고 안내하기도 한다. 그렇지만 몇몇의 문항을 풀지 않고 건너뛰었다고 해서, 순차적으로 풀지 않았기 때문에 해당 지원자가 경쟁자들과 비교했을 때 고득점임에도 불구하고 탈락시킬 순 없다.

대다수의 문항을 건너뛰고 답을 내지 못한다면 합격할 수도 없지만 취약 유형의 문항을 일부 풀지 않는다고 해서 합격권에서 멀어지는 것도 아니다. 필기시험에서 모든 문항의 정답을 맞혀야 합격하는 시험이 결코 아니기 때문이다.

그렇기 때문에 나만의 문항풀이 순서를 잡는 것이 매우 중요하다. 어떤 문제부터 풀어야 할 것인가? '평소 틀리지 않았던 유형 : ○'에 속하는 문항 위주로 우선 풀이를 해 나가면 된다. 만약 자신의 시험지에 마음속으로 그려 둔 ○, △, X, V가 너무 많다면 우선 X를 제외하고 풀어나가는 것도 방법이 된다. 모든 문항을 다 풀고도 시간이 남았을 때 공략하는 정도로 스스로 타협을 할 수 있어야 한다.

바로 풀 것인가? SKIP할 것인가?
[의사소통능력] 지문 이해 △, V

지문을 이해하고 푸는 문제들은 '추론' 문항과 결이 같다. 기본적으로 부가자료가 달려 나오는 경우는 복합적으로 사고해야 되는 경우가 많다. 해당 유형에 속하는 문항은 대체로 푸는 데 시간이 많이 걸리기 때문에 군이 순차적으로 풀지 않아

도 된다. 사람에 따라서 '추론' 유형의 문항이 유독 약한 경우가 있다. 자신은 자신이 가장 잘 알기 때문에 해당 유형이 유독 약하다면 실전에서는 풀이 순서를 후순위로 배치하는 것을 추천한다.

[수리능력] 자료에서 비어있는 수치 구하기 ○

비어있는 수치를 구할 때에는 선택지에 제시된 숫자의 간격에 주목해 볼 필요가 있다. 간격의 차이가 크다면 계산을 할 때에도 반올림을 통해 계산하기 쉬운 수치로 변경하여 가장 유사한 값을 정답으로 고를 수 있다. 빈칸 주변의 수치를 이용하여 빠르게 답을 낼 수 있는 경우도 있으므로 대부분은 바로 풀 수 있는 유형에 속한다.

[수리능력/문제해결능력] 주어진 자료가 많은 일치/불일치 문제 △, V

의사소통능력에서만 일치/불일치 문항이 나오는 것은 아니다. 수리능력과 문제해결능력에서도 주어진 자료의 내용을 파악해야 답을 구할 수 있는 문항이 출제된다. 주어진 자료들을 모두 살펴보고 선택지와의 일치 여부를 확인하는 경우 시간을 많이 소요할 수 있다. 다만 주어진 자료 안에 답이 있는 경우가 많으므로 답안 마킹까지 완료하고도 애매하게 시간이 2분 전후로 남았을 때 공략하기 좋은 유형이다.

윤 은 영
에듀윌 취업연구소 연구원

푸바오 신드롬...
판다에 대해 궁금한 것들

파워 인플루언서 푸바오

최근 대한민국에서 가장 뜨거운 인플루언서는 사람이 아닌 세 살배기 자이언트 판다(이하 판다) 푸바오(사진)다. 귀엽고 무구(無垢 : 때 묻지 않은) 한 판다는 어느 나라 동물원에서나 최고 인기 동물이다. 여기에 사육사와의 교감, 예정된 이별과 같은 애틋한 서사까지 더해지며 수백만 '랜선 이모·삼촌'들이 '푸바오 앓이'에서 헤어 나오지 못하고 있다.

덕분에 지난 7월 에버랜드 공식 유튜브 채널은 여행·레저 업계 최초로 구독자 100만 명을 돌파했다. 에버랜드 채널은 2200여 건의 동영상 게시물이 업로드돼 있는데 '푸바오 할아버지'라고 불리는 강철원 사육사와 푸바오의 '팔짱 데이트' 동영상 누적 조회수는 2000만을 넘겼다. 푸바오의 세 살 생일 때는 유명 연예인처럼 라방(라이브 방송)까지 진행됐다. 푸바오 포토 에세이는 서점가 베스트셀러 1위가 됐다.

용인 푸씨, 푸공주, 푸린세스, 푸뚠뚠, 뚠빵이, 푸장꾸 등 '별명 부자'이기도 한 푸바오(福宝)는 '복을 주는 보물'이라는 뜻이다. 아이바오(암컷)와 러바오(수컷)의 새끼인 푸바오는 2020년 국내 판다 최초로 자연번식으로 태어났다. 판다는 1년 중 발정기가 약 3일에 불과하고 암컷은 평생 동안 한두 마리 새끼만 낳는다. 동물원에서 지내는 판다의 자연번식은 드문 일이어서 푸바오는 한국은 물론 중국에서도 특별한 관심을 받았다.

푸바오, 중국으로 꼭 가야하니?

판다는 멸종위기종이며 중국 쓰촨, 산시, 간쑤 지방 대나무 숲에 제한적으로 서식한다. 중국은 지구상 모든 판다의 소유권을 갖고 극소수를 외교 수단으로 외국에 임대한다. 임대 기간은 10~15년 단위로 연장될 수 있다. 아이바오와 러바오도 2004년 중국 시진핑 국가주석의 방한 선물로 에버랜드에 정착했다. '멸종위기에 처한 동식물의 국가 간 교역에 관한 국제적 협약(CITES, Convention on International Trade in Endangered Species of Wild Fauna and Flora·일명 워싱턴 조약)'에 따라, 중국 바깥에서 태어난 판다는 일정 연령이 되면 중국으로 가야 한다. 푸바오도 4세가 되는 2024년 7월까지 중국으로 보내져 쓰촨성 야생 판다 보호 구역에서 적응 과정을 거칠 예정이다.

국내 팬들은 "푸바오가 한국에서 사육사와 계속 살면 안 되느냐"며 안타까워한다. 하지만 강철원 사육사는 언론과의 인터뷰에서 "사람이 행복하다고 생각하는 것과 동물이 행복한 것은 다르다"라며 "야생에서 다른 판다들과 살아갈 때 적응이 수월하다"고 설명했다. 한편, 아이바오는 지난 7월 7일 푸바오의 동생인 암컷 쌍둥이를 출산했다. 이번에도 자연번식에 성공했고 쌍둥이 판다 출산은 국내 최초다.

귀여워서 살아남았다

판다가 귀여워서 살아남았다는 말은 농담이 아니다. 판다 보유국들은 연간 수십억원을 들여 지극정성으로 판다를 돌보지만 호주 태즈메이니아섬에 서식하는 주머니고양이과 포유류 동물인 태즈메니아데블이 2000년대 안면 종양 집단 발병으로 멸종위기에 놓일 때 사람들은 큰 관심을 보이지 않았다. 이 동물이 지독한 악취를 풍기고 시체를 파먹는 몰골이 추악한 데다 울음소리도 소름끼쳤기 때문이다.

귀여운 생명체는 사랑스럽고 보호해주고 싶다는 감정을 불러일으킨다. 이는 아기처럼 연약한 존재의 생존 확률을 높인다. 몸에 비해 큰 머리와 짧은 팔 다리, 통통한 볼, 큰 눈, 둥근 턱과 귀, 작은 코와 입, 서툰 움직임 등 포유류 새끼 대부분에서 나타나는 귀엽다고 인식되게끔 하는 외양적 특징을 '베이비 스키마(baby schema)'라고 한다.

판다는 베이비 스키마의 결정체라고 할 만하며 성체가 되어서도 베이비 스키마가 사라지지 않는 드문 동물이다.

너무 작은 새끼·대나무 편식 왜?

판다는 특출한 귀여움만큼이나 유별난 구석이 많다. 판다 성체는 평균 몸무게가 100~120kg인데 자기 몸무게의 800~900분의 1에 불과한 100g~200g의 작은 새끼를 낳는다. 미국 듀크대 연구에 따르면 판다의 수정란은 자궁벽에 착상(着床 : 포유류의 수정란이 자궁벽에 붙어 어미의 영양분을 흡수할 수 있는 상태가 됨)하는 시기가 늦다. 보통 곰의 수정란은 출산 60일 전 자궁벽에 착상하는데 판다는 30일 전에 착상한다. 판다 새끼는 사람으로 치면 40주가 아닌 28주 만에 태어난 조산아인 셈이다.

판다가 작은 새끼를 낳는 까닭은 영양가가 부족한 대나무가 주식이기 때문이란 가설도 있다. 섬유질은 쉽게 분해되지 않으므로 초식동물은 육식동물보다 긴 소화기관을 갖고 있다. 판다는 육식동물의 소화기관을 갖고 있는데도 거의 대나무만 먹는다. 그 이유는 무엇일까.

중국 연구진의 염기서열 분석에 따르면 판다는 고기를 먹을 때 감칠맛을 느끼는 T1R1 유전자를 수백만 년 전에 잃었다. 힘들게 경쟁해서 고기를 얻기보단 다른 동물들의 관심이 없는 대나무를 마음 편히 먹는 방향으로 진화한 것이다. 다만 판다의 대나무 소화율은 17%밖에 되지 않는다. 낮은 효율을 양으로 때워야 한다. 성체 판다는 매일 평균 14시간가량 30kg가량의 대나무를 먹어야 한다. 그밖에는 대부분 수면 시간이다. 상팔자가 따로 없다.

한미동맹 70주년, 정전 70주년

2023년 4월, 윤석열 대통령과 조 바이든 미국 대통령은 한미동맹 70주년을 기념하기 위해 워싱턴에서 만났습니다. 두 정상은 워싱턴DC 백악관에서 정상회담을 갖고 양국의 포괄적 글로벌 협력을 증대하는 내용 등이 담긴 '한미동맹 70주년 기념 한미 정상 공동성명'을 발표했어요.

▲ 윤석열 대통령과 조 바이든 미국 대통령이 한미 정상회담 공동 기자회견을 마친 후 악수하고 있다.

'한미동맹 70주년'은 1953년 10월 체결한 '한미상호방위조약'이 70년 되었음을 기념하는 것입니다. 이 조약은 북한의 남침과 군사적 위협에 양국이 함께 대응하기 위해 체결한 것이었어요. 그럼 이것이 우리나라와 미국이 처음으로 국제적 관계를 맺은 시초냐? 그건 아닙니다. 그 시작을 찾아가 보겠습니다.

고종高宗(조선 제26대 왕·대한제국 제1대 황제, 재위 1863~1907)의 아버지 흥선대원군興宣大院君[1]

이 정권을 틀어쥐고 있던 1866년 8월, 대동강을 통해 수상한 이양선 1척이 평양 인근까지 올라옵니다. 이 수상한 배의 정체는 미국 상선商船 제너럴셔먼호였어요. 조선의 관리들은 이 미국 배에 여러 차례 회항을 종용했습니다. 서양과의 교역은 국법으로 금지된 것이니 돌아가라고 통보했죠.

▲ 흥선대원군 이하응이 회갑을 맞은 해의 초상 (자료 문화재청)

제너럴셔먼호는 이를 묵살한 채 항행을 계속했고, 결국 평양 근처에 나타난 것이었어요. 당시 조선과 미국은 정식 국교를 맺기 전이었으므로 제너럴셔먼호의 이러한 행위는 엄연히 불법 침입이었습니다. 이 배는 상선이었지만 대포를 갖추고 선원들은 완전 무장을 하고 있었어요. 자신들의 무력을 믿고 멋대로 행동했던 것이죠. 그리고 더 큰 문제는 앞서 언급했듯이, 조선이 서양과 통교通交할 마음이 없었다는 겁니다.

19세기 후반은 서양 국가들이 눈에 불을 켜고 동

---

1 대원군大院君이란 조선시대 왕이 후사 없이 죽어 종친 중에 왕위를 계승한 경우, 새 왕의 생부에게 주던 존호입니다. 조선에서 대원군에 봉해진 사람은 모두 4명이지만, 흥선대원군을 제외한 3명은 죽은 뒤 추존된 것이고, 흥선대원군만 생전에 대원군에 봉해졌지요.

양으로 진출하던 대변혁의 시기였습니다. 이때 흥선대원군이 택한 대외정책은 나랏문을 걸어 잠그는 것이었어요. 세도정치로 피폐해진 나라와 왕권을 바로 세우려던 그에게 서구 사상의 유입은 위험요소로 인식되었기 때문입니다.

교역할 의사가 없음을 분명히 밝힌 조선이었으므로, 제너럴셔먼호가 조선과 사이좋게 거래를 트고 싶었다면 어르고 달래도 모자랐겠죠? 그런데 이 미국인들의 행동은 정반대였습니다. 육지를 향해 대포를 발사하여 백성들을 살상하고, 조선 땅에 상륙해서는 난폭한 행위를 자행하며 만행을 저질렀죠. 결국 평양감사 박규수朴珪壽는[2] 군대를 동원하여 제너럴셔먼호를 공격하였고, 그 결과 제너럴셔먼호에 탔던 인원은 전원 사망합니다.

제너럴셔먼호 소식을 접한 미국은 조선에 대해 강력한 포함외교정책을 수립하여 응징에 나섰고, 결국 1871년의 신미양요辛未洋擾로 이어집니다. 한국과 미국의 첫 만남은 이처럼 결코 아름답지 못했습니다.

1876년 강화도 조약으로 조선의 문이 반강제적으로 열리자, 1882년 미국과도 국교와 통상을 목적으로 한 조미수호통상조약朝美修好通商條約이 체결되었습니다. 역사상 한미 관계가 이때부터 본격적으로 시작되었다 보지만, 이것 또한 조선에게 한없이 불리한 불평등 조약임은 강화도 조약과 다를 바 없었습니다.

이후 해방 전까지 한국과 미국의 관계는 이렇다 할 것이 없습니다. 미국은 자국의 이익을 위해 일본의 대한제국 지배를 사실상 용인했으니까요. 그러나 일본이 태평양 전쟁을 일으키자 미국의 외교노선도 방향을 틀어 한국의 독립을 지지하게 되었고, 해방 후 미군이 한반도 이남에 주둔하게 되면서 다시금 우리 역사에 깊숙이 들어오게 됩니다.

1950년 6월 25일, 중국과 소련의 묵인 속에 북한의 남침으로 6·25전쟁이 발발하자, 미국은 남한을 위해 국제연합(UN)의 지지를 이끌어내고 대규모 군대를 파병하는 등 전폭적인 지원을 아끼지 않았습니다. 휴전 협상이 체결된 1953년에는 드디어 양국 간에 한미상호방위조약이 체결됨으로써 미국은 한국의 가장 강력한 우방 역할을 맡게 됩니다.

동맹이 제대로 작동하고 있다는 것은 분명 긍정적 시그널입니다. 그러나 한반도의 지정학적 위치가 갖는 특수성을 우리는 너무나 잘 알고 있죠? 이럴 때일수록 한미 관계와 떼려야 뗄 수 없는 북·중·러·일을 상대할 외교전략 역시 결코 가벼이 여길 수 없습니다. 신냉전 기류 속에 현 정부의 외교력이 빛을 발해야 하는 순간입니다.

신민용
에듀윌 한국사연구소 연구원

---

2 여기서 제너럴셔먼호를 격파한 박규수는 조선 후기 대표적 실학자 연암燕巖 박지원朴趾源의 손자로 개화파 형성에 결정적 역할을 한 그 박규수가 맞습니다. 당시 다른 학자들보다 열린 사고방식을 가졌던 박규수라 할지라도, 조선의 관리로서 자국의 백성들에게 해를 끼친 외적을 그냥 둘 수는 없었을 것입니다.

似 是 而 非

같을 사   옳을 시   말이을 이   아닐 비

겉으로는 같아 보이나 실제로는 다르다

출전: 『맹자孟子』

사시이비似是而非는 겉으로는 그것과 같아 보이나 실제로는 전혀 다르거나 아닌 것을 이르는 말이다. 맹자孟子의 진심편盡心篇과 논어論語의 양화편陽貨篇에서 유래됐으며, 오늘날 사이비라는 표현으로 줄여 사용한다.

맹자의 제자 만장萬章이 맹자에게 찾아와 "한 마을 사람들이 향원(鄕原 : 거짓된 군자)을 모두 훌륭한 사람이라고 칭찬하면 그가 어디를 가더라도 훌륭한 사람일 터인데 유독 공자만 그를 '덕을 해치는 사람'이라고 하셨는데 이유가 무엇인지요"라고 물었다.

맹자는 공자孔子의 말을 인용하여 다음과 같이 대답했다. 공자는 "나는 사이비한 것을 미워한다. 강아지풀을 미워함은 그것이 곡식의 싹을 어지럽게 할까 두려워함이고, 자줏빛을 미워하는 이유는 붉은빛을 어지럽힐까 두려워서이다. 향원을 미워함은 그들이 덕을 혼란케 할까 두렵기 때문이다"라고 말했다.

맹자는 그를 비난하려고 하여도 비난할 것이 없고, 일반 풍속에 어긋남도 없다. 집에 있으면 성실한 척하고 세상에서는 청렴결백한 것 같아 모두 그를 따르며, 스스로 옳다고 생각하지만 요堯와 순舜과 같은 도道에 함께 들어갈 수 없기 때문에 '덕을 해치는 사람'이라 한 것이다.

▌한자 돋보기

似는 수저와 갈퀴가 함께 그려진 글자로, '닮다'의 의미로 사용한다.

같을 **사**
亻 총7획

- **非夢似夢(비몽사몽)** 꿈인지 생시인지 어렴풋한 상태

是는 태양(日)은 올바른 주기로 움직인다(正)는 뜻으로, '올바르다'의 의미로 사용한다.

옳을 **시**
日 총9획

- **是是非非(시시비비)** 사리를 공정하게 판단함
- **實事求是(실사구시)** 사실에 토대하여 진리를 탐구

而는 턱수염을 그린 글자지만, 오늘날 어조사의 의미로 사용한다.

말이을 **이**
一 총6획

- **過而不改(과이불개)** 잘못하고서 고치지 않음
- **和而不同(화이부동)** 남과 화목하게 지내지만 자기의 원칙을 잃지 않음

非는 새의 양 날개를 그린 글자지만, 오늘날 '아니다'의 의미로 사용한다.

아닐 **비**
非 총8획

- **非一非再(비일비재)** 같은 일이 한두 번이 아님
- **過恭非禮(과공비례)** 지나친 공손은 오히려 예의에 벗어남

▌한자 상식 | 우리말 같은 한자어

심지어	甚至於	어차피	於此彼	도대체	都大體
순식간	瞬息間	역시	亦是	과연	果然
호랑	虎狼	포도	葡萄	귤	橘
안녕	安寧	미안	未安	물론	勿論

---- Books ----

권력과 진보

대런 아세모글루 · 사이먼 존슨 저,
김승진 역 | 생각의힘

■『**국가는 왜 실패하는가**』로 찬사를
받은 경제학자 대런 아세모글루의 신
작이다. 아세모글루와 사이먼 존슨은
이 책에서 과거와 현재를 아우르는 광
범위한 연구를 토대로, 정치적 · 사회
적 권력이 어떻게 기술 발전의 방향
을 '선택'하는지, 그리고 테크놀로지가
어떻게 모두에게 이득이 되는 방향으
로 발전할 수 있을지를 치밀한 논증
과 함께 설득력 있게 제시한다. 이들
은 테크놀로지의 풍요를 모두가 공유
하기 위해서는 사회의 권력 기반이 재
구성되어야 한다고 주장한다.

만년양식집

오에 겐자부로 저, 박유하 역 | 문학
동네

전후 일본 문학을 대표하는 문인이자
노벨문학상 수상 작가로 지난 3월 별
세한 오에 겐자부로의 마지막 소설
이 일본 출간 10년 만에 번역돼 출간
됐다. 2011년 3월 11일에 일어난 '동
일본대지진' 이후 저자가 충격과 혼란
에 휩싸인 일본을 무대로 잡지에 연재
한 이야기를 묶었다. 당시 작가가 겪
은 현실과 과거, 앞서 죽은 이들에 대
한 기억, 발표해온 작품들 속 허구가
뒤섞이며 편지와 인터뷰, 대담 등 여러
형식으로 전개되는 자전적 ■**메타픽
션**이다.

사이버 물리 공간의
시대

최준균 · 박효주 · 고혜수 · 최형우
저 | 사이언스북스

인공지능(AI)과 함께 사물 인터넷이
대중화되는 시대, 과학 기술 석학들이
관련 미래 기술을 설명한 책이 출간됐
다. 스마트 워치가 체온과 몸 상태에
맞게 실내 온도를 조정해주고 확장현
실 헤드셋이 검색했던 내용이나 시청
했던 영상과 관련된 콘텐츠를 자동으
로 추천해주는 식으로 '■**사이버 물리
공간(CPS)**'은 점차 우리 사회에 도입
되고 있다. AI, 기계 학습을 기반으로
다종 환경 지원 클라우드 기술과 지능
형 CPS 기술을 개발해온 저자들은 미
래 사회에 대비하기 위해 CPS에 대한
지식이 필수 교양으로서 요구된다고
말한다.

■ **국가는 왜 실패하는가** 대런 아세모글
루는 이 책에서 국가가 실패하는 까닭은
발전하는 길을 몰라서가 아니라 소수 권
력자들이 권력을 독점하는 착취적 정치
및 경제 제도를 고수하기 때문이라고 주
장했다.

■ **메타픽션(metafiction)** 내부 구조나
허구의 연출 장치를 의식적으로 드러내
현실과 허구의 경계를 모호하게 만드는
문학 장르다. 쉽게 말하자면 '소설 속의
소설'로서 작품 속 세계관 안에 있는 작
품이다.

■ **사이버 물리 공간(CPS, Cyber Phys-
ical System)** 물리 세상이 사이버 세상
과 연결되고, 사이버 세상의 기술을 활
용해 물리 세상을 제어하며 둘 사이의
경계가 점점 사라지는 지점을 뜻한다.
가상물리시스템이라고도 한다.

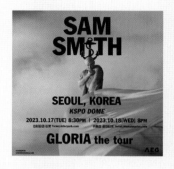

오펜하이머

크리스토퍼 놀란 감독 |
킬리언 머피 출연

'다크 나이트', '인터스텔라' 등을 연출한 크리스토퍼 놀란 감독의 12번째 장편영화 '오펜하이머'가 8월 15일 광복절에 개봉했다. 이 영화는 '원자폭탄의 아버지'로 불리며 ■ **맨해튼 프로젝트**를 이끌었던 미국 이론 물리학자 줄리어스 로버트 오펜하이머의 전기영화다. 놀란 감독은 이 영화에 영화 역사상 최초로 흑백 IMAX 카메라 촬영을 도입한 것은 물론 핵폭발 장면을 비롯해 모든 장면에서 CG를 활용하지 않아 화제를 모았다. '오펜하이머'는 개봉 17일 만에 전 세계 수익 6532억원을 달성하며 놀란 감독의 최고 흥행 작품으로 등극했다.

오스틴 리: 패싱타임

서울 롯데뮤지엄 |
2023.09.26.~2023.12.31.

오스틴 리는 뉴욕을 기반으로 활동하는 예술가로서 다양한 매체와 기법을 활용해 자신만의 독창적인 예술 세계를 재창조했다. 전통 회화와 가상현실(VR), 증강현실(AR)을 결합한 ■ **디지털 아트**로 시각예술의 새로운 장르를 열었다는 평을 받으며 동시대 미술계에서 주목받는 작가로 자리매김했다. 한국에서 처음으로 열리는 이번 개인전에서는 디지털 기술을 접목한 회화, 조각, 영상과 작가의 상상력을 실현시킨 신작 등 50여 점을 한자리에 선보인다.

2023
샘 스미스 내한공연
GLORIA the tour

서울 올림픽공원 체조경기장 |
2023.10.17.~2023.10.18.

세계적 팝스타 샘 스미스가 5년 만에 한국 관객과 만난다. 샘 스미스는 2014년 데뷔 후 대중성과 음악성을 모두 잡으며 2억6000만 장 이상의 싱글 판매고를 올렸다. 데뷔 앨범 'In The Lonely Hour'는 가장 오랜 기간 연속으로 영국 앨범 차트 TOP10에 머물며 기네스북에 등재된 바 있다. 그는 2019년 자신이 ■ **논바이너리**라고 커밍아웃한 이후 난해하고 파격적인 복장과 퍼포먼스로 큰 관심을 받았다. 이번 내한 단독 공연에서는 어떤 개성적인 모습을 선보일지 기대를 모은다.

■ **맨해튼 프로젝트**(Manhattan Project) 제2차 세계 대전 도중 미국의 주도로 영국, 캐나다가 참여한 핵무기 개발 계획이다. 극비로 진행된 이 프로젝트의 성공으로 미국은 세계 최초로 핵분열 반응을 이용한 원자폭탄을 개발하는 데 성공했다.

■ **디지털 아트**(digital art) 디지털 기술을 창작 작업의 핵심으로 사용하는 예술 작품이나 작업 전반을 통칭하는 용어로서 1970년대 이후 컴퓨터 아트와 멀티미디어 아트, 미디어 아트라는 이름으로 등장했으며 회화, 조각, 설치 등 기존 미술 작업 방식을 변화시켰다.

■ **논바이너리** (non-binary) 기존의 이분법적인 남성·여성 구분에서 벗어난 것을 의미한다. 논바이너리를 주장하는 이들은 스스로를 남성 또는 여성으로 규정하지 않으며, 그(He), 그녀(She) 대신 '그들(They)'이라고 스스로를 지칭한다. 'They'는 '논바이너리 한 명의 사람'을 일컫는다.

eduwill

누적 다운로드 수 36만 돌파
에듀윌 시사상식 앱

105개월 베스트셀러 1위 상식 월간지가 모바일에 쏙!
어디서나 상식을 간편하게 학습하세요!

매월 업데이트 되는
HOT 시사뉴스

20개 분야 1007개
시사용어 사전

합격에 필요한
무료 상식 강의

에듀윌 시사상식 앱 설치
(QR코드를 스캔 후 해당 아이콘 클릭하여 설치
or 구글 플레이스토어나 애플 앱스토어에서 '에듀윌 시사상식'을 검색하여 설치)

베스트셀러 1위 2,130회 달성!
에듀윌 취업 교재 시리즈

대기업 통합

20대기업 인적성
통합 기본서

삼성

GSAT 삼성직무적성검사
통합 기본서

GSAT 삼성직무적성검사
실전모의고사

GSAT 삼성직무적성검사
최최종 봉투모의고사

SK

온라인 SKCT SK그룹
종합역량검사 통합 기본서

오프라인 SKCT SK그룹
종합역량검사 통합 기본서

LG

LG그룹 온라인
인적성검사 통합 기본서

SSAFY

SSAFY 통합 기본서
SW적성진단+에세이+면접 4일끝장

POSCO

PAT 통합 기본서
[생산기술직]

현대차/기아

현대자동차/기아
생산직·생산인력 한권끝장

금융권

농협은행 6급
기본서

지역농협 6급
기본서

공기업 NCS 통합

공기업 NCS
통합 기본서

영역별

이나우 기본서
NCS 의사소통

박준범 기본서
NCS 문제해결·자원관리

석치수 기본서
NCS 수리능력

공기업 통합 봉투모의고사

공기업 NCS 통합
봉투모의고사

매일 1회씩 꺼내 푸는
NCS/NCS Ver.2

유형별 봉투모의고사

피듈형 NCS
실전모의고사

행과연형
NCS 봉투모의고사

휴노형·PSAT형
NCS 봉투모의고사

고난도 실전서

자료해석 실전서
수문끝

기출

공기업 NCS
기출 600제

6대 출제사 기출 문제집

한국철도공사

NCS+전공
기본서

NCS+전공
봉투모의고사

ALL NCS
최최종 봉투모의고사

한국전력공사

NCS+전공
기본서

NCS+전공
실전모의고사

8대 에너지공기업
NCS+전공 봉투모의고사

국민건강보험공단

NCS+법률
기본서

NCS+법률
실전모의고사

한국수력원자력

한수원+5대 발전회사
NCS+전공 실전모의고사

ALL NCS
최최종 봉투모의고사

교통공사

서울교통공사
NCS+전공 실전모의고사

부산교통공사+부산시 통합채용
NCS+전공 실전모의고사

인천국제공항공사

NCS
봉투모의고사

한국가스공사

NCS+전공
실전모의고사

한국도로공사

NCS+전공
실전모의고사

한국수자원공사

NCS+전공
실전모의고사

한국토지주택공사

NCS+전공
실전모의고사

공기업 자소서&면접

공기업 NCS 합격하는
자소서&면접 27대 공기업
기출분석 템플릿

독해력

이해황 독해력
강화의 기술

전공별

공기업 사무직
통합전공 800제

전기끝장 시리즈
❶ 8대 전력·발전 공기업편
❷ 10대 철도·교통·에너지·환경
공기업편

취업상식

월간 취업에 강한
에듀윌 시사상식

공기업기출
일반상식

금융경제 상식

* YES24 국내도서 해당 분야 월별, 주별 베스트 기준

IT자격증 초단기 합격패스!
에듀윌 EXIT 시리즈

컴퓨터활용능력

- **필기 초단기끝장(1/2급)**
  문제은행 최적화, 이론은 가볍게 기출은 무한반복!

- **필기 기본서(1/2급)**
  기초부터 제대로, 한권으로 한번에 합격!

- **실기 기본서(1/2급)**
  출제패턴 집중훈련으로 한번에 확실한 합격!

워드프로세서

- **필기 초단기끝장**
  문제은행 최적화, 이론은 가볍게 기출은 무한반복!

- **실기 초단기끝장**
  출제패턴 반복훈련으로 초단기 합격!

ITQ/GTQ

- **ITQ 엑셀/파워포인트/한글 ver.2016**
  독학러도 초단기 A등급 보장!

- **ITQ OA Master ver.2016**
  한번에 확실하게 OA Master 합격!

- **GTQ 포토샵 1급 ver.CC**
  노베이스 포토샵 합격 A to Z

정보처리기사

- **필기 / 실기 기본서**
  비전공자 눈높이로 기초부터 합격까지 4주완성!

- **실기 기출동형 총정리 모의고사**
  싱크로율 100% 모의고사로 실력진단+개념총정리!